KB210560

민주적 거버넌스와 비다수주의 기관
쟁점과 과제

박종민 · 윤견수 편저

Democratic Governance and Non-Majoritarian Institutions:
Issues and Challenges

박영사

머리말

현재 한국의 민주적 거버넌스는 정치의 양극화로 위기에 직면해 있다. 거대 야당의 입법 독주와 탄핵권 남용, 그에 대응한 정부의 거부권 행사와 비상계엄 선포 그리고 국회의 대통령 탄핵 소추는 당파성에 기반한 정치적 양극화의 극단을 보여 준다. 이러한 민주적 거버넌스의 위기에 대한 제도적 처방으로 종종 '제왕적' 대통령의 권한을 분산·축소하는 권력 구조의 개편이 제시되나 이는 대의 기구에 대한 만성적인 낮은 신뢰와 집행부 중심의 거버넌스 구조화 경향을 간과한다고 할 수 있다. 본서에서는 그 한계를 보완하기 위해 정치적 양극화의 중심에 있는 대통령을 수반으로 하는 정부(집행부)에서 전문성(professionalism)에 바탕을 둔 비다수주의 기관(non-majoritarian institutions)을 분리해 이들에게 독립성을 보장하고 그에 따른 문책성(accountability)을 강화하는 방안을 다룬다. 집행적 권력의 새로운 분립을 통해 독립성을 확보한 비다수주의 기관이 전문적(professional)이고 불편부당(impartial)하게 기능을 수행하도록 집행부 구조를 재설계하자는 것이다.

본서는 민주적 거버넌스의 주요 수단으로서 비다수주의 기관에 주목한다. 비다수주의 기관은 국민에 의해 직접 선출되지도 않고 선출된 공무원에 의해 직접 관리되지도 않는 특별한 공적 권한을 부여받은 정부 기관이다. 이들 비선출 기관에 독립성을 부여하는 것은 전통적인 삼권 분립의 민주적 원리와 모순된다고 할 수 있다. 우리 헌법도 국가 권력 구조를 전통적인 삼권 분립의 틀에 따라 설계되었다. 입법권은 국회에, 사법권은 법원에, 집행권은 대통령을 수반으로 하는 정부에 각각 속하도록 하였다. 이들 삼부와 헌법재판소는 상호 견제와 균형을 통해 다수의 횡포를 막고 소수의 권리를 보호하는 통치 제도를 구성하고 있다. 그러나 이러한 외견상의 제도적 장치에도 불구하고 실제 견제와 균형의 민주적 원리는 정치 상황에 따라 제한되었다. 여대야소 상황에서는 집권 여당을 고리로 정부와 국회는 물론 법원까지 통제할 수 있었던 대통령에 의해 문책성의 제도가 훼손되고 위임 민주주의의 징후가 나타났다. 여소야대의 상황에서는 국회를 장악한 야당과 정부의 대립과 정쟁으로 타협을 통한 입법이 실종되고 국정이 표류하면서 대의 기구에 대한 불신이 깊어졌다. 정치의 양극화는 삼권 분립과 견제·균형에 토대를 둔 민주적 거버넌스의 기능 부전을 가져왔다. 이러한 맥락에서 본서는 다수제 민주주의의 한계에 주목하고 전문성에 기반한 비다수주의 기관을 민주적 거버넌스의 도구로 설계하는 것을 제안하는 것이다.

전문적 독립성을 가진 비다수주의 기관은 규제 중심의 행정 국가에서 발견된다. 행정 국가의 특징은 입법부가 규칙 제정의 권한을 행정 기관에 위임해 법의 효력을 갖는 규칙을 공포할 수 있도록 하고, 사법부가 다르게 해석할 수 있더라도 행정 기관이 공포한 법령 또는 규정에 대한 기관의 해석을 지지하고, 행정 기관이 규칙을 공포하고 규정 준수를 강제하며 분쟁을 판결할 수 있는 권한을 행사한다. 즉, 준입법적 및 준사법적 권한을 위임받은 집행적 독립 기관은 행정 국가의 주요한 특징이라고 할 수 있다. 규제 중심의 행정 국가의 원조는 미국으로 정당과 법원 중심의 거버넌스가 일반 행정 기관과 독립 기관 중심의 거버넌스로 대체되면서 점차 행정 국가 혹은 관료 국가로 진화했다고 할 수 있다.

지난 20세기 후반부터 미국을 모델로 유럽의 복지 국가에서도 규제·감독 기능을 가진 규제 중심의 독립 기관이 증가해 왔다. 독립 기관의 역사가 가장 긴 미국의 경험은 독립 기관 설치의 논거를 보여 준다. 공무원 제도를 엽관제로부터 실적제로 전환한 것은 부패한 정치로부터 분리된 중립적이고 유능한 행정을 보장하려는 시도였는데, 이와 마찬가지로 독립 기관의 도입도 부패한 정치로부터 분리되어 일반 이익에 복무하는 전문적이고 불편부당한 행정을 담보하려는 것이었다. 일반 관료제와 구분되는 독립 기관을 설치하는 이유로 첫째, 정부가 다루어야 하는 문제가 고도의 전문성을 요구하는데 일반 관료제는 이것이 부족하고, 둘째, 규칙 기반 일반 관료제는 유연성이 부족해 기술 변화에 적절히 대응하지 못하며, 셋째, 분쟁 해결을 위한 준사법적 기능을 수행하기 위해서는 당사자들의 이익을 교량하고 사회적 이익의 다양성을 고려할 수 있는 역량이 필요하다는 것이 지적된다. 정치적 영향에 취약한 일반 행정 기관이 준입법적 및 준사법적 기능을 전문적이고 불편부당하게 수행하는 데 적합하지 않다는 점에서 독립 기관의 도입이 정당화되었다. 규제 중심의 행정 국가에서 전문성에 바탕을 둔 비다수주의 기관은 거버넌스의 주요한 도구로 도입되고 있다.

◼

다수의 지배가 민주주의라는 시각에서 보면 독립 기관에 입법권과 사법권을 위임하는 것은 헌법적 변칙이며 민주주의에 대한 심각한 위협일 수 있다. 일반적으로 비다수주의 기관에 대해 제기되는 비판은 민주적 문책성과 정당성의 한계이다. 이러한 점에서 독립성과 문책성의 조화는 비다수주의 기관을 설계하는 데 주요한 도전이라고 할 수 있다. 본서에서는 독립성과 문책성이 서로 대립하는 가치가 아니라 상호 보충적인 가치임을 강조한다.

다수제 민주주의 모형에 따르면 민주적 정당성은 유권자들 혹은 그들의 대표자들에 대한 문책성을 강조한다. 이러한 시각에서 보면 독립 기관은 문책성이 취약해 민주주의의 적자를 증가시킬 수 있다. 반면, 비다수제 민주주의 모형은 전문적 행정 기관에 대한 정치적 통제의 강화만이 민주적 정당성을 담보한다는 주장을 거부한다. 비다수제 모형에 따르면 일시적 다수의 전횡으로부터 소수를 보호하기 위해 불안정한 여론과 대의 기관으로부터 국가의 사법 및 행정 기능을 보호하는 것도 필요하다. 따라서 통치 권력의 집중보다 분산을 강조하는데, 정책 결정 책임을 독립 기관에 위임하는 것도 그런 수단의 하나라고 본다. 집행 권력의 분산은 선거를 통해 유권자가 직접 정부를 문책하는 것보다 더 효과적인 수평적 견제 장치일 수 있다. 본서는 매디슨 민주주의의 관점에 따라 견제와 균형의 제도로서 비다수주의 기관의 가치에 주목한다. 독립 기관이 국민의 목소리를 전문가의 목소리로 대체한다는 비판과 독립 기관이 자기 이익만을 추구하거나 규제 대상에 포획될 수 있다는 우려가 있지만 비다수주의 기관이 전문성에 근거해 일반 이익을 대변하고 관리하는 거버넌스의 도구로 작동할 수 있음을 강조한다.

비다수주의 기관을 설계하는 데 있어 제기되는 주요 쟁점은 기관에 대한 문책성을 담보하는 것이다. 본서는 선행 연구들이 언급한 공적 문책성을 위한 다중적 통제 장치에 주목하고 사례 연구에서 이를 확인한다. 문책성이 작동하려면 첫째, 기관의 목적이 구체적으로 규정되어야 한다. 이는 기관 성과를 평가하는 분명한 잣대를 준다. 목적이 모호하고 다중적이면 기관 성과에 대해 책임을 묻기 어렵다. 둘째, 기관의 의사결정 절차가 투명하고 관련 당사자에게 알려져야 한다.

이는 기관 결정의 절차적 합리성을 담보한다. 셋째, 전문성이 기관 독립성의 본질적 토대이어야 한다. 이는 기관 결정의 실질적 합리성을 담보하고 기관 재량의 자의적 사용의 위험을 축소한다. 결정 권한이 없으면 책임을 물을 수 없다는 점에서 독립성과 문책성이 균형을 이루는 기관 설계가 필요하다.

정당성을 투입, 과정, 산출 차원에서 구분해 보면 비다수주의 기관은 인적 구성을 통해 대표성을 강화할 수 있다지만, 투입 차원의 정당성이 가장 취약하다고 할 수 있다. 과정 차원의 정당성은 결정 과정의 투명성과 절차적 합리성을 담보해 강화할 수 있다. 산출 차원의 정당성은 결정의 실질적 합리성과 효과성을 담보해 개선할 수 있다. 이러한 유형의 정당성은 선거적 정당성 혹은 선출 기관을 통한 파생적 정당성과 다르다. 사법부처럼 비다수주의 기관의 정당성은 궁극적으로 기관의 행태와 성과에 대한 여론의 평판에 달려 있다. 비다수주의 기관은 특히 정치의 양극화 상황에서 독립적 지위가 위태로울 수 있기에 전문적이고 불편부당하게 일반 이익에 복무한다는 평판을 지속적으로 쌓아 대중의 지지를 확보해 놓아야 한다.

∎

본서의 연구 대상인 비다수주의 기관은 그 기능이 다양하다. 선행 연구에 따르면 미국의 연방준비제도, 항공우주국, 영국의 잉글랜드은행, 통계청 등은 서비스 제공 기관으로 분류된다. 미국의 질병통제예방센터, 소비자제품안전위원회, 환경보호청, 식품의약국 등은 위험 평가·관리 기관으로 분류된다. 미국의 상품거래위원회, 연방통신위원회, 연방거래위원회, 증권거래위원회 등은 공익 보호를 위한 경계 감시 기관으로 분류된다. 미국의 회계감사원, 법무성 사법연구소, 영국의 감사위원회, 재판소 평의회, 보건위원회, 프랑스의 회계법원, 독일의 연방감사원 등은 감사·감찰 기관으로 분류된다. 미국의 연방선거관리위원회, 특별검사실, 민권위원회, 영국의 연금 옴부즈만, 스웨덴의 아동 옴부즈만 등은 심판·탄원 기관으로 분류된다.

비다수주의 기관의 일반적 정의를 수용하면 우리의 경우 중앙 행정 기관 가운데서 장이 국무위원이 아닌 기관은 비다수주의 기관이라고 할 수 있다. 그리고 이들 기관을 위의 방식에 따라 분류하면 통계청, 우주항공청은 서비스 제공 기관으로, 질병관리청, 식품의약품안전처, 원자력안전위원회는 위험 평가·관리 기관으로, 방송통신위원회, 공정거래위원회, 금융위원회, 개인정보보호위원회는 공익 보호를 위한 경계 감시 기관으로, 감사원은 감사·감찰 기관으로, 국민권익위원회는 심판·탄원 기관으로 분류될 수 있다. 합의제 형태든 독임제 형태든 장이 국무위원이 아닌 중앙 행정 기관이 본서의 연구 대상인 비다수주의 기관이며 이들은 국무위원이 장인 일반 행정 부처와 구분된다. 이러한 배경에서 본서는 사례 연구로 국민권익위원회(4장), 방송통신위원회(5장), 통계청(6장)을 포함하였다.

본서는 3개 편, 8개 장으로 구성되어 있다. 3개 장으로 구성된 제1편은 민주적 거버넌스의 도구로서 비다수주의 기관에 주목하면서 민주주의와 입헌주의 시각에서 이들 기관의 한계와 조건을 다룬다. 4개 장으로 구성된 제2편은 사례 연구를 통해 정당성, 문책성, 독립성, 전문성의 시각에서 우리나라 비다수주의 기관의 한계와 과제를 다룬다. 2개 장으로 구성된 제3편은 과학기술 거버넌스와 시민 참여 거버넌스에서 비다수주의 기관의 한계와 역할을 다룬다.

제1장 "정치의 양극화, 민주적 거버넌스 및 비다수주의 기관"에서 박종민은 현재 한국의 민주적 거버넌스가 정치적 양극화의 극단적 결과로 위기에 직면해 있다고 주장한다. 그는 다양한 종단적 조사 데이터를 통해 국회와 정당 등 대의 기구에 대한 낮은 신뢰 그리고 정부 신뢰의 당파적 양극화가 견고해짐을 보여 준다. 이러한 민주적 거버넌스의 위기에 대한 제도적 처방으로 '제왕적' 대통령의 권한을 분산·축소하는 권력 구조의 '민주화'가 제시되나 이는 다수제 민주주의의 한계 및 대통령 중심의 거버넌스 구조화의 경향을 간과하고 있다고 지적한다. 그리고 그 대안으로 정치적 양극화의 중심에 있는 대통령을 수반으로 하는 정부의 중앙 행정 기관에서 비다수주의 기관을 분리해 이들에게 독립적 지위와 운영적 자율성을 부여하는 집행적 권력의 분립을 제안한다. 그는 이것이 정부의 효과성과 공평성을 높이고 시민 참여의 질을 개선해 민주적 거버넌스의 정당성을 강화할 수 있다고 강조한다.

　제2장 "전문성, 민주주의 그리고 자율성"에서 강명훈은 비다수주의 기관을 둘러싼 전문성과 민주성 간의 긴장과 균형을 다룬다. 그는 "관료제의 정치화"는 관료제에 대한 정치적 통제를 확대해 민주적 정당성을 강화할 수 있지만 전문성과 중립성을 훼손할 수 있고, "정치의 관료제화"는 전문성이 정치 영역으로 확장되면서 민주적 문책성이 약화될 수 있다고 하였다. 특히 정보 비대칭성으로 인해 관료가 공익을 명분으로 사익을 추구하는 도덕적 해이가 발생할 수 있고, 이는 관료제에 대한 신뢰를 낮추어 전문적이고 중립적인 정책 수립과 집행이라는 관료제의 본래 기능을 저해할 수 있다고 하였다. 이러한 딜레마를 해결하는 방안으로 그는 "평판에 기반한 자율성", 즉 관료들이 자신들의 전문성을 입증하고 사회적 신뢰를 쌓는 과정을 통해 형성되는 관료적 자율성에 주목한다. 그러나 이러한 자율성도 과도한 권력 집중

과 책임성 약화의 위험을 동반한다고 지적하며 새로운 모델의 필요성을 강조한다.

제3장 "독립행정위원회의 설치·운영 입법에 대한 헌법학적 검토"에서 윤성현은 헌법학적 시각에서 합의제 독립 기관의 제도화 문제를 다룬다. 오늘날 국가 행정에서 전형적인 부처 조직에서 탈피해 독립성과 전문성이 강조되는 민관 거버넌스 형식의 독립행정위원회가 증가하고 있음을 지적하면서 그는 이러한 독립 기관의 필요성과 정당성에 대한 헌법학적 검토를 시도한다. 그는 중앙 행정 기관의 설치 근거를 가지면서 기왕의 행정 부처의 계서제와는 독립하여 해당 소관 사무의 전부를 합의제 혹은 위원회 형식으로 수행하는 행정 기관을 '독립행정위원회'로 규정한다. 그리고 합의제 독립 기관의 조건으로 독립성, 전문성, 신규성 혹은 비전형성, 다수 전문가의 합의(행정적 숙의), 정치적 중립성을 제시하고 이를 적용해 '독립행정위원회'의 설치·운영 입법시 고려해야 할 헌법적 기준과 한계를 고찰하고 이들 위원회가 독립 행정의 전문성을 발휘할 수 있는 조건을 제시한다.

제4장 "비다수주의 기관의 정당성과 독립성: 국민권익위원회 사례"에서 박정구·강민성은 심판·탄원 기관으로 분류될 수 있는 국민권익위원회 사례를 통해 정치적 독립성과 민주적 문책성 간의 균형이 어떻게 제도적으로 조정될 수 있는지를 탐색한다. 그들은 국민권익위원회가 외견상 법적 독립성을 보장받고 있으나 실질적 독립성의 확보에는 한계가 있으며, 조직 구성과 임명에서 정치적 개입의 위험에 노출되어 있다고 하였다. 그들은 국민권익위원회의 조직 평판이 정치적 자율성을 확보하는 핵심 자원임을 확인하며, 이를 활용한 전략적 평판 관리가 필요함을 주장한다. 그들은 사례 분석을 통해 비다수주의 기관이 독립성을 확보하기 위해 제도적 보장뿐만 아니라 국민의 신뢰를 얻고 국제적 정당성을 구축하려는 자체 노력이 필수적임을 지적하면서 효

과적인 반부패 거버넌스의 도구로 작동할 수 있는 조건을 제시한다.

제5장 "규제기관의 제도적 특성과 문책성의 한계: 방송통신위원회 사례"에서 김다은은 문책성 개념에 초점을 두고 공익 보호를 위한 경계 감시 기관으로 분류될 수 있는 방송통신위원회를 사례로 다룬다. 방송통신위원회는 외견상의 중립성에도 불구하고 기관 결정과 위원 임명을 둘러싸고 종종 편파성 논란에 휩싸였다. 저자는 규제 기관에 관한 선행 연구 및 규제 기관의 원조 격인 미국의 사례와 비교하면서 방송통신위원회는 미국의 독립규제위원회와 달리 산업 진흥과 업무 효율성에 중점을 두고 대통령 직속 합의제 중앙 행정 기관으로 설계되었음을 지적하였다. 따라서 행정부의 통제와 감독이 가능한 제도적 특성으로 인해 문책성의 확보는 중요하게 여겨지지 않았다고 주장한다. 저자는 상향적 문책성과 하향적 문책성을 구분하면서 방송통신위원회의 상향적 문책성 기제가 오히려 대통령과 국회가 정치적 영향력을 행사하는 수단으로 전용되는 한계를 드러내고 있다고 지적한다.

제6장 "비다수주의 기관의 전문성과 독립성: 통계청 사례"에서 조인영은 반부패 기관이나 규제 기관이 아닌 서비스 제공 기관을 선택하였다. 여기서 저자는 공공재인 국가 통계를 생산하는 비다수주의 기관으로서 통계청의 전문성과 독립성을 분석하고 그 한계를 기술한다. 이를 위해 기관 내부의 전문 인력 규모 및 입직 제도, 기관장의 전문성, 통계 작성 과정에서의 과학적 방법론 적용 등 전문성 평가 지표와 기관의 법적 지위, 임용·해임 규정, 예산 및 재정 자율성, 외부 견제 메커니즘 등 독립성 평가 지표를 각각 사용하였다. 분석에 따르면 청장의 잦은 교체와 비전문적 청장 인사, 예산과 인력의 제약, 순환 근무 등으로 장기적인 전문성 축적에 한계를 보였고, 법적 독립성과 재정 자율성이 충분히 확보되지 않아 통계 작성 과정에서 정치적 간섭에 노출되는 것으로 나타났다. 저자는 이러한 통계청의 전문성과

독립성의 한계가 사실과 증거 기반 정책 결정에 심각한 부정적 영향을 미칠 수 있다고 경고한다.

제7장 "과학기술 거버넌스에서 비다수주의 기관과 경계 조직"에서 김영재는 전문성에 기반한 과학기술 거버넌스와 민주주의의 관계에 초점을 두고 비다수주의 기관의 한계와 이를 보완할 수 있는 경계 조직의 유용성을 다룬다. 현대 사회에서 과학기술의 중요성이 증대됨에 따라, 과학기술 정책 결정에서 민주적 정당성과 문책성의 확보가 중요한 쟁점으로 부상하고 있다고 주장하면서 과학기술 거버넌스와 민주주의 간의 상호 작용을 검토하고 과학기술 거버넌스의 도구인 비다수주의 기관의 한계를 지적한다. 이어서 그는 비다수주의 기관의 한계를 보완할 수 있는 경계 조직의 개념을 소개하고 그 유용성을 검토한다. 그는 효과성만이 아니라 정당성의 중요성을 강조하면서 과학기술 거버넌스에서 민주적 결손을 해결하고 과학기술과 민주주의가 균형과 조화를 이루는 방안을 모색한다.

제8장 "시민 참여와 비다수주의 기관의 역할"에서 강상원은 시민 참여를 위한 비다수주의 기관의 잠재적 역할에 주목한다. 그는 비다수주의 기관이 정책 결정의 전문성과 합리성을 제고하는 데 도움을 주지만, 동시에 선출되지 않은 권력이라는 점에서 민주적 결손과 문책성 약화라는 위험도 수반할 수 있음을 인정한다. 그러나 그는 선행 이론과 연구를 통해 전문가의 역할이 단순한 정보 전달을 넘어 지식의 번역, 공동 생산, 조력, 숙의 촉진 등 다면적으로 기능할 수 있음을 지적한다. 또한 공론 조사의 실증 사례를 통해 전문가의 역할이 숙의 결과에 주요한 영향을 줄 수 있음을 보여 준다. 이를 통해 그는 전문적 비다수주의 기관이 시민들에게 정보와 지식을 제공해 정보에 밝은 시민을 육성할 수 있음을 강조하면서 비다수주의 기관이 시민의 목소리를 전문가의 목소리로 대체하는 것이 아니라 오히려 숙의 과정에서

시민 참여의 질을 제고할 수 있음을 시사한다.

　다수의 지배를 민주주의와 동일시하는 시각은 민주적 거버넌스의 도구로서 비다수주의 기관에 대해 비판적이다. 그러나 다수제 민주주의가 굿 거버넌스를 보장한다는 기대는 신화일 수 있다. 오히려 전문적 독립성에 기반한 비다수주의 기관은 민주적 거버넌스의 질을 높일 수 있다. 이런 점에서 본서는 집행적 권력의 재분립을 통해 규제 · 감독 기능을 수행하는 비다수주의 기관을 분리하고 이들 기관이 전문적 독립성과 민주적 문책성에서 균형을 이루도록 설계되어야 함을 강조한다. 이러한 배경과 논거에서 본서의 출간이 한국 행정학계에서 비다수주의 기관에 대한 담론을 본격화시키는 계기가 되기를 바란다.

■

　각 장(제1장 제외)은 2024년 11월 8일 고려대학교 비교거버넌스연구소 주최 "민주적 거버넌스와 비다수주의 기관: 쟁점과 과제" 학술회의에서 발표된 논문의 수정본이다. 본서에 포함되지는 않았지만, 학술회의에서 발표해 주신 우미형(충남대), 윤혜선(한양대), 황광선(가천대) 교수, 김대우(고려대) 연구교수께 감사한다. 학술회의에서 사회자와 토론자로 참여해 주신 김태호(헌법재판소), 이상덕(인천지방법원) 박사, 김정인(수원대), 이동성(성균관대), 이병량(경기대), 이응균(고려대), 이재훈(한국외국어대), 이종성(숭실대), 이혁우(배재대), 이혜영(광운대), 한승주(명지대), 한유성(연세대) 교수께 감사한다. 끝으로 학술회의와 본서 출간 작업을 도와준 고려대학교 대학원의 김소라, 백은지, 상민정, 진민아, 장미정 연구 조교에게 감사한다.

박종민 · 윤견수

차례

제1편

민주적 거버넌스의 도구로서 비다수주의 기관

제1장
박종민
정치의 양극화, 민주적 거버넌스 및 비다수주의 기관

제2편
비다수주의 기관 사례 연구

제6장

조인영

비다수주의 기관의 전문성과 독립성: 통계청 사례

제3편

비다수주의 기관의 한계와 역할

제7장
김영재
과학기술 거버넌스에서 비다수주의 기관과 경계 조직

제1편

민주적 거버넌스의 도구로서 비다수주의 기관

제1장

정치의 양극화, 민주적 거버넌스 및 비다수주의 기관

박종민 |

I 머리말

야당이 장악한 국회의 입법 독주와 탄핵권 남용 및 정부의 비상계엄 선포와 국회의 대통령 탄핵 소추가 가져온 정치적 위기에 직면하기 전까지 민주화 이후 지난 30년 동안 한국의 민주주의는 IMF 관리를 초래한 경제 위기, 대통령 탄핵을 둘러싼 정치 위기, 코로나19 팬데믹으로 인한 공중 보건 위기를 차례로 경험하였다. 민주주의의 후퇴를 가져올 수 있었던 이러한 위기 속에서 한국의 민주주의는 탄력성과 역동성을 잃지 않았다. 민주주의의 최소한의 요소가 보편 참정권, 자유·공정 선거 및 복수 정당제를 포함하면 한국의 현 정치 체제는 이들 기준을 충족하고 있다고 할 수 있다. 그러나 각종 여론 조사는 특히 지난 20년 동안 현 정치 제도와 과정에 대한 일반 대중의 불만이 증가해 왔음을 보여 준다(박종민, 2018). 특히 대의 민주주의의 주요 행위자인 정당과 국회에 대한 대중의 신뢰는 낮고 민주적 거버넌스의 질을 종합적으로 나타내는 정부의 반응성에 대한 대중의 평가는 부정적이다. 당파적 정체성에 기반을 둔 정치적 양극화와 진영 정치로 공공 문제의 해결을 위한 거버넌스가 기능하지 못하면서 정치 제도와 과정에 대한 대중의 불신은 한국 정치 지형의 주요한 특징이 되었다. 이러한 민주적 거버넌스의 위기에 대한 제도적 처방으로 '제왕적' 대통령의 권한을 분산 및 축소하고 대의 기관의 역할을 강화하는 권력 구조의 '민주화'가 제시되나 선거 민주주의의 한계, 정당과 국회에 대한 낮은 신뢰 및 대통령 중심의 거버넌스 구조화의 경향을 간과한 것이라 할 수 있다. 이 글은 민주적 거버넌스의 질을 높이기 위한 대안으로 정치적 양극화의 중심에 있는 대통령을 수반으로 하는 집행부로부터 일반 이익을 위해 불편부당하게 복무할 비선출 기관을 분리해 이들에게 운영적 자율성과 민주적 문책성(accountability)을 부여하는 방안을 탐색한다.[1] 전통적 삼권 분립의 원리를 일탈하는 집행적 권력의 재분립을 통해 민주적 거버넌스가 투입 지향의 정당성과 더불어 과정 및 산출 지향의 정당성을 확보할 수 있음을 강조한다.

Ⅱ │ 선거 민주주의의 한계

민주화 이후 지난 30년 동안 네 번씩이나 선거를 통한 정권 교체를 경험하면서 한국에서 선거 민주주의는 완전히 공고화되었다고 할 수 있다. 세계 여러 지역에서 민주적 후퇴를 촉발했던 코로나19 팬데믹 상황에서도 대통령 선거, 국회의원 선거, 지방 선거 등 각종 선거를 연기하지 않고 차질 없이 실시하였다. 다수주의 기관(majoritarian institutions)을 구성하는 방법으로서 선거의 정당성이 광범하게 수용되어 있어 선거 이외의 다른 방법으로 정부를 선택하는 것은 이제는 상

---

[1] accountability가 책임을 묻고 제재를 가하는 행위를 강조한다는 점에서 여기서는 이를 책무성 대신 문책성의 용어로 표현하였다.

상할 수 없다고 할 수 있다. 그러나 일시적 다수의 지지로 선출된 정부가 재임 기간의 모든 정책에 대해 사전적으로 백지 위임받은 것이 아니라는 점에서, 그리고 선거에서 표출된 다수의 의사가 일반 의사와 차이가 있다는 점에서 당파성이 지배하는 선거 민주주의는 굿 거버넌스를 담보하는 데 근본적인 한계를 갖고 있다(Rosanvallon, 2011).

이는 각종 여론 조사에 나타난 한국인들의 선거에 대한 평가와 인식에서도 발견된다.[2] "시민들이 선거를 통해 자신들이 좋아하지 않는 정부를 물러나게 할 수 있다"라는 의견에 동의하는 응답자는 2019년 63%, 2022년 68%로 3명의 유권자 가운데 2명이 선거를 통해 정권을 교체할 수 있다고 믿고 있었다.[3] 그러나 "선거 때 말고는 국민이 정부 정책에 대해 책임을 물을 방법이 없다"라는 의견에 동의하지 않는 사람들은 2006년 36%, 2011년 35%, 2015년 37%, 2019년 50%, 2022년 43%로 일시 높았던 2019년을 포함해도 평균 40%에 머물고 있다.[4] 선거를 통해 정권을 교체할 수 있다고 믿고는 있지만 다음 투표할 때까지 정책 결정에 대해 정부에 책임을 물을 방법이 없다는 평가는 非선거적(non-electoral) 혹은 後선거적(post-electoral) 문책성(accountability)이 작동하지 않고 민주적 거버넌스가 지속적이지 않다는 인식을 나타낸다. 선거를 통해 정부를 선택할 수 있어도 투표일이

---

2 사용된 데이터는 1996 Korea Democracy Barometer(KDB)(N=1,000), 2003 Asian Barometer Survey(ABS)(N=1,500), 2006 ABS(N=1,212), 2011 ABS(N=1,207), 2015 ABS(N=1,200), 2018 Korea Governance Survey(KGS)(N=1,245), 2019 ABS(N=1,268), 2020 KGS(N=1,268), 2021 KGS(N=1,200), 2022 ABS(N=1,216), 2024 KGS(N=2,000)에서 나왔다. 웹 조사의 2024 KGS를 제외하고 모두 대면 면접 조사로 실시되었다.
3 자구 표현이 다소 다르지만 "국민은 자신이 좋아하지 않는 정부를 바꿀 힘이 있다"라는 의견에 동의한 응답자는 2006년 44%, 2011년 51%였다. 이 문항은 선거를 통한 정부 교체를 명시적으로 표현하지는 않지만, 선거를 통한 수직적 문책성을 측정한다고 할 수 있다.
4 2019년 일시적으로 상승한 것은 대통령 탄핵을 가져온 대규모 시위의 집합적 경험이 관련된 것으로 보인다.

지나면 더 이상 국민 주권의 원리가 실천되지 않는다는 것이다.

선거 경쟁의 개방성과 공정성에 대한 평가는 긍정적이다. "야당이나 야당 정치인들이 선거를 통해 여당이나 여당 정치인이 될 기회가 있다"라는 의견에 동의한 응답자는 2019년 59%, 2022년 65%로 3명의 유권자 가운데 2명이 정권교체가 보장될 정도로 선거 경쟁이 공정하다고 인식하였다.[5] 그러나 "선거가 유권자에게 서로 다른 정당과 후보자를 선택할 기회를 얼마나 자주 제공한다고 생각하느냐"라는 질문에 긍정적으로 답한 응답자는 2006년 47%, 2011년 51%, 2015년 45%, 2019년 35%, 2022년 39%로 평균 43%였다. 선거가 경쟁적이어서 야당이 여당이 될 수 있다고 생각하지만, 선거가 의미 있는 선택의 기회를 주지는 못한다고 평가하는 것이다.[6]

선거에서 다수가 지지한 정부가 선택되지만, 정부의 반응성에 대한 평가는 긍정적이지 않다. "정부가 국민이 원하는 것에 얼마나 잘 부응한다고 생각하는지"를 묻는 문항에 긍정적 반응을 보인 응답자는 2006년 21%, 2011년 29%, 2015년 30%, 2019년 42%, 2022년 31%였다. 일시적으로 높았던 2019년을 포함해도 평균 31%만이 정부의 반응성을 긍정적으로 평가하였다. 당파적 이익에 부응할 수는 있지만, 국민 혹은 일반 이익에 복무한다는 평가는 낮다. 이러한 평가는 정치의 양극화 상황에서 더 부정적일 수 있다. 선거가 정부의 반응성을 높이는지에 대해서도 회의적이다. "선거로 인해 정부가 국민의 요구에 얼마나 반응한다고 생각하는지"를 묻는 문항에 긍정적인 반

---

5 선거에서 운동장의 공평성을 측정하는 문항인 "선거 때 모든 정당과 후보자는 방송이나 신문을 동등하게 이용할 수 있다"라는 의견에 동의한 응답자는 2006년 66%, 2011년 65%, 2015년 60%였다.

6 Pew Research Center 2023년 한국 조사에 따르면 "어느 정당도 자신의 견해를 잘 대표하지 못한다"라고 응답한 사람이 54%였다. 이는 현 정당 제도의 대표성 기능에 대한 대중의 평가가 부정적임을 보여 준다.

응을 나타낸 응답자는 2019년과 2022년 모두 42%였다. 이러한 결과는 선출된 정부가 일반 이익에 복무하도록 압력을 가하거나 유인하는 데 있어 선거 민주주의의 한계를 시사한다. 선거를 통해 정부를 선택하는 것이 현실적으로 최선의 대안이지만, 다수의 의사가 전체 국민의 의사와 동일시될 수 없고 정부 선택이 재임 기간 동안의 모든 정책을 사전적으로 승인하는 것은 아니다. 이러한 점에서 자유·공정 선거가 좋은 정부를 생산하고 다수의 지배가 굿 거버넌스를 보장한다는 믿음은 선거 민주주의의 신화 혹은 '선거주의의 오류(fallacy of electoralism)'라고 할 수 있다(Karl, 1995; Rosanvallon, 2018).

Ⅲ │ 차별화된 기관 신뢰

선거 민주주의는 경쟁적 선거를 통해 다수주의 기관을 구성하는 정치적 방법이다. 국회는 대표적인 다수주의 기관이다. 선거로 직접 선출되는 대통령도 주요한 다수주의 기관이다. 반면, 법원과 헌법재판소는 대표적인 非다수주의 기관(non-majoritarian institutions)이다. 이들 기관의 장은 선거에 의해 직접 선출되지 않고 다수주의 기관에 의해 임명된다. 정부를 구성하는 중앙 행정 기관도 선거에 의해 직접 구성되거나 선출된 공무원에 의해 직접 관리되지 않는다는 점에서 비다수주의 기관 혹은 비선출 기관(unelected bodies)이라고 할 수 있다.[7]

〈그림 1-1〉은 주요 다수주의 기관과 비선출 기관에 대한 대중 신뢰의 변화 궤적을 보여 준다.[8] 첫째, 입법권을 가진 국회를 신뢰하는 응

---

7 비다수주의 기관은 국민에 의해 직접 선출되거나 선출된 공무원이 직접 관리하지 않는 특화된 공적 권한을 부여받은 정부 기관이다(Thatcher & Stone Sweet, 2002).

8 신뢰 문항의 응답 범주는 2019년 조사를 제외하고 '매우 신뢰', '약간 신뢰', '별로 신뢰

답자는 1996년 49%에서 2003년 15%로 급락하고 2006년 7%로 더 하락했다가 2011년 11%로 반등하였고, 이후 10년 동안 12%를 넘지 못하다 2022년 19%로 증가한 후 2024년 14%로 다시 낮아졌다. 가장 최근 조사에서 나타난 신뢰 수준은 IMF 경제 위기 직전인 1996년 조사에서 나타난 신뢰 수준보다 35% 낮았다.

둘째, 대통령을 수반으로 하는 정부에 대한 신뢰도 이와 비슷한 패턴을 보였다. 집행권을 가진 정부를 신뢰하는 응답자는 1996년 62%에서 2003년 26%로 급락하고 2006년 14%로 더 하락했다가 2011년 22%로 반등한 후 2015년 30%로 증가하였고, 2018년 42%로 일시 증가한 후 2022년 37%, 2024년 32%로 다시 낮아졌다. 가장 최근 조사에서 나타난 신뢰 수준은 IMF 경제 위기 직전인 1996년 조사에서 나타난 신뢰 수준보다 30% 낮았다. 여기서 흥미로운 발견은 같은 다수주의 기관이라도 정부에 대한 신뢰가 국회에 대한 신뢰보다 평균 23% 높았다는 것이다.

셋째, 대표적인 비선출 기관인 법원을 신뢰하는 응답자는 1996년 71%에서 2003년 51%로 하락하고 2006년 27%로 더 하락했다가 2011년 36%로 반등한 후 2015년 42%, 2018년 48%로 계속 상승하였으나 이후 오르내림을 반복하면서 50%를 넘지 못하다가 2024년 52%로 상승하였다. 그렇지만 가장 최근 조사에서 나타난 신뢰 수준은 IMF 경제 위기 직전인 1996년 조사에서 나타난 신뢰 수준보다 19% 낮았다. 여기서 주목할 만한 결과는 비선출 기관인 법원에 대한 신뢰가 선출 기관인 국회와 정부에 대한 신뢰보다 높다는 것이다. 예를 들면 법원에 대한 신뢰는 정부에 대한 신뢰보다는 평균 10% 높았고 국회에 대한 신뢰보다는 33% 높았다.

안 함', '전혀 신뢰 안 함'의 4개이다. 2019년 조사의 경우 '완전 신뢰', '많이 신뢰', '약간 신뢰', '약간 불신', '많이 불신', '완전 불신'의 6개이다. 이러한 차이가 2019년 조사 결과와 다른 조사 결과 간의 차이를 줄 수 있다.

넷째, 공무원(civil service)은 실적·자격 검증을 통해 고용된 官吏 집단으로 선출직 공무원과 구분된다.[9] 공무원을 신뢰하는 응답자는 1996년 56%에서 2003년 45%로 하락하고 2006년 30%로 더 하락했다가 2011년 35%로 반등한 후 2015년 42%, 2019년 49%로 점차 증가하였고 2020년 57%로 일시 급증한 후 2021년과 2022년 각각 50%, 2024년 45%로 낮아졌다. 가장 최근 조사에서 나타난 신뢰 수준은 IMF 경제 위기 직전인 1996년 조사에서 나타난 신뢰 수준보다 11% 낮았다. 공무원에 대한 신뢰는 IMF 경제 위기 직전에는 정부에 대한 신뢰보다 더 낮았지만 그 이후부터는 줄곧 더 높았는데, 비슷한 수준이었던 2018년을 포함해 평균 12% 높았다.

그림 1-1 **주요 국가 기관에 대한 대중의 신뢰**

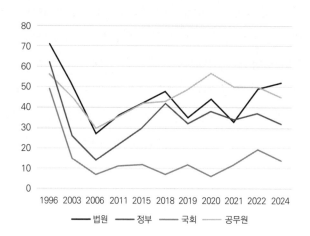

---

9 영어 설문의 civil service가 한국어 설문에서 '공무원'으로 번역되어 기관보다 사람(civil servants)에 대한 신뢰를 반영할 수 있지만, 국회, 정부, 법원 신뢰와 같이 질문하였기에 이는 행정 기관을 구성하는 경력직 공무원 집단에 대한 신뢰를 의미한다고 볼 수 있다. 한편, 2024 KGS는 '(직업 공무원으로 구성된) 행정기관'이라는 표현을 사용하였다. 공무원 제도에 관한 논의는 박종민·김지성·김현정(2022) 참조.

전체적으로 국회나 정부와 같은 다수주의 기관보다 법원이나 행정 기관과 같은 비다수주의 기관에 대한 신뢰가 더 높았다. 여기서 주목할 것은 대통령을 수반으로 하는 정부보다 행정각부를 구성하는 공무원에 대한 신뢰가 대체로 더 높다는 결과인데, 이는 후술할 기능 분화를 통한 집행적 권력의 분립을 뒷받침하는 경험적 증거로 사용할 수 있다.

〈그림 1-2〉는 민주주의의 주요 행위자인 정당에 대한 신뢰를 거버넌스의 주요 행위자인 공무원에 대한 신뢰와 대비해 보여 준다. 특정 정당이 아닌 정당들을 신뢰하는 응답자는 1996년 39%에서 2003년 15%로 하락하고 2006년 9%로 바닥을 친 후 2011년 13%로 반등하였고 이후 거의 10년 동안 20%를 넘지 못하다가(2015년 16%, 2018년 12%, 2019년 16%, 2020년 12%, 2021년 15%) 2022년 겨우 22%를 기록하였다.[10] 가장 최근 조사에서 나타난 신뢰 수준은 IMF 경제 위기 직전인 1996년 조사에서 나타난 신뢰 수준보다 17% 낮았다. IMF 경제 위기 직전 정당에 대한 신뢰가 공무원에 대한 신뢰보다 17% 낮았지만, 그 이후부터 평균 30% 낮아 신뢰 격차가 확대되었다. 이 결과는 직업 정치인들로 구성된 정당보다 직업 공무원들로 구성된 관료제가 대중으로부터 더 신뢰받고 있음을 보여 준다. 흥미로운 것은 관료제가 국회와 정당 등 정치 기관보다 더 높은 신뢰를 받고 있지만 좌파 정권이 집권하든 우파 정권이 집권하든 관료제가 늘 정부 실패의 원인으로서 비판과 개혁의 대상이라는 점이다(Suleiman, 2003).

지난 30년간 공공 기관에 대한 신뢰의 궤적은 IMF 경제 위기 이전이 예외적일 정도로 선출 기관에 대한 낮은 신뢰가 뉴노멀임을 시사한다. 그렇지만 여기서 주목할 것은 선출 기관에 대한 낮은 신뢰에도 불구하고 대의 제도가 없는 정치 체제에 대한 대중의 지지는 낮다는

---

10 2024 KGS는 정당에 대한 신뢰 문항이 없다.

것이다. 먼저 "국회와 선거를 없애고 강력한 지도자가 결정해야 한다"라는 주장에 동의하는 응답자는 2003년 15%, 2011년 18%, 2015년 20%, 2019년 21%, 2022년 19%였다. 즉, 국회와 선거가 없는 독재자 통치(strongman rule)를 지지하는 사람은 평균 20%를 넘지 못했다. 그런데 "강력한 지도자가 국회나 법원의 간섭 없이 결정을 내릴 수 있는 체제"에 관해 물었을 때 이를 좋은 정치 체제라고 한 응답자는 2017년 23%, 2018년 22%, 2023년 35%, 2024년 33%였다.[11] 여기서 주목할 것은 대의 제도가 없는 독재 체제에 대한 지지는 별 변화 없이 낮지만, 견제와 균형의 원리가 제한된 거버넌스에 대한 지지는 지난 5년간 뚜렷하게 증가했다는 것이다.

이와 유사하게 "국회와 선거를 없애고 전문가들이 국민을 대신해 결정하도록 해야 한다"라는 주장에 동의하는 응답자는 2003년 18%, 2011년 14%, 2015년 20%, 2019년 19%, 2022년 19%였다. 즉, 국회와 선거가 없는 전문가에 의한 통치를 지지하는 사람은 평균 20%를 넘지 못했다. 그런데 "선거로 선출된 정치인이 아니라 전문가들이 나라에 최선이라고 생각하는 것에 따라 결정을 내리는 체제"에 관해 물었을 때 이를 좋은 정치 체제라고 한 응답자는 2017년 52%, 2018년 37%, 2023년 66%, 2024년 63%였다.[12] 여기서도 주목할 것은 대의 제도가 없는 전문가 통치에 대한 지지는 여전히 낮지만, 정치인 대신 전문가의 역할이 강화된 거버넌스에 대한 지지는 분명하게 증가했다는 것이다.

선거 민주주의의 한계 및 선출 기관에 대한 낮은 신뢰에도 불구하고 대의 제도가 없는 독재 체제나 테크노크라시에 대한 지지는 낮다.

---

11 2017년 조사(N=1,010)와 2023년 조사(N=1,735)는 PEW Research Center 한국 조사이다.

12 2024년 조사에서 사용된 질문은 "선출된 공직자가 아닌 전문가가 국가를 위해 무엇이 최선이라고 생각하는지에 따라 결정을 내리는 체제"이다.

그러나 여기서 주목할 것은 정치적 양극화가 깊어진 지난 5년간 국회와 법원의 견제가 제한된 거버넌스나 정치인 대신 전문가의 역할이 강화된 거버넌스에 대한 지지가 높아졌다는 것이다. 특히 코로나19 팬데믹을 거치면서 폭증한 것으로 보이는 전문가 중심 체제에 대한 높은 지지는 대의 기관과 전문적 행정 기관이 균형을 이룬 민주적 거버넌스에 대한 대중의 선호가 광범함을 시사한다(박종민, 2024).[13]

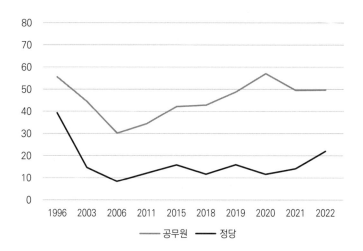

그림 1-2 공무원과 정당에 대한 대중의 신뢰

---

13 대의 민주주의에 대한 지지와 전문가 통치에 대한 지지 간의 단순상관계수는 Pew Research Center 2023년 한국 조사 데이터의 경우 0.101(p⟨0.01), 2024 KGS 데이터의 경우 0.222(p⟨0.01)로, 약하지만 부정적 관계가 아닌 긍정적 관계를 보였다. 즉, "시민이 뽑은 대표자들이 법을 만드는 민주 체제"가 좋다고 할수록 "선거로 선출된 정치인이 아니라 전문가들이 나라에 최선이라고 생각하는 것에 따라 결정하는 체제"가 좋다고 하였다.

여기서 우리의 관심을 끄는 것은 거버넌스의 중심인 대통령을 수반으로 하는 정부(집행부)에 대한 신뢰의 당파적 양극화(partisan polarization)이다. 〈그림 1-3〉은 응답자의 당파성(partisanship)에 따른 정부 신뢰의 궤적을 보여 준다.[14] 조사 당시의 집권 여당과 야당 지지자들 간의 비교는 특히 최근 20년 동안 신뢰의 당파적 차이가 증가해 왔음을 보여 준다. 예를 들면, 정부 신뢰의 당파적 차이가 1996년과 2003년 각각 9%였던 것이 2006년 23%로 급증하였다. 그리고 2011년 17%로 일시 감소했다가 2015년 20%, 2018년 21%로 소폭 증가했고 2019년에도 30%로 급증하였다. 2021년에는 20%로 일시 급락했다가 2022년 37%, 2024년 41%로 다시 급증하였다. 여기서 주목할 것은 당파적 사람들(partisans)의 정부 신뢰는 지지하는 정당이 권력을 잡으면 높아지고 권력을 잃으면 낮아진다는 것이다. 민주당 지지자들의 정부 신뢰 수준을 보면, 민주당이 권력을 잡았던 2021년에는 45%였지만 국민의힘이 권력을 잡았던 2022년에는 19%였다. 일 년 사이 민주당 지지자들 가운데서 정부 신뢰가 26%나 급락한 것이다. 국민의힘 지지자들의 정부 신뢰 역시 민주당이 권력을 잡았던 2021년에는 25%였지만 국민의힘이 권력을 잡았던 2022년에는 56%로 일 년 사이 21%가 급증하였다.

---

14 여기서 당파성은 가장 가깝게 느끼는 정당이 어디인지를 묻는 문항을 통해 측정되었다. 신한국당, 한나라당, 새누리당, 자유한국당 혹은 국민의힘을 선택한 응답자는 보수당 지지자, 새정치국민회의, 새천년민주당, 새정치민주연합, 열린우리당, 민주당 혹은 더불어민주당을 선택한 응답자는 민주당 지지자로 구분하였다.

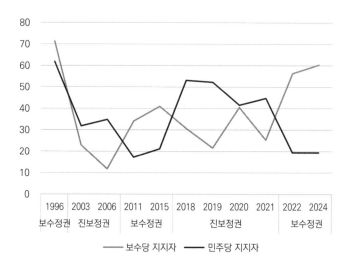

그림 1-3 당파성에 따른 정부 신뢰

〈그림 1-3〉에 나타난 두 선의 간격은 정부 신뢰의 당파적 양극화의 조짐이 노무현 정권에서 시작되었고 문재인 정권에서 확대되었음을 보여 준다. 경제 위기 직전 김영삼 정권 말기였던 1996년에 민주당 지지자와 보수당 지지자가 표명한 정부 신뢰의 수준은 차이가 거의 없었다. 김대중 정권 종료 직전, 즉 노무현 정권 출범 바로 직전인 2003년 초에도 차이가 다소 있었지만 그렇게 크지 않았다. 눈에 띄는 당파적 차이는 2004년 노무현 대통령의 탄핵 소추를 거치면서 나타나기 시작한 것으로 보인다. 그러한 차이는 이명박 정권과 박근혜 정권에서도 거의 그대로 이어졌다. 그리고 박근혜 대통령 탄핵 및 문재인 정권의 적폐 청산과 조국 사태로 진영 간의 갈등이 증폭되면서 정부 신뢰의 당파적 차이가 더욱 벌어졌고, 이는 윤석열 정권 출범 이후까지 지속되고 있다(Park, 2023). 여기서 우리의 눈길을 끄는 것은 2020년 조사 결과이다. 이때는 당파적 차이가 일시적으로 사라졌는데 이는 아마도 코로나19 팬데믹 초기 단계 공중 보건 위기 상황에서

나타난 결집 효과(rally-round-the flag effect)가 반영된 것으로 보인다(배진석, 2022; Bol et al., 2021).

　이러한 정부 신뢰의 당파적 차이는 비다수주의 기관인 법원이나 행정 기관 신뢰의 당파적 차이와 대비된다. 〈그림 1-4〉에 따르면 법원 신뢰의 당파적 차이는 정부 신뢰의 당파적 차이보다는 적지만 유사한 패턴을 보였다. 예를 들면 2003년 6%였던 법원 신뢰의 당파적 차이가 2006년 20%로 급증하였다. 그리고 2011년 18%, 2015년 20%로 비슷한 수준을 유지하다 2018년 9%, 2019년 11%로 낮아졌고, 2020년 0%, 2021년 1%로 차이가 없었다. 그러다 2022년 29%로 급증한 후 2024년 18%로 낮아졌다. 법원 신뢰의 당파적 차이는 2004년 노무현 대통령의 탄핵 소추를 거치면서 나타났고 이것이 이명박 정권과 박근혜 정권까지 그대로 이어졌다. 그리고 문재인 정권에서 점차 감소하면서 코로나19 팬데믹 시기에 사라졌다가 윤석열 정권에서 다시 급증하기 시작했다. 법원이 비다수주의 기관임에도 불구하고 법원 신뢰의 당파적 차이가 정권의 색깔에 연동해 나타난 것은 '사법의 정치화'로 정권과 법원이 코드를 공유하는 한 팀이라는 인식이 증가하고 있음을 시사한다(박종민, 2022).

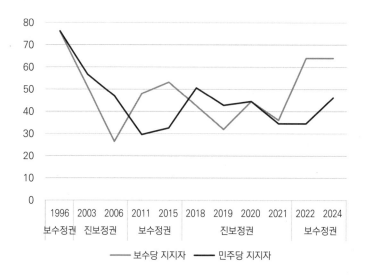

그림 1-4 당파성에 따른 법원 신뢰

〈그림 1-5〉는 당파성에 따른 공무원 신뢰를 보여 주는데, 법원의 경우보다 당파적 차이가 미미한 것으로 나타났다. 예를 들면 당파적 차이가 1996년 1%, 2003년 0%, 2006년 3%, 2011년 7%, 2015년 3%, 2018년 1%로 2011년을 제외하고 거의 없다고 할 수 있다. 2019년 11%로 일시 상승한 후 2020년 5%, 2021년 7%로 낮아진 뒤 2022년 12%로 다시 증가했고, 2024년 다시 6%로 줄어들었다. 정부 신뢰나 법원 신뢰에서 나타난 정도는 아니지만 여기서도 자신이 지지하는 정당이 집권하면 공무원을 대한 신뢰가 높아졌고, 반대 정당이 집권하면 공무원에 대한 신뢰가 낮아졌다. 〈그림 1-5〉에 나타난 두 선 간의 간격이 보여 주는 것처럼 김영삼 정권 때는 물론 노무현 정권 때에도 공무원 신뢰의 당파적 차이가 거의 없었다. 그리고 이명박 정권이나 박근혜 정권 때에도 그 간격이 크지 않았다. 공무원 신뢰의 당파적 차이는 적어도 문재인 정권 중반부터 가시적으로 나타나기 시작하였다. 문재인 정권 초기와 코로나19 팬데믹 초기 단계 때는 당파적

차이가 작았지만, 조국 사건 이후 진영 갈등이 증폭되면서 당파적 차이가 눈에 띄게 증가하기 시작하였고, 이는 정권 교체 이후 윤석열 정권에서도 이어지고 있다.

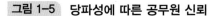
그림 1-5 당파성에 따른 공무원 신뢰

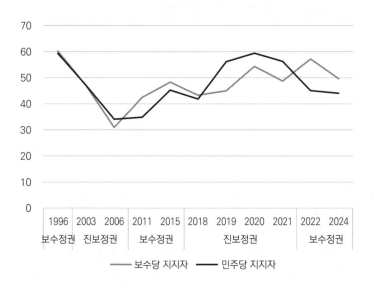

주목할 만한 결과는 기관 신뢰의 당파적 양극화가 비선출 기관을 구성하는 공무원에 대한 태도에서보다 선출 기관인 정부에 대한 태도에서 더 두드러진다는 것이다. 대통령을 수반으로 하는 정부에 대한 신뢰에 있어 당파적 차이는 특히 문재인 정부를 거치면서 견고해진 것으로 보인다. 지지 정당이 권력을 잡으면 정부 신뢰가 높아지고 반대 정당이 권력을 잡으면 정부 신뢰가 낮아진다는 결과는 거버넌스의 중심인 대통령이 양극화의 중심이 되고 있음을 시사한다.[15] 일반적으로 야당 지지자들이 여당 지지자들보다 정부에 대한 신뢰가 낮지만,

---

15 이러한 결과는 미국을 대상으로 한 연구에서도 나타난다(Citrin & Stoker, 2018).

문제는 당파적 차이가 점차 증가하고 있다는 점이다. 대통령이 바뀌면 그에 반응해 정부 신뢰가 급변한다는 결과는 정부 신뢰가 통치 제도로서의 정부보다 집권 정부에 대한 태도를 반영함을 시사한다.

V ｜ 당파적 양극화와 공론의 분열

우리가 여기서 정부 신뢰의 당파적 양극화를 우려하는 이유는 그것이 민주적 거버넌스의 작동에 미치는 잠재적 해악에 주목하기 때문이다. 정부 신뢰는 일반적으로 정부에 대한 기대와 성과에 대한 인식을 바탕으로 사람들이 정부에 대해 갖는 태도로 정의된다(Levi & Stoker, 2000). 주요 선행 연구는 정부 신뢰의 요인으로 성과에 주목한다(Zmerli & van der Meer, 2017). 정부 성과가 기대에 미치면 신뢰가 높아지고 그렇지 못하면 낮아진다는 것이다. 다른 시각은 결과보다 과정에 초점을 둔다. 과정이 공정하고 반응적이면 신뢰가 높아지고, 그렇지 못하면 낮아진다는 것이다. 또 다른 시각은 정부의 정직성을 강조한다. 정부가 부도덕하고 부패하면 신뢰가 낮아지고, 그렇지 않으면 높아진다는 것이다. 최근의 또 다른 시각은 양극화에 주목한다. 이념적 극단을 지향한 당 엘리트의 움직임이 정부 신뢰를 낮춘다는 것이다(Hetherington & Rudolph, 2015). 그 주된 이유가 무엇이든 최근 관찰되는 정부 신뢰의 당파적 차이의 증가는 정서적 양극화(affective polarization)의 증가와 무관하지 않음을 보여 준다(장승진·장한일, 2020; 김기동·이재묵, 2021; 이내영, 2022). 정서적 양극화는 당파적 사람들이 정책 이슈에서 양극화되어 있기보다 서로에 대한 감정에서 양극화되어 있다는 것이다. 당파성이 사회적 정체성으로 작동하고 이것이 토대가 된 정서적 양극화는 자신의 정당에 대한 편애와 상대 정당에 대한 적대감을 조성한다(Iyengar, Sood & Lelkes, 2012). 감정에 기반한 정치적 양극화는 여대야소의 단점 정부에서는 다수의 횡포를, 여소야대의 분점 정부에서는 입법 교착을 초래할 수 있다. 정서적으로 양극화된 정치 환경은 다수와 소수 간의 협상과 타협을 통한 정책 합의를 어렵게 하면서 민주적 거버넌스의 기능 부전을 초래한다.

정부 신뢰의 당파적 양극화를 우려하는 것은 사람들이 정책을 평가하고 판단할 때 정부 신뢰를 휴리스틱(heuristic)으로 사용하는 경향이 있기 때문이다(Hetherington & Rudolph, 2015). 선행 연구에 따르면 일반적으로 유권자들은 정책 사안에 대해 무지하거나 이해가 낮다. 따라서 정책을 평가하고 판단할 때 휴리스틱을 사용한다. 휴리스틱을 사용하는 것은 별 노력을 들이지 않고 판단을 내릴 수 있기 때문이다. 휴리스틱으로서의 정부 신뢰는 새로운 정부 정책에 대한 선호에 영향을 주는데, 정부를 신뢰하면 정부가 추진하는 정책을 지지하고 정부를 불신하면 정부가 추진하는 정책에 반대한다는 것이다. 당파적으로 동기화된 추론(partisan motivated reasoning) 이론에 따르면 당파적 사람들은 자신들이 좋아하는 정당이 권력을 잡고 있는지 아닌지에 따라 정치 세계를 다르게 인식하고 해석한다(Lodge & Taber, 2013). 그들은 자신들이 좋아하는 정당에는 유리한 정보를, 싫어하는 정당에는 불리한 정보를 선택적으로 처리한다.

여론 형성에 객관적 사실보다 감정이나 사적 신념이 더 중요해진 탈진실(post-truth) 시대(McIntyre, 2018)에서 정서적 양극화는 사회적 합의(public consensus)를 가로막고 과학적 증거 기반 정책 접근을 어렵게 한다. 일본 후쿠시마 원전의 오염 처리수 방류를 둘러싼 여론 분열과 정책 갈등은 이를 예증한다(박종민, 2024). 방류가 시작된 2023년 8월의 한국갤럽 조사에 따르면 국민의힘 지지자들 가운데 우리나라 해양과 수산물의 오염을 "매우" 걱정하는 사람은 25%, "어느 정도" 걱정하는 사람은 21%, "별로" 걱정하지 않은 사람은 23%, "전혀" 걱정하지 않는 사람은 27%였다. 반면, 더불어민주당 지지자들 가운데서 "매우" 걱정하는 사람은 86%, "어느 정도" 걱정하는 사람은 12%, "별로" 걱정하지 않은 사람은 1%, "전혀" 걱정하지 않는 사람은 2%였다 (한국갤럽 데일리 오피니언 제556호).[16] 방류가 시작되고 일 년 후인 2024년 8월 한국갤럽 조사에 따르면 국민의힘 지지자들 가운데 "매우" 걱정하는 사람은 26%, "어느 정도" 걱정하는 사람은 21%, "별로" 걱정하지 않은 사람은 26%, "전혀" 걱정하지 않는 사람은 24%였다. 반면, 더불어민주당 지지자들 가운데서 "매우" 걱정하는 사람은 71%, "어느 정도" 걱정하는 사람은 24%, "별로" 걱정하지 않은 사람은 4%, "전혀" 걱정하지 않는 사람은 1%였다(한국갤럽 데일리 오피니언 제594호).[17] 이러한 응답 패턴은 원전 오염 처리수 방류에 따른 불안감의 당파적 차이를 극적으로 보여 준다. 더불어민주당이 우리 수산물의 방사능 오염을 주장하면서 후쿠시마 원전 오염 처리수 방류 반대 여론을 주도하고 방류를 반대하지 않은 정부의 결정을 정쟁화한 점을 고려하면 이러한 결과는 전혀 놀랍지 않다.

이처럼 당파적 단층선에 따라 형성된 오염 처리수의 유해성에 대한 여론은 전문 규제 기관의 과학적 판단이나 과학자 단체의 과학적 합의와 대비된다. 당파성이 인지적 및 감정적 단층선을 구성하였는데 이는 앞서 언급한 동기화된 추론이 작동한 결과라고 볼 수 있다. 앞서 언급한 것처럼 노무현 정권 때부터 시작된 정부 신뢰의 당파적 양극화는 최근까지 심화되어 왔다. 당파적 사람들은 지지 정당이 권력을 잡으면 정부 신뢰가 높았고, 반대 정당이 권력을 잡으면 정부 신뢰가 낮았다. 문재인 정권 때에는 더불어민주당 지지자들의 정부 신뢰

---

16 https://www.gallup.co.kr/gallupdb/reportContent.asp?seqNo=1415.

17 https://www.gallup.co.kr/gallupdb/reportContent.asp?seqNo=1505.

가 높았고 자유한국당 지지자들의 정부 신뢰는 낮았다. 윤석열 정권으로 교체된 후 더불어민주당 지지자들의 정부 신뢰는 낮았고 국민의힘 지지자들의 정부 신뢰는 높았다. 당파적 양극화의 상황에서 정부 신뢰가 휴리스틱으로 작동하고 당파적 신호가 동기화된 추론을 자극하면서 당파성에 따라 정보 처리와 의견 형성이 이루어진 것이다. 당파적 사람은 자신들이 지지하는 정당의 지도자들이 제시하는 주장은 근거가 약해도 설득되지만, 반대 정당의 지도자들이 제시하는 것이라면 논거가 강한 주장이어도 거부한다. 사실에 대해 동의해도 당파적 사람들은 이에 대한 해석을 다르게 한다. 당파성에 따라 양극화된 정치 환경에서 여야 정치인들은 협상과 타협을 통해 정책 합의를 추구해야 할 유인도 별로 없다. 오염 처리수 방류 대응을 둘러싸고 전개된 정쟁은 탈진실 시대 당파적 양극화 속에서 전문가의 권위가 무시되고 과학적 증거가 선택적으로 해석되면서 문제 해결을 위한 공론을 형성하지 못하고 일반 이익을 위한 정책 결정이 표류할 수 있음을 보여 준다.

VI | 민주적 거버넌스: 기관 균형

Norris(2012)는 민주주의만으로 번영, 복지, 안보와 같은 발전 목표를 달성하는 데 충분하지 않다고 보고 민주적 거버넌스 이론을 제안한다. 여기서 민주주의는 참여와 수직적 문책성(vertical accountability)을 구현하는 정치 제도와 관련되고, 거버넌스는 법을 시행하고 정책을 집행하는 행정 제도와 관련된다.[18] 그는 이 두 차원을 결합해 네 가지 유형의 체제를 구분하였다. 즉, 거버넌스 역량과 민주주의 수준이

---

18 거버넌스는 管理와 구분되는 治理 혹은 統理로 번역할 수 있다. 우리말 사전에 따르면 치리 혹은 통리는 '나라나 지역을 도맡아 다스림'을 의미한다.

모두 높은 관료적 민주주의, 거버넌스 역량과 민주주의 수준이 모두 낮은 정실 권위주의, 거버넌스 역량은 높고 민주주의 수준은 낮은 관료적 권위주의, 거버넌스 역량은 낮고 민주주의 수준은 높은 정실 민주주의이다. 이들 가운데 가장 성과가 높은 체제는 관료적 민주주의이다. 즉, 실적 기반 근대 관료제의 요소들과 참여와 문책성이 보장된 민주주의의 요소들을 결합한 체제의 성과가 가장 높다는 것이다. 비선출 기관의 거버넌스 역량과 선출 기관의 대의 역량이 결합할 때 공동의 문제에 가장 효과적으로 대응할 수 있다는 것이다. 여기서 우리의 관심을 끄는 것은 다수주의 기관만으로 발전 목표의 달성을 담보할 수 없다는 주장이다. 선거 민주주의가 다수의 의사를 반영하는 정부를 구성하는 핵심 제도이지만, 그것만으로 민주적 거버넌스의 성과가 보장되는 것은 아니라는 것이다. 그와 더불어 국가 사무를 일상적으로 관리하는 행정 기관의 역량 확대가 중요하다는 것이다. Norris가 강조하는 민주적 거버넌스는 대의적 기능을 수행하는 선출 기관과 집행적 기능을 수행하는 비선출 기관이 균형과 조화를 이룬 체제라고 할 수 있다.

유사한 논거에서 Fukuyama(2013)는 거버넌스를 "규칙을 만들고 실행하며 서비스를 전달하는 정부의 능력"으로 정의하였다. 즉, 거버넌스를 집행 권력(executive power)의 차원에서 접근하고 있다. 이는 Norris가 거버넌스를 관료적 역량의 개념을 통해 이해한 것과 유사하다고 할 수 있다. 이러한 개념 정의에 기초해 Fukuyama는 굿 거버넌스에 대한 네 가지 접근을 구분한다. 첫째는 베버가 제시한 관료적 근대성의 기준과 같은 절차의 측면을 강조하는 접근, 둘째는 자원 동원과 전문화 등 역량의 측면을 강조하는 접근, 셋째는 산출 혹은 결과의 측면을 강조하는 접근, 넷째는 관료제의 자율성 측면을 강조하는 접근이다. 그는 산출을 강조하는 접근의 경우 산출이 결국은 정부 활동의 결과물이고 산출 측정이 방법론적으로 문제가 있으며 결과 측정이 절차나 규범 측정과 쉽게 분리되기 어렵다는 이유에서 이를 배제하면서 거버넌스의 질을 관료제의 합리적 절차, 전문적 역량 및 자율성의 차원에서 접근하였다. 구체적으로 굿 거버넌스의 특징은 우선 베버의 근대 관료제의 특징들 가운데서 공무원들이 실적·자격 검증을 통해 충원되고 승진되는지, 공무원들이 기술적 전문성을 갖출 것이 요구되는지, 관료제의 절차에 있어 (비사인성을 담보할) 공식화의 수준이 어떠한지가 포함되어야 한다고 하였다.[19] 그러나 근대 관료제의 비사인성이나 시험 기반 충원만을 갖고 거버넌스의 질을 평가하는 것은 한계가 있어 역량에 직접 초점을 두는 것이 필요하다면서 공무원의 교육 및 전문화 수준을 대용 지표로 제시하고 있다. 교양이 강조된 비전문적 공무원이 고등 교육을 받은 엔지니어, 경제 전문가, 농업 전문가로 대체된다면 이는 역량이 개선된 것으로 볼 수 있기 때문이다. 그가 제시한 굿 거버넌스의 특징 가운데 특히 주목할 것은 관료제의 자율성(autonomy)이다. 관료제가 정치와 사회 집단으로부터 자율성을 가질 때 거버넌스의 성과가 높아진다는 것이다. 관료제가 정치로부터 완전히 자율적이면 관료적 독재로 전락하고 완전히 종속적이면 정치 도구로 전락하기 때문에 완전한 자율성이나 완전한 종속성이 아닌 적절한 수준의 관료적 자율성이 굿 거버넌스의 주요한 요소임을 강조한다.

민주적 거버넌스의 주요한 행위자는 선거에 의해 직접 구성되거나 선출직 공직자가 직접 관리하는 다수주의 기관과 그렇지 않은 비선출 기관을 포함한다. 민주적 거버넌스 이론과 굿 거버넌스의 특징에 관

---

19 경제 발전에서 관료제의 역할을 분석한 한 연구는 주요 변수를 통제한 후에도 베버 관료제의 수준이 경제 발전의 전망을 높여 준다는 것을 발견하였다(Evans & Rauch, 1999). 그 연구에 따르면 베버 관료제의 주요 특징인 실적에 토대를 둔 충원(meritocratic recruitment)과 승진을 예측할 수 있는 경력의 사다리(career ladder)가 유능하고 합목적적이며 응집성이 강한 관료제를 형성한다고 하였다.

한 전술한 주장은 다수주의 기관과 비선출 기관 간의 균형적 조화 및 비선출 기관의 전문적 독립성을 강조한다. 이러한 시각에서 보면 한국의 민주적 거버넌스 제도는 균형적 조화에 실패했다고 할 수 있다. 지난 30년간 민주주의의 공고화 과정에서 정당이 중심이 된 의회-대의 기관이 비선출 기관을 압도하였다. 비선출 기관에 대한 당파적 통제는 증거와 전문성에 기반을 둔 대안 탐색과 정책 선택을 어렵게 하였다. 다수의 지배와 민주주의를 동일시하면서 비다수주의 기관이 일반이익에 복무할 수 있음을 의심하였다. 이러한 상황에서 정치적 양극화는 다수의 횡포 혹은 정치적 교착을 통해 민주적 거버넌스의 질을 악화시켰다.

선행 연구에 따르면 민주적 거버넌스의 성과를 담보하기 위해서는 다수주의 기관과 균형을 이루어야 할 비선출 행정 기관의 전문적 독립성이 강화되어야 한다. 행정 기관의 전문화와 더불어 기관의 전문성이 정치적 개입 없이 활용될 수 있어야 한다는 것이다. 비선출 기관이 정치에 종속되면 정권이 바뀔 때마다 당파적 이익을 우선시하면서 일반이익에 복무하는 것을 방해할 수 있다는 것이다. 선거 주기에 따른 단기적 이해관계를 갖는 정치에 종속되면 증거와 전문성에 기반한 정책 접근을 막아 집합적 문제에 효과적으로 대응하는 것을 어렵게 만들 수 있다. 이러한 점에서 민주적 거버넌스의 제도적 과제는 다수주의 기관과 비다수주의 기관 간 균형과 조화를 이루는 것이라 할 수 있다.

일반적으로 '제왕적 대통령제(imperial presidency)'에 대한 비판은 입법부와 사법부의 권한을 확대하고 대통령의 집행적 권한(executive power)을 축소해 견제와 균형의 수평적 문책성(horizontal accountability)을 강화하는 권력 구조의 개편을 강조한다.[20] 그러나 선거 민주주의의 한계와 대의 기관에 대한 낮은 신뢰 및 대통령 중심의 거버넌스 구조화 경향을 고려하면 전통적인 삼권 분립의 틀에서 추진되는 권력 구조의 변화는 그 효과가 제한적일 수 있다. 당파적 행태에 강력한 유인을 제공하는 정치의 양극화가 민주적 거버넌스에 주는 영향은 대통령 중심 체제든 수상 중심 체제이든 비슷할 수 있다. 선출된 대통령이 당파적 양극화의 중심에 있다는 점을 고려하면 오히려 대통령을 수반으로 하는 집행부의 중앙 행정 기관 가운데서 공평성(impartiality)이 요구되고 전문성(professionalism)에 기반한 기관을 분리해 이들에게 운영적 자율성을 부여하면서 기관 결정에 대한 문책성을 강화하는 방향으로 제도적 개혁을 모색할 수 있다.

국민이 직접 선출하거나 선출된 공직자가 직접 관리하는 기관은 다수주의 기관이고 그렇지 않은 기관은 비다수주의 기관이다. 이러한 구분에 따르면 헌법상 국회, 대통령을 수반으로 하는 정부는 다수주의 기관이고 법원과 헌법재판소는 비다수주의 기관이라고 할 수 있다. 중앙 행정 기관 가운데 합의제 규제 기관인 방송통신위원회, 공정거래위원회, 금융위원회, 원자력안전위원회도 비다수주의 기관이

---

20 문책성의 개념화 및 신생 민주주의에서 수평적 문책성의 중요성과 선거관리위원회, 사법부, 부패 통제 기관, 중앙은행 등 주요 수평적 문책성 기관에 대한 논의는 Schedler, Diamond & Plattner(1999) 참조.

다.[21] 국무총리 산하 식품의약품안전처, 보건복지부 산하 질병관리청, 기획재정부 산하 통계청은 독립성이 부여될 수 있는 비다수주의 기관이다. 이들 기관은 고도의 특화된 전문성을 갖고 준입법적, 준사법적 및 집행적 기능을 수행하거나 혹은 정보를 수집하고 배포하거나 증거를 분석하고 평가하는 기능을 수행한다. 집행적 권력의 분립은 기능적 특화를 고려해 규제·감독 기관에 독립적 지위를 부여하고 전문적 운영을 담보하려는 것이다(Ackerman, 2000). 이러한 규제·감독 기능을 수행하는 비선출 독립 기관의 급증은 세계적 현상이라고 할 수 있다.[22]

유사한 맥락에서 Vibert(2007)는 비선출 기관을 다수주의 기관과 분리하는 새로운 권력 분립을 제안하면서 이는 민주주의를 위협하는 것이 아니라 오히려 민주주의를 강화할 것이라고 하였다. 전통적인 삼권 분립은 입법권, 행정권, 사법권을 구분하는데, 그가 제안한 새로운 권력 분립은 여기에 (준입법적 혹은 준사법적 기능도 수행하는) 비선출 독립 기관을 추가한다. 이러한 제도적 개혁은 정책 결정에 대한 그의 이해에 바탕을 두고 있다. 그에 따르면 정책 결정은 사실적 증거와 그 증거에 따른 사회적 및 정치적 판단이라는 두 요소로 구성된다. 각 판단에 책임을 지는 기관을 제도적으로 분리해 다수주의 기관은 가치에 관한 정치적 혹은 사회적 판단을 다루도록 하고, 비선출 기관은 사실에 관한 경험적 판단을 다루도록 하려는 것이다. 정책 결정에서 사실 및 증거 기반 판단을 강조하는 것은 가치 판단을 배제하려는 것은 아니다. 경험적 요소인 사실 혹은 증거 기반 판단을 선출 기관이 아니라 정치적 압력으로부터 절연된 전문성을 가진 비선출 기관에 맡기자는

---

21 독립규제위원회의 전문성과 민주적 문책성의 조화에 관한 논의는 Miller & Whitford(2016) 참조.

22 이들 새로운 독립 기관을 미국에서는 독립 규제 기관(independent regulatory agencies), 영국에서는 非부처공공기관(non-departmental public bodies), 프랑스에서는 독립행정기관(independent administrative authorities)으로 부른다. 이들 기관에 대한 비교 연구는 Verhoest et al.(2012) 참조.

것이다. 사법부에 다수주의 기관으로부터의 독립적 지위를 부여한 것처럼 비선출 기관을 다수주의 기관으로부터 분리해 전문성을 보장하자는 것이다.

특히 대통령이 정파적 양극화의 중심이 되는 상황에서 비선출 기관의 기능적 독립성을 보장하는 것은 당파적 양극화가 민주적 거버넌스의 작동에 미치는 부정적 영향을 완화할 수 있다. 투표일만 국민이 주권자가 되는 간헐적 민주주의에서 국민의 기대에 부응하는 거버넌스의 성과를 담보하기는 어렵다. 거버넌스가 특수 이익이 아니라 일반 이익에 복무할 수 있도록 비선출 기관의 독립성과 공평성이 중요하다는 것이다. 선출 기관과 비선출 기관의 제도적 분립은 정책의 경험적 판단과 가치 판단의 구분에 기초한다. 즉, 비선출 기관은 정책의 경험적 요소를 다루는 데 이점이 있고 선출 기관은 정책에 반영될 가치를 선택하는 데 이점이 있다는 것이다. 따라서 정보를 수집하고 최신의 지식을 동원하는 과정과 해당 정보와 지식에 관한 정치적 판단을 내리는 과정을 구분하려는 것이다.

특히 고도의 전문성을 가진 정책 분야에서 비선출 규제 기관의 독립성은 중요하다. 예를 들면 '방역·검역 등 감염병에 관한 사무 및 각종 질병에 관한 조사·시험·연구에 관한 사무를 관장하는' 질병관리청이나 '식품 및 의약품의 안전에 관한 사무를 관장하는' 식품의약품안전처는 고도의 전문성에 바탕을 둔 비선출 기관이다. 이들 기관이 제공하는 사실과 정보의 질 및 지식의 상태는 정책 결정의 주요한 요소가 되어야 한다는 것이다. 그리고 다수주의 기관의 정치적 및 사회적 판단은 과학적 및 경험적 판단에 근거해 이루어져야 한다. 비선출 기관의 역할은 과학적 정보와 객관적 증거를 정치와 사회에 전달하는 것이다. 코로나19 팬데믹의 경험은 정부가 공중 보건 위기에 대응한 방역 조치를 선택할 때 경험적 판단과 가치 판단의 구분이 중요함을 강조한다. 재선이 목적인 정치인의 행태와 당파적 동기를 고려하면 정책 결정의 기반이 되는 정보와 사실이 왜곡될 수 있다. 따라서 비선출 기관에 사실 판단을 맡기고 선출 기관에 가치 판단을 맡기는 새로운 권력 분립 체계는 전통적인 삼권 분립을 넘어 데이터의 수집, 증거 평가 및 전문 지식을 활용하는 비선출 기관의 독립성을 보장하고 일반 이익을 위한 복무를 촉진한다.

정책이 가치에 관한 판단과 사실에 관한 판단으로 구성된다면 가치 차원의 정책의 질은 타협과 절충을 통해 광범한 합의를 이룰수록 높다고 할 수 있다. 반면 사실 차원의 정책의 질은 증거와 지식에 기반을 둘수록 높다고 할 수 있다. 그렇게 보면 좋은 정책은 사실과 증거에 바탕을 두고 당파적 상호 조정을 통해 가치 합의를 이룬 정책이라고 할 수 있다. 이러한 시각에서 민주적 거버넌스의 제도적 개혁은 비선출 기관을 선출 기관으로부터 분리하는 것에서 출발할 수 있다. 특히 집행 기능만이 아니라 준입법적 및 준사법적 기능을 수행하는 규제 기관을 다수주의 기관으로부터 분리해 기능적 독립성을 보장하는 것은 새로운 권력 분립의 핵심이라고 할 수 있다. 이들 고도의 전문성을 가진 탈정치화된 기관은 계층적 통제를 벗어나 규칙에 지나치게 얽매이지 않고 운영적 자율성을 활용해 일반 이익에 복무할 수 있다는 것이다.

Ⅷ | 시민 참여와 비다수주의 기관

범세계적 거버넌스 지표(Worldwide Governance Indicators)는 참여와 문책성(voice and accountability)을 거버넌스의 질을 평가하는 하나의 기준으로 제시하고 있다.[23] 굿 거버넌스는 시민들이 정부를 선택하는 데

---

23 https://info.worldbank.org/governance/wgi/

직접 참여할 수 있고 정부를 감시하고 문책할 수 있어야 한다는 것이다. 그런데 참여와 문책성이 선거를 통해서만 이루어지는 민주주의는 간헐적 민주주의라고 할 수 있으며 영구적 민주주의를 구축하기 위해서는 선거 이후의 정책 과정에서 시민 참여가 보장되어야 한다(Rosanvallon, 2018). 시민 참여는 정책의 정당성과 수용성을 높여 주기 때문에 특히 중요하다. 문제는 휴리스틱으로 사용되는 정부 신뢰의 당파적 양극화로 시민 참여의 증대가 반드시 굿 거버넌스를 담보하지는 않는다는 것이다.

그럼에도 정보에 밝은 시민들(informed citizens)의 참여 증대는 거버넌스가 일반 이익에 복무하도록 하는 데 중요하다. 정보에 밝은 시민들은 선출직 정치인들이 사실과 증거를 왜곡하지 못하게 한다. 정보에 밝은 시민의 존재는 정책의 질을 높이는데, 비선출 기관은 그러한 시민이 형성될 수 있도록 도움을 준다(Vibert, 2007). 즉, 비선출 기관의 전문적 독립성이 보장된 정책 환경에서 시민들은 이들 기관이 제공하는 데이터, 증거 및 지식을 평가해 스스로 정책 판단을 내릴 수 있게 된다. 시민들은 투명하게 공개된 정보에 기반을 두고 질문과 비판을 제기하고 누가 무엇에 책임이 있는지 따질 수 있다는 것이다. 이것은 비선출 기관이 일반 시민들에게 진실을 말하는 것이 선출된 권력에 진실을 말하는 것만큼이나 정책의 질을 담보하는 데 중요할 수 있음을 뜻한다.

앞서 지적한 것처럼 휴리스틱으로 사용되는 정부 신뢰의 당파적 양극화는 시민 참여의 증대만으로 민주적 거버넌스의 질을 높이는 데 한계가 있음을 시사한다. 당파적 정체성에 기반을 둔 정서적 양극화는 정체성을 갖는 정당에 대한 맹목적 충성과 반대 정당에 대한 적대감을 조성한다. 이러한 정서적 대립과 반목은 시민 참여의 긍정적 효과를 줄인다. 그렇지만 선거 민주주의의 한계로 非선거적 혹은 後선거적 문책성을 강화하기 위해 시민 참여의 증대는 여전히 바람직하다. 이러한 맥락에서 비선출 기관의 전문적 독립성은 정보에 밝은 시민을 형성하고 이들의 참여를 촉진해 심의 민주주의의 질을 심화시킬 수 있다. 독립성이 보장된 비선출 기관이 제공하는 객관적 사실, 과학적 근거 및 업데이트된 지식은 유권자들의 정보 수준을 높여 정서적 양극화가 유권자의 정책 평가와 판단에 미치는 부정적 영향을 경감시킬 수 있기 때문이다.

당파적 사람들이 정부 신뢰를 평가와 판단의 휴리스틱으로 사용하기 때문에 비선출 기관의 전문적 독립성이 당파적 사람들이 가진 정보의 질을 높이는 효과가 크지 않을 수도 있다. 정부 신뢰의 당파적 양극화 속에서 당파성이 강한 사람들은 당파적 이익을 우선해 정보과 데이터를 선택적으로 처리하거나 자기 진영에 유리한 가짜 뉴스나 오정보를 수집하는 경향이 있기 때문이다. 이러한 맥락에서 우리가 주목하는 것은 당파적 차이가 크지 않은 행정 기관에 대한 신뢰와 늘어나는 무당파 유권자의 존재이다. 객관적 증거와 업데이트된 지식을 제공하는 비선출 기관의 역할이 강화된다면 적어도 이들 당파적 정체성을 갖고 있지 않은 혹은 약한 유권자들은 덜 편향된 시각으로 정책을 평가하고 판단할 것이라 기대할 수 있다. 정보에 밝은 시민들은 선출 기관의 당파적 행태를 효과적으로 견제할 수 있다. 즉, 사회 전체의 이익보다 당파적 이익을 반영하는 정책 선택에 제동을 걸 수 있다. 비선출 기관의 전문적 독립성이 강화된 정책 환경은 시민들의 정책 판단에서 당파적으로 동기화된 추론의 영향을 줄여 줄 수 있다. 그런 점에서 비선출 기관의 전문적 독립성의 보장은 대의 민주주의를 훼손하는 것이 아니라 오히려 참여·심의 민주주의의 질을 고양하는 것이라 할 수 있다.

독립적인 비선출 기관의 역할 확대는 민주적 문책성의 경계를 모호하게 하고 정당성을 감소시킬 우려가 있다(Bevir, 2010). 민주적 거버넌스의 정당성은 '국민에 의한 정부'에서 파생된 투입 지향 정당성과 '국민을 위한 정부'에서 파생된 산출 지향 정당성으로 구분할 수 있다(Scharpf, 1999). 투입 지향 정당성은 대표성과 문책성을 강조하는 선거 민주주의와 관련되고, 산출 지향 정당성은 문제 해결 역량을 강조하는 거버넌스와 관련된다. 선거 민주주의의 한계 및 선출 기관에 대한 낮은 신뢰는 투입 지향 정당성의 위기를 시사한다. 한편, 비선출 기구의 전문적 독립성은 산출 지향의 정당성을 높여줄 수 있다.

산출 지향 정당성을 높이려면 특정 유형의 정책 선택에서 선출직 공직자들의 직접 통제와 개입을 제한할 필요가 있다. 정책 선택이 고도의 기술적 복잡성을 수반하고 결과 평가의 기준에 대해 광범한 합의가 있다면 전문적 독립성을 가진 비선출 기관에 정책 결정을 위임할 수 있다. 한편, 이들 기관이 제공한 사실, 데이터 및 지식으로 계몽된 시민들의 참여는 정치인들이 유효한 정책을 선택하도록 압박할 수 있다. 비선출 기관의 전문적 독립성 및 정보에 밝은 시민들의 참여는 전체적으로 산출 지향의 정당성을 강화할 수 있다는 것이다.

선거 민주주의에서 다수주의 기관의 대의적 기능은 중요하다. 그러나 다수의 의사가 전체 의사가 아니라는 점에서 다수주의 기관은 편향적일 수 있다. 즉, 다수주의 기관은 국민 전체의 이익이 아니라 당파적 이익에 봉사할 수 있다. 부분(partial) 이익을 초월해 사회 전체의 이익을 불편부당하게 대변할 수 있는 비다수주의 기관은 민주적 거버넌스의 투입 지향 정당성도 높일 수 있다.

선거를 통해 정당성을 확인받지 않는 헌법재판소나 대법원과 같은 비다수주의 기관이 독립적 지위를 유지하려면 기관의 공평성에 대한 평판에 기반을 둔 시민의 지지가 중요하다(박종민, 2022). 시민의 지지가 철회되면 이들 기관의 독립적 지위는 위태로워질 수 있다. 반면 시민의 지지가 강하다면 이들 기관의 정당성이 확보될 수 있다. 이와 유사하게, 비선출 기관의 독립성을 유지하는 데 있어 시민의 지지를 확보하기 위해서는 과정 지향의 정당성이 중요하다. 정책 관련 경험적 데이터와 지식을 동원하는 비선출 기관이 공공의 지지와 정당성을 담보하려면 우선 실증적 분석과 규범적 분석을 섞지 않고 구분할 수 있어야 한다(Vibert, 2007). 비선출 기관은 자신들이 사실에 충실하고, 열정이나 이념이 실증적 분석에 개입되지 않도록 하며, 가치 판단에 투명해야 한다. 비선출 기관은 증거를 존중한다는 것을 보여 주어야 한다. 즉, 데이터의 수집과 분석 및 데이터의 신뢰성 확보에 집중하고 사용하는 모형의 견고성을 검증하고 중요한 가정에 관해 정직해야 한다. 데이터에 공백이 있을 수 있고 모형화가 부적절할 수 있고 지식 응용이 의도하지 않은 불확실한 결과를 가져올 수 있다는 점을 인정해야 한다. 이러한 원칙과 절차의 준수는 비선출 기관의 전문적 독립성에 대한 대중의 신뢰와 지지를 높일 수 있다. 이러한 점에서 비선출 기관의 정당성은 선출 기관을 통한 파생적 정당성이 아니라 고유한 형태의 정당성이라고 할 수 있다.

과학적 연구에서 데이터, 분석 방법 및 추론이 엄정한 동료 심사(peer review)를 거치도록 해 그 질을 담보하는 것처럼, 비선출 기관이 하는 일도 독립적 평가를 받도록 해 그 질을 담보할 필요가 있다(Vibert, 2007). 비선출 기관도 전문직업적 편견을 가질 수 있고, 기관 자체의 이익에 따라 확증 편향을 보이거나 판단을 왜곡할 수 있고, 기관과 고객 간의 야합으로 왜곡이 발생할 수 있어 엄정한 외부 평가가 필요하다. 독립적이고 편향적이지 않은 평가자의 확보가 어려울 수 있지만, 독립적인 과학 공동체는 비선출 기관의 설명적 문책성을 강화할 수 있다(Jasanoff, 1994). 과학의 영역에서 학문 공동체에 의해 연구의 진실성이 검증되는 것처럼 정책 선택에 사용된 증거와 사실 및 지식의 진실성은 독립적인 전문가 단체에 의해 검증될 수 있어야 한다. 비선출 기관의 주요 역할은 사실에 접근하고 정보를 수집하며 경험적 지식을 평가하고 정책을 위해 증거 기반 결론을 도출하는 것이다. 이러한 작업의 엄정성을 유지하고 그러한 평판을 쌓아가는 것이 기관의 독립성과 정당성을 확보하는 데 중요하다.

X ┃ 맺음말

정치의 양극화는 21세기 들어 우리나라 정치 지형의 주요한 특징이 되었다. 당파성에 기반한 정서적 양극화의 심화는 비선출 기관의 정치화를 유발하면서 민주적 거버넌스의 기능 부전을 가져왔다. 위기의 근원을 제왕적 대통령제로 보면서 대통령의 권한을 축소하고 입법부와 사법부의 권한을 확대해 견제와 균형의 민주적 원리를 강화하는 권력 구조의 개편이 제시되고 있다. 그러나 정치적 양극화가 초래한 민주적 거버넌스의 위기는 전통적인 권력 분립의 틀 속에서는 완화되기 어렵다. 대통령제든 의원내각제든 특정 파당이 입법부와 정부를 장악하면 견제와 균형의 원리가 작동되기 어렵다. 대통령 혹은 수상을 중심으로 하는 집권적 거버넌스 체제가 시대적 추세임을 고려하면 기능 특화를 통해 집행적 권력을 분립하는 것이 더 적절할 수 있다. 이러한 시각에서 이 글에서는 집행적 권력을 행사하는 행정 기관 가운데서 전문성에 기반한 기관을 구분하고 이들 기관에 독립적 지위를 부여하고 운영적 자율성을 보장하는 방안을 강조하였다.

선거로 구성된 다수주의 기관의 비선출 기관에 대한 정치적 통제는 정책 과정에서 비선출 기관의 정보와 증거 및 전문적 판단을 훼손할 수 있다. 다수주의 기관에 의한 정치적 통제의 강화로 객관적 증거와 과학적 지식보다 당파적 이익에 대한 고려가 우선시되면 특수 이익을 벗어나 일반 이익에 봉사하는 정책 결정이 어려울 수 있다. 그리고 정부 신뢰의 당파적 양극화는 이러한 경향을 더욱 심화시킬 수 있다. 대통령제가 의원내각제로 바뀐다고 민주적 거버넌스의 질이 개선된다는 보장이 없다. 제왕적 대통령이 제왕적 수상으로 대체될 수 있기 때문이다. 중요한 것은 정부 형태가 어떠하든 다수주의 기관으로부터 분리된 비선출 기관의 전문적 독립성을 보장해 민주적 거버넌스의 질을 높이는 것이다. 정치의 개입, 특히 집권당의 간섭 없이 정보를 수집하고, 증거를 해석하며, 전문 지식을 동원하는 비선출 기관은 정책 환경을 변화시켜 시민 참여의 질을 높이고 정책의 오류를 줄일 수 있다. 비선출 기관의 전문적 독립성과 공평성은 정부 신뢰의 당파적 양극화로 인한 입법 교착을 극복하고 일반 이익을 위한 거버넌스의 질을 높일 수 있다.

우리 헌법은 공무원을 국민 전체의 봉사자들로 규정한다. 선거로 직접 선출된 선출직 공무원이든 선출직 공무원이 정치적으로 임명한 정무직 공무원이든 혹은 실적·자격 검증을 통해 고용된 경력직 공무원이든 모두가 일반 이익에 복무할 것으로 기대된다. 선거 민주주의는 선거로 직접 선출된 공무원들의 대표성만을 강조한다. 그러나 다수파가 독주하는 입법부나 양극화의 중심에 있는 대통령을 수반으로 하는 집행부가 국민 전체의 이익을 대표한다는 주장은 한계가 있다. 이 글에서는 정치의 양극화 속에서 선거를 통해 직접 선출된 직업 정치인들보다 실적·자격 검증을 통해 선발된 직업 공무원들이 당파적 편향성 없이 공평하게 국민 전체의 이익을 더 잘 대변할 수 있다는 점을 강조한다(Bovens & Schillemans, 2020).[24] 재선이 목적인 정치인들의 행태와 당파적 동기를 고려하면 정책 결정의 기반이 되는 정보와 사실이 왜곡되고 정책 과정에서 절차와 증거가 생략될 수 있다. 이러한 시각에서 대통령 산하의 중앙 행정 기관 가운데서 일반 집행 기관이 아닌 고도의 전문성에 기반한 비선출 기관을 분리해 이들에게 독립적 지위를 부여하고 공평성을 담보할 제도적 개혁을 제안하는 것이다. 이를 통해 이들 기관의 직업 공무원들이 정치의 과도한 개입 없이 이익 집단에 포획되지 않고 일반이익에 복무할 수 있도록 유도하자는 것이다. 여기서 제시하는 민주적 거버넌스의 제도적 개혁은 고도의 전문성에 바탕을 둔 규제·감독 기관을 다수주의 기관으로부터 분리하는 것에서 시작할 수 있다. 비다수주의 기관이 민주적 거버넌스의 주요한 도구가 되는 새로운 권력 분립의 틀에서 이들 기관의 전문적 독립성과 민주적 문책성 확보를 위한 세부적 개혁 방안을 탐색할 수 있을 것이다.

---

24 2024 KGS 조사 결과에 따르면 '선거로 취임하거나 임명할 때 국회의 동의가 필요한 정무직 공무원'이 공공의 이익을 위해 행동할 것으로 신뢰하는 응답자는 31%였으나 '실적과 경력에 따라 임용된 경력직 공무원'이 공공의 이익을 위해 행동할 것으로 신뢰하는 응답자는 68%였다. 이러한 차이는 당파성에 따라 크게 다르지 않았다. 선출직/정무직 공무원의 경우 국민의힘 지지자의 39%, 민주당 지지자의 30%가 각각 신뢰 반응을 나타냈고, 경력직 공무원의 경우 국민의힘 지지자의 75%, 민주당 지지자의 68%가 각각 신뢰 반응을 나타냈다.

제2장 전문성, 민주주의 그리고 자율성

강명훈 |

I | 들어가며

비다수주의 기관(non-majoritarian institution)은 민주주의의 기본 원칙으로 널리 받아들여지는 다수결 원칙에 의해 구성되지 않은 기관을 의미한다. 다수에 의해 선출되지 않은 전문가들에 의해 운영되는 행정부의 관료제를 비다수주의 기관의 대표적인 예로 들 수 있다. 물론, 엄밀하게 말하자면 관료제가 입법부의 의원이나 대통령 또는 자치단체장과 같은 선출직 공직자들의 통제로부터 완전히 벗어난다고 보기는 어렵다. 하지만 정책 형성 및 이행에 필요한 전문성과 역량, 그리고 정치적 중립성을 바탕으로 관료제는 선출직 공직자로부터 어느 정도 일정한 자율성을 지니고 있다는 점에서 비다수주의 행정 기관으로 간주하는 것이 일반적인 시각이다. 이런 시각을 바탕으로 이 장에서는 비다수주의 기관으로서 관료제에 주목한다.

현대 민주주의 국가의 관료제는 근본적인 딜레마에 직면해 있다. 한편으로는 민주주의의 핵심 가치인 국민의 의지를 반영해야 하고, 다른 한편으로는 복잡한 현대 사회의 문제들을 해결하기 위한 전문성을 갖추어야 한다. 이 두 가지 요구는 종종 충돌하며, 이는 관료제의 본질적인 복잡성과 모순성을 야기한다. Dahl(1989)이 주장했듯이, 민주주의는 모든 시민의 평등한 참여와 의사 반영을 중시한다. 이는 정책 결정 과정에서 다양한 의견을 수렴하고, 다수의 의지를 반영해야 한다는 것을 의미한다. 반면, Weber(1978)가 설정한 관료제의 이상형은 전문성과 효율성을 강조한다. 관료제는 복잡한 사회 문제를 해결하기 위해 전문 지식과 경험을 바탕으로 한 합리적 의사결정을 추구한다. 이로 인해 전문가의 판단이 대중의 의견과 상충할 수 있으며, 이는 현대 민주주의 국가의 정책 결정 과정에서 지속적인 긴장을 야기한다.

Peters(2018)가 제시한 "관료제의 정치화(politicization of bureaucracy)"와 "정치의 관료화(bureaucratization of politics)"라는 개념은 이러한 긴장 관계를 잘 포착하고 있다. "관료제의 정치화"는 민주주의적 가치를 관료제에 주입하려는 시도로 볼 수 있다. 이는 선출된 정치인들이 관료 임명과 정책 결정에 더 많은 영향력을 행사하려는 현상으로 나타난다. 이러한 접근은 관료제가 국민의 의지를 더 잘 반영할 수 있게 한다는 점에서 민주주의적 정당성을 강화할 수 있다. 그러나 동시에 이는 관료제의 전문성과 중립성을 훼손할 위험이 있다. 더욱이, 관료제의 정치화는 궁극적으로 중우정치(衆愚政治)의 위험성을 내포하고 있다. 플라톤이 "국가"에서 경고했듯이, 전문성이 결여된 대중의 판단이 국가 운영에 과도하게 반영될 경우, 이는 국가의 안정과 발전을 저해할 수 있다. 현대 사회의 복잡성을 고려할 때, 이러한 우려는 더욱 중요해진다. 일례로, Caplan(2008)은 일반 대중이 경제 정책에 대해 체계적으로 편향된 견해를 가지고 있으며 이러한 대중의 편향된 견해가 관료제의 정치화를 통해 정책에 과도하게 반영될 경우, 이는 비합리적이고 비효율적인 정책 결정으로 이어질 수 있음을 지적하였다.

Brennan(2016)은 이러한 우려를 더욱 강조한다. 그는 민주주의가 항상 최선의 결정을 보장하지 않으며, 때로는 비합리적인 대중의 의견이 정책에 과도하게 반영될 수 있음을 경고한다. 이는 관료제의 정치화가 심화될 경우, 전문성에 기반한 정책 결정이 아닌 대중의 일시적인 감정이나 편견에 따른 결정이 이루어질 위험성을 시사한다. 일반 유권자들의 판단이 합리성보다 진영 논리에 더 지배되고 있음을 보여주고 있는 사례는 꾸준히 보고되고 있다(예: Achen & Bartels, 2017).

반면 "정치의 관료화"는 전문성의 요구가 정치 영역으로 확장되는 현상을 의미한다. 현대 사회의 복잡성으로 인해 정책 결정 과정이 더욱 전문화되고, 정치인들이 전문 관료의 조언에 더 많이 의존하게 되는 현상이다. 이는 정책의 질을 높일 수 있지만, 동시에 민주적으로 선출되지 않은 관료들의 영향력이 커짐으로써 민주적 책임성을 약화시킬 수 있다. 이러한 현상의 근저에는 비대칭 정보(asymmetric information)의 문제가 자리 잡고 있다. Stiglitz(2002)가 지적했듯이, 정보의 비대칭성은 현대 경제와 정책 결정 과정에서 중요한 문제이다. 현대 사회의 복잡성과 전문화로 인해, 관료들은 종종 정치인들이나 일반 시민들보다 특정 정책 영역에 대해 더 깊고 광범위한 지식을 보유하게 된다. 이러한 정보의 비대칭성은 전문가인 관료들의 영향력을 증대시키는 반면, 민주적 통제를 어렵게 만든다(Downs, 1967; Potter, 2019).

물론, 결과론적 시각에서 본다면 관료들의 전문성을 통해 사회가 직면한 문제를 효과적으로 해결할 수 있는 "옳은" 정책을 확보할 수 있다면 민주성을 어느 정도 희생하는 것이 정당화될 수 있다고 생각해 볼 수 있다. 이러한 생각의 사상적 기원은 중우정치로 타락할 위험이 큰 민주주의보다는 이데아로 표상된 지혜의 담지자인 철인(philosopher)이 통치자가 되어야 한다는 플라톤의 철인정치(哲人政治)

사상으로 거슬러 올라간다. 그러나 매디슨(James Madison)이 연방주의자 논집 제51호(Federalist No. 51)에서 "만약 사람들이 천사들이었더라면 애초에 정부는 필요하지 않았을 것이다"라고 지적하였듯이, 통치를 담당하는 철인이 정의롭고 자애로우며 오로지 공익만을 추구할 것이라는 철인정치 사상의 핵심 가정이 현실에서 충족되리라 기대하기는 어렵다.

자신의 전문성을 공익이 아닌 사익의 추구를 위해 사용한다는 보다 현실적인 가정이 관료들이 더 많은 정보를 가지고 있다는 비대칭 정보 상황과 결합하면, 주인-대리인 문제(principal-agent problem)에서 발생하는 대표적인 병리적 현상인 도덕적 해이(moral hazard)가 발생할 가능성이 크다(Tirole, 1994). Niskanen(1971)의 관료제 이론에 따르면, 관료들은 자신들이 가진 정보와 전문성을 이용하여 공익이 아닌 개인적 이익이나 자신이 속한 조직의 이익을 추구할 수 있다. 이는 공공자원의 비효율적 배분으로 이어질 수 있다. 예를 들어, 관료들은 자신들의 부서나 조직의 예산을 늘리기 위해 특정 정책의 필요성을 과장하거나, 자신들의 업무 성과를 과대평가할 수 있다. 물론, 주인의 적절한 감시(monitoring)를 통해서 대리인의 도덕적 해이 발생을 방지할 수는 있다. 문제는 전문성이 부족한 주인(일반 대중 또는 대중의 대표자인 정치인)이 이러한 도덕적 해이를 적발하는 것이 쉽지 않다는 것이다.

더 우려되는 것은, 설령 관료들이 공익을 추구하기 위해 자신들의 전문성을 활용한다고 하더라도 도덕적 해이 가능성의 존재 자체가 관료제에 대한 불신을 야기할 수 있다는 점이다. Lipsky(1980)가 논의한 바와 같이, 질 높은 "옳은" 정책을 위해 관료들이 행사하는 재량권이 실제 정책의 집행 과정에서 민주적 의도와 괴리를 만들어 낼 수 있다. 이러한 상황에서 관료들의 도덕적 해이 가능성에 대한 대중의 인식은 정책의 타당성 여부와 상관없이 관료제에 대한 전반적인 신뢰를 저하

하는 결과를 초래할 수 있다. Bouckaert(2012)의 연구에 따르면, 관료들의 자기 이익 추구 행위에 대한 이러한 대중의 우려는 정부 기관에 대한 신뢰도 하락으로 이어진다. 이는 관료들이 전문성을 바탕으로 제시한 정책이 실제로 올바르고 효과적일지라도, 시민들이 의구심을 가지고 잘 순응하지 않는 결과를 초래할 수 있다. 따라서 비대칭 정보에서 기인한 신뢰 부족은 정부 정책에 대한 시민들의 낮은 순응도와 연결될 수 있으며(Grimmelikhuijsen & Knies, 2017), 관료제의 전문성과 효율성이 실제로 정책의 성공으로 이어지기 위해 필수적으로 요구되는 시민들의 협조와 순응을 어렵게 할 수 있다. 더 나아가, 전문성과 거리가 먼 당파성과 같은 비과학적 요소를 중요한 판단 기준으로 삼으며 공적 의사결정 과정에서 전문성이 구축(驅逐)되는 역설적인 결과를 초래할 수도 있다.

도덕적 해이가 발생하지 않더라도 민주성을 충족하지 못한 채 관료들의 전문성에 의존할 경우 여전히 효과적인 정책의 집행이 어려워질 수 있다. 민주주의가 오늘날 우리 정치의 기본 원칙으로 자리 잡고 있다는 것은 의사결정 과정에 동등하게 참여할 수 있다는 가치에 대한 사회 구성원들의 광범위한 동의와 지지가 존재함을 의미한다. 따라서, 설령 관료들이 공익에 합치하는 "옳은" 정책 결정을 내렸을지라도 그것이 민주적인 원칙에 어긋나는 경우 시민들은 이를 정당하지 않은 결정으로 바라볼 수 있다(March & Olsen, 2006). 이 경우, 시민들은 "옳지만 정당하지 않은" 정책에 대한 순응 및 협조를 거부함으로써 효과적인 정책의 집행을 어렵게 만들 수 있다(Dal Bó, Foster & Putterman, 2010).

위에서 제기한 문제들은 현대 민주주의 국가의 거버넌스에 심각한 도전을 제기한다. 한편으로는 전문성을 갖춘 관료제가 복잡한 사회 문제를 효과적으로 해결할 수 있어야 하지만, 다른 한편으로는 이러한 전문성이 민주주의의 근간을 훼손하지 않아야 한다. 또한, 관료제의 정치화가 중우정치로 이어지는 것을 방지하면서도, 동시에 관료제가 민주적 통제로부터 완전히 벗어나 독자적인 권력 집단이 되는 것을 막아야 한다.

이 글에서는 민주주의와 전문성 사이의 긴장 관계, 그리고 비대칭 정보로 인한 도덕적 해이 문제에 주목하여 현대 관료제가 직면한 복잡성과 모순성을 분석하고, 해결 방안을 모색하고자 한다. 특히 관료제의 정치화가 중우정치로 이어질 수 있는 위험성을 심도 있게 검토하고, 이를 방지하면서도 민주적 가치를 훼손하지 않는 균형점을 찾고자 한다. 이를 위해 주인-대리인 문제에서 존재하는 비대칭 정보로 인해 발생하게 되는 문제를 해결하고자 제시되었던 제도적 해법을 살펴볼 것이다. 그리고 관료제의 정치화와 정치의 관료화는 어떤 과정을 통해 발생하며, 이들이 민주주의와 정책의 질에 미치는 영향은 무엇인지에 대한 이해를 도모하고자 한다.

다음으로, 전문성과 민주성 사이의 균형을 어떻게 달성할 수 있으며, 특히 중우정치의 위험을 방지하면서도 민주적 가치를 보존할 수 있는 방안은 무엇인가라는 질문에 대한 대답으로 관료들의 "평판에 기반한 자율성(reputation-sourced authority: RSA)"이라는 개념에 주목한다. Carpenter(2002, 2010)가 제시한 이 개념은 관료제의 자율성은 단순히 법적, 제도적 장치만으로 획득되는 것이 아니라, 관료들이 자신들의 전문성과 혁신적인 정책을 통해 사회적 네트워크를 구축하고 평판을 쌓아가는 과정에서 형성된다는 점을 강조하고 있다. 이는 단순히 관료제를 정치로부터 분리하는 것이 아니라, 관료들이 적극적으로 사회와 소통하고 자신들의 전문성을 입증함으로써 자율성을 획득하는 과정을 의미한다. 이러한 접근은 비대칭 정보로 인한 도덕적 해이 문제에 대한 해답도 제시한다. 관료들이 자신들의 전문성을 사회적으로 인정받고 신뢰를 쌓아가는 과정에서, 그들의 행동은 더 투명해지고 책임성도 강화될 수 있다. 또한, 이는 전문성과 민주성 사이의 균형을 달성하는 방법이 될 수 있다. 관료들이 사회적 네트워크를 통해 다양한 이해관계자들과 소통하고 협력하는 과정에서, 전문성을 유지하면서도 민주적 가치를 반영할 수 있기 때문이다.

물론 RSA는 양날의 검이라는 점을 염두에 두어야 할 필요가 있다. 성공적으로 형성된 RSA는 선출되지 않은 관료들에게 과도한 권력을 부여함으로써 대의 민주주의의 문책성(accountability) 메커니즘을 약화시킬 수 있기 때문이다(Bertelli & Busuioc, 2021; Busuioc & Lodge, 2017). 또한, 시민들의 평판을 확보하기 위한 관료와 정치인들 사이의 경쟁이 발생하여 장기적으로 중요하지만 즉각적으로 평판 향상에 도움이 되지 않거나 위험이 큰 정책 결정을 서로 회피하거나 지연할 수 있는 부작용이 발생할 수 있다(Busuioc & Lodge, 2017; Maor, 2016). 따라서 RSA의 장점을 살리면서 동시에 위와 같은 잠재적인 위험을 통제할 수 있는 관료제 모델에 대한 고민을 촉구하며 이 글을 마친다.

Ⅱ | 주인-대리인 관계에서의 비대칭 정보 문제 해결

민주주의 국가의 관료제가 직면한 민주성과 전문성 사이의 딜레마는 대리인인 관료들이 주인인 시민 또는 시민의 정치적 대표자보다 더 많은 정보를 가지고 있다는 점에서 출발한다. 전문화되고 복잡한 문제의 해결을 위해서는 관료들이 보유한 전문성에 의존하여 정책을 설정하고 집행할 필요가 있다. 그러나 문제는 대리인인 관료들이 자신의 이익을 위해 행동하는 도덕적 해이 또는 "관료의 일탈(bureaucratic drift)"의 가능성이 존재한다는 것이다. 특히, 관료에 비해 적은 정보를 가지고 있는 주인은 관료의 정책 설정이 사익을 위한 것인지 아니면 주어진 여건에서 공익을 달성하기 위한 최고의 선택인지 알기 어렵기 때문에, 이러한 도덕적 해이의 발생 가능성에 매우 취약할 수밖에 없다.

이러한 관료의 일탈을 막을 수 있는 가장 쉽고 직관적인 방법은 관료에게 정책 결정과 관련된 재량을 부여하지 않고, 민주적 정통성을 가진 대표자들이 정책을 직접 결정하는 것이다. 그러나 이 경우 관료들의 전문성에 기반한 정책 관련 정보와 지식이 정책 결정자에게 전달되지 않는 문제가 발생하는데, 이는 관료들이 전문성을 발휘하여 정보와 지식을 전달하더라도 그것이 관료들이 선호하는 정책보다는 반대하는 정책의 형성과 집행을 위해 사용될 것임을 알기 때문이다(Crawford & Sobel, 1982). 이 경우, 질 높은 정책의 형성과 집행이 어려워짐은 물론이거니와 정책 성과적 정통성의 약화로 인해 민주주의 정치 체제에 대한 지지와 신뢰가 낮아질 수 있는 위험이 존재한다. 따라서, 여전히 관료들에게 정책 입안과 집행의 재량을 부여함과 동시에 민주적 통제를 확보하려는 방편으로 크게 "동맹원칙(ally principle)"과 "재량권 제한(limiting discretion)" 두 가지 제도적 접근법이 제시되어 왔다.

1. 동맹원칙

도덕적 해이가 발생하는 가장 근본적인 원인 중 하나는 관료들과 시민들 사이의 이해관계가 일치하지 않는다는 점이다. 이러한 이해관계의 불일치를 초래하는 원인은 다양하다. 자신들이 근무하는 부처의 업무 성격 및 조직 문화에 따라 특정한 정치적 이념 성향을 내면화하거나(Bertelli & Grose, 2011; Clinton et al., 2012; Chen & Johnson, 2015), 반대로 개인의 이념적 성향에 부합하는 특정 부처나 기관으로 진출하게 하는 자기 선택(self-selection) 효과가 작용할 수 있다(Bonica, Chen,

& Johnson, 2015).[1] 또는, 정치 이념과 상관없이 관료들은 자신들의 권력, 명성, 보수 등 물적 이익을 얻기 위하여 자신이 근무하는 부처의 예산 극대화를 추구하거나(Niskanen, 1971), 자신들이 규제해야 할 산업이나 이익 집단과 밀접한 관계를 맺으면서 오히려 해당 집단의 이익을 위해 움직이는 규제 포획(regulatory capture) 현상이 발생할 수 있다(Dal Bó, 2006; Carpenter & Moss, 2013; Laffont & Tirole, 1991; Rourke, 1984; Stigler, 1971).[2]

이유가 무엇이든지 간에, 이러한 이해관계의 불일치를 손쉽게 해결하는 방안으로 주인의 이해관계와 일치하거나 매우 유사한 이해관계를 가지고 있는 이를 대리인으로 임명하는 방안을 생각해 볼 수 있는데, 이것이 바로 동맹원칙의 주된 내용이다. 이 경우 이해관계의 불일치로 인해 발생하게 되는 관료 일탈의 가능성을 줄일 수 있다. 더나아가 낮은 관료 일탈의 가능성은 관료에게 더 많은 재량을 부여할수 있도록 해 주는데, 이러한 넓은 재량은 관료들이 자신의 전문성을 더 현실의 조건에 부합하고 효과적인 정책을 입안하고 집행할 수있도록 해 준다는 것이다(Epstein & O'Halloran, 1994, 1999; Holmström, 1984).

현실에서 이러한 동맹원칙의 극단적인 형태로 엽관제(spoils system)를 들 수 있다. 실제로 미국의 제7대 대통령인 잭슨(Andrew Jackson)은 명문가 위주의 과두제에 가까웠던 미국의 관료제에 대한 민주적 개혁의 목적으로 엽관제를 전면 실시하였다. 그러나 잭슨 민주주의에서의

---

1 예를 들어 환경 또는 복지 관련 부처에 근무하는 관료들은 일반적으로 진보적인 성향의 정치 이념을 가지지만 국방이나 법 집행 관련 기관의 관료들은 보수적인 성향의 정치 이념을 가지는 경향이 존재한다.

2 규제 포획이 발생하는 원인으로는 규제 대상 산업이 로비를 통해 규제 기관에 영향력 행사, 규제 기관과 규제 대상 산업 간의 빈번한 인력 이동(회전문 인사), 규제 대상 산업이 규제 기관보다 해당 분야에 대해 더 많은 전문 지식과 정보 보유 등을 들 수 있다.

엽관제가 정치적 후원에 따른 보상 메커니즘으로 부패하면서 관료의 전문성과 행정의 연속성과 안정성이 저해되고, 이러한 전문성 부족은 다시 공공 서비스의 질의 저하를 일으키며 사회 곳곳에서 문제가 일어난 것은 이미 자명한 역사적 사실이다.[3]

엽관제라는 극단적인 형태가 아니더라도, 일반적으로 동맹원칙은 관료의 전문성을 약화시키고, 따라서 질 높은 정책의 입안과 집행을 어렵게 한다. 무엇보다도 동맹원칙은 다양한 비판적 사고를 어렵게 하는 문제가 있다. 유사한 관점을 가진 관료들은 집단 사고(group thinking)에 빠질 위험이 크다(Janis, 1982). 특히, 주인의 의견에 반대하거나 견제할 수 있는 메커니즘이 약화될 수 있다(McCubbins, Noll & Weingast, 1987). 이는 다시 주인의 이해관계와 일치하는 편향된 정보만 습득하는 동기화된 사고(motivated reasoning)로 이어질 가능성이 크다(Kunda, 1990). 따라서 환경 변화에 대응하는 능력이 제한됨은 물론(Levitt & March, 1988), 기존의 생각과 방식에 안주하게 되어 혁신을 어렵게 만들기도 한다(Burt, 2004).

주로 미국의 사례를 대상으로 수행된 경험적 연구들은 전문성을 대가로 민주성을 확보하려는 동맹원칙이 관료 집단의 성과를 저해하고 있음을 암시하고 있다. 미국의 경우 대통령에 의해 임명된 임명직 공무원이 많은 기관일수록 낮은 성과를 보이고 있는데(Lewis, 2008; Wood & Lewis, 2017),[4] 이는 소위 "어공(어쩌다 공무원)"으로 불리는 정

---

3 미국의 제20대 대통령이었던 가필드(James A. Garfield)는 엽관제에 따른 관직 배분을 거부하였다가 이에 불만을 품은 자에 의해 1881년에 암살당했다. 이후 엽관제 폐해를 극복하기 위해 이를 폐지하고 실적제(meritocracy)를 기준으로 관료를 선발하는 것과 임기를 보장함으로써 정치적 압력으로부터 관료들을 보호하는 것을 골자로 하는 팬들턴 법(Pendleton Act)이 1883년에 제정되었다.

4 이렇게 정치적 통제를 목적으로 특정 관료집단에 정치적으로 임명된 공무원을 배치하는 것을 정치화(politicization)라고 부른다. Lewis(2008)는 담당 업무의 복잡성과 중요성에 따라 부처 간 정치화의 정도가 차이가 남을 지적하고 있다. 업무가 쉽거나 사회적인

무직/임명직 공무원과 "늘공(늘 공무원)"으로 불리는 직업(careerist) 공무원 간의 정책 대립과 갈등을 겪는 한국의 관료제에 중요한 함의를 제공하고 있다. 특히 성공적인 정책 성과에 대해서는 선출직 혹은 임명직 공무원들이 자신들의 공으로 돌리는 반면 정책의 성과가 성공적이지 못한 경우 그 책임을 직업 관료들에게 넘기는 행위가 만연하다는 점에서(Nielsen & Moynihan, 2017), 동맹원칙은 관료의 자율성을 약화할 개연성이 높다고 볼 수 있다. 관료 자율성이 성공적인 정책 성과와 밀접한 관련이 있다는 점에서(Bednar, 2024), 이 역시 민주적 통제를 확보하기 위한 동맹원칙이 치러야 할 비용이라고 볼 수 있다. 게다가 동맹원칙에 기반한 관료제에서는 소위 "적폐 청산"과 같은 구호 아래 정권이 바뀔 때마다 관료들에게 과도한 정치적 책임을 묻는 일이 잦아지면서 행정의 연속성과 안정성을 저해함은 물론, 관료들이 정치적 책임을 "면피"하기 위한 소극적이고 수동적인 태도를 취하게 만드는 문제가 있다. 전문성과 자율성에 기반한 소위 '적극 행정'을 할 유인이 사라지는 것이다.[5]

　이런 점에서 몇몇 학자들은 이해관계가 일치하여 주인과 유사한 정책 목표를 공유하는 대리인보다는 오히려 주인과 이해관계를 달리하는 대리인을 고용하는 것이 더욱 질이 좋은 정책의 형성과 집행으로 이어질 수 있다고 주장하기도 한다. 왜냐하면 이해관계가 일치하는 대리인들은 정책과 관련된 더 나은 정보를 수집하려는 노력을 쏟을 유인이 없는 반면, 이해관계가 다른 대리인은 정책 목표의 방향 변경을 설득하기 위하여 더 정확한 정보를 생산하여 주인에게 제공할 유인이 있기 때문이다(Bendor & Meirowitz, 2004). 비슷한 견지로, 주인

중요성이 덜한 경우에는 정치화의 정도가 높은 반면, 업무의 난이도나 사회적인 중요성이 높은 경우 상대적으로 정치화의 정도가 낮다.

5　이와 관련한 증언으로 문화체육관광부에서 10년간 재직하다 사직한 전직 서기관 노한동(2024)이 있다.

의 이해관계와 일치하지 않는 대리인에게 재량을 부여함으로써 관료 집단이 다양한 시각과 아이디어를 가질 수 있도록 할 수 있으며, 이는 다수의 이름 아래 소외될 수 있는 소수의 핵심적 이익을 해치지 않는 정책의 입안과 집행에 중요한 역할을 담당할 수 있기 때문이다(Bertelli & Feldmann, 2007). 그러나 이와 같은 대안은 여전히 관료 일탈의 근원인 비대칭 정보의 문제를 근본적으로 해결하지 못하고 있다. 이런 점에서 많은 학자들은 관료들의 민주적 통제의 방법으로 재량권 제한(limiting discretion)에 주목하였는데, 이는 다음 절에서 상세하게 살펴볼 것이다.

2. 재량권 제한

관료 일탈이라는 도덕적 해이를 막고 민주적 통제를 강화하는 다른 방편으로는 관료들의 재량권에 어느 정도 제한을 가하는 것을 들 수 있다. 이는 다양한 방식을 통해 실시될 수 있다. 법령을 통해 사전적으로 관료의 재량권에 대한 범위를 설정할 수 있으며, 사후적인 감시, 수정, 처벌을 통해 관료가 발휘한 재량을 제한할 수도 있다. 이러한 재량권 제한의 배경에는 질 높은 정책의 수립과 집행에 필요한 전문적인 지식과 정보의 획득을 위해서는 어느 정도 민주적 통제를 양보해야 한다는 아이디어가 자리잡고 있다(Epstein & O'Halloran, 1994, 1999; Holmström, 1984).

재량권 제한 접근법에서는 관료들이 자신들의 전문성을 발휘하여 정책 형성 및 집행에 유용한 정보와 지식을 생산하는 행위에 정신적 또는 물질적 비용을 지불하는 것으로 바라보고 있다. 따라서, 관료들은 자신들의 정보 및 지식 생산 활동에 지불하는 비용 이상의 보상을 얻지 못할 경우에는 자신들이 보유한 전문성을 발휘할 유인을 갖지 못하게 된다. 이들이 전문성을 활용하기 위해서는 충분한 유인을 제공해야 할 필요가 있는데, 관료들에게 자신들이 원하는 정책을 수립하고 집행할 수 있는 기회를 어느 정도 허용하는 것으로 유인을 제공할 수 있다는 것이 재량권 제한 접근법의 대전제이다. 물론 무제한의 재량을 부여하는 것은 아니다. 관료들이 전문성을 발휘할 수 있는 최소한의 유인이 제공되는 수준 정도의 관료 일탈은 허용하는 수준으로 제한을 두는 것이다. 즉, 재량권 제한 접근법은 최소한의 비용(즉, 민주적 통제의 약화)으로 관료들이 보유하고 있는 비대칭 정보를 확보하기 위한 방편으로 이해할 수 있다.

  이렇게 볼 때, 적어도 이론의 측면에서는 재량권 제한 접근법은 민주성과 전문성의 조화를 이룰 수 있는 이상적인 방편으로 보인다. 그러나 얼마만큼의 재량을 부여할지를 결정하는 것은 쉽지 않은 작업이다. 왜냐하면, 최적의 재량 수준은 끊임없이 변하는 복잡한 사회적, 경제적, 정치적 맥락과 환경에 의해서 영향을 받기 때문이다. 우선, 관료에게 부여된 재량권은 단순히 관료들이 설정하고 집행하는 정책의 범위에만 영향을 미치는 것이 아니라 관료제 역량(capacity) 수준에 직접적인 영향을 미친다는 점을 고려해 볼 필요가 있다. 관료의 역량 수준을 높게 유지하기 위해서는 무엇보다도 우수한 인재를 관료제에 영입할 수 있어야 하며, 이 인재들이 부단한 노력을 통해서 정책 관련 정보와 지식을 습득하게끔 해야 한다. 현실적으로 사기업에 비해 낮은 보수가 지급되는 관료제로 우수한 인재를 유치하기 위해서는 물질적 보상 이외의 유인을 제공해야 할 필요가 있는데, 본인이 이상적으로 생각하는 정책을 입안하고 집행할 수 있는 기회가 바로 그러한 유인으로 작용하는 것이다(Gailmard & Patty, 2007; Prendergast, 2007). 따라서, 이러한 정책 유인을 제공하기 위해서는 재량권이 필수적임을 알 수 있다. 또한, 이러한 재량권이 보장되어야 관료제로 유입된 인재들이 자신이 원하는 정책 입안 및 집행을 위한 전문성 획득에 노력을 기울일 것이다(Gailmard & Patty, 2012a). 결국 경제성장에 따른 사적영역(private sector)에서 제공되는 물질적 보상의 증대, 민주화 이후 공적영역(public sector) 종사자에 대한 사회적인 존경의 하락 및 민주적 통제 요구의 증대는 관료제 역량의 하락이라는 결과를 초래할 가능성이 크다. 사회적인 민주적 통제 요구의 증대는 역설적으로 관료의 재량권 증대라는 풀기 어려운 퍼즐을 제기하는 것이다.

다음으로, 관료들은 복잡한 상황에서 제한된 자원을 바탕으로 모호한 정책의 구체적인 내용을 채워 가는 역할을 담당하고 있다(Huber & Shipan, 2002; Lipsky, 1980). 특히 변해 가는 상황에 맞추어 제때 정책을 업데이트하지 못하는 입법부를 대신하여 정책의 내용을 실질적으로 유연하게 변형하며 법규와 규제가 의도하지 않는 결과를 초래하는 "정책의 표류(policy drift)"를 방지하는 역할을 담당한다(Callander & Krehbiel, 2014). 정치적 양극화에 따른 입법 교착이 증대하고 있는 상황에서, 정책의 현실 반응성(responsiveness) 제고를 위한 관료의 재량권 증대는 더욱 요청될 가능성이 크다. 이 경우, 민주적 통제를 위한 재량권 제한은 오히려 상황적 변화에 따른 새로운 해결책을 요구하는 시민들의 요청에 반응하여 정책을 제공한다는 민주적 반응성을 저해할 수 있다.

마지막으로 정치적 환경에 따라 관료 재량권이 정책의 질에 미치는 영향이 달라진다는 점을 고려해 볼 필요가 있다. 정치적 양극화가 뚜렷하고, 정권 교체가 자주 일어나는 경쟁적인 정치적 환경에서는 관료의 재량권이 클수록 정책을 정치적 불안정성으로부터 분리할 수 있다. 정치적 권력의 향배와는 상관없이 관료들이 자율적으로 일관된 정책을 입안하고 집행할 수 있기 때문이다(Lewis, 2003; Miller, 2000). 특히 중앙은행과 같이 관료들이 특정 정책 분야에서 정치인의 압력으로부터 독립성과 자율성을 확보할 경우, 즉각적인 이득에 따라 정책 약속을 쉽게 저버리는 정치인들의 기회주의적 행태를 차단함으로써 정책의 신뢰도와 예측 가능성을 높이는 역할을 담당할 수 있다. 하지만 정치적 경쟁이 약한 상황에서는 관료 재량권이 오히려 정책의 안정성과 예측성을 저해하는 결과를 빚을 수도 있다(Beazer, 2012). 약한 정치적 경쟁 상황에서는 관료들의 재량권 남용에 대한 정치인들의 책임이 선거의 결과에 큰 영향력을 미치지 않아 관료 재량권 사용에 대한 감시가 느슨해지기 때문이다. 이 경우 관료 일탈이 매우 쉽게 일어날 수 있는데, 이는 정책의 안정성을 저해함은 물론 정치인은 군림하고 관료가 실질적으로 통치하는 민주성의 위반으로 이어질 수 있다.[6]

지금까지 살펴보았듯이, 민주성과 전문성의 조화를 위해 적절한 수준으로 관료에게 재량권을 부여한다는 이론적 아이디어를 현실에 적용하는 작업은 끊임없이 현재의 경제적, 정치적, 사회적 여건을 신중하게 고려해서 적절한 균형을 찾아가야 하는 동태적인(dynamic) 과정으로 볼 수 있다.

3. 신뢰할 수 없는 약속 이행의 문제

지금까지 주인-대리인 사이에 존재하는 비대칭 정보로 인해 발생하는 도덕적 해이 문제 해결을 위한 두 가지 접근법은 일종의 계약 성격을 띠고 있다는 공통점이 있다. 동맹원칙이 "누구와 계약을 맺을 것인가?"라는 측면에 강조점을 두고 있다면, 재량권 제한은 "어떤 내용의 계약을 맺을 것인가?"라는 측면에 초점을 맞추고 있다. 관료들이 정치

---

6 1955년 이후 자민당(Liberal Democracy Party) 중심의 일당 우위가 굳어진 일본 정당 체제의 경우 매우 약한 정치적 경쟁을 특징으로 한다. 일본 정책 결정 과정의 눈에 띄는 특징 중 하나는 관료제에 대한 정치의 통제나 견제 장치가 다른 나라에 비해 발달되어 있지 않아서 관료제의 영향력이 매우 크다는 점이다. 이런 점에서 관료적 지배를 극복하는 강력한 정치적 리더십의 구축이 일본 민주주의가 당면한 과제로 꼽히기도 한다 (김용복, 2006).

인들에게 어느 정도의 지식과 기술을 제공할 것이며 이에 대한 급부로 정치인들이 관료들에게 어느 수준의 재량권을 제공하는 일종의 전문성 거래의 계약인 것이다(Carpenter & Krause, 2015; Christensen, 2024).

하지만 이러한 계약론적 접근법은 "누가 이 계약을 구속력 있게 만들 것인가?"라는 문제에 봉착하게 된다. 계약의 구속력 있는 이행을 제공해야 하는 당사자는 시민들로부터 대표성을 위임받은 정치인(주인)이다. 그러나 이러한 시민을 대표한다는 대표성은 이들 정치인에게 언제든지 계약의 내용을 변경할 수 있는 정당성을 부여한다. 따라서 법적으로 계약 이행의 구속력을 확보하려는 시도는 큰 효과가 없을 가능성이 크다. 역설적으로, 정치인들은 관료로부터 원하는 정보를 얻은 후 관료에게 약속한 재량을 제공하지 않을 강력한 유인이 있을 때 대리인에게 재량을 부여하고 그 결정을 존중하겠다고 약속하기 때문이다(Gailmard & Patty, 2012b). 이처럼 믿을 수 있는 계약 이행의 약속(credible commitment)이 부재한 경우, 관료들의 전문성과 합리성을 바탕으로 질 좋은 정책을 입안하고 집행하겠다는 민주적 거버넌스의 약속은 무너질 가능성이 크다.

만약 정치인과 관료 사이의 계약 이행을 강제할 수 있는 제삼자가 존재한다면, 이러한 신뢰할 수 없는 약속 이행의 문제에서 벗어날 수 있을 것이다. 그렇다면 그 제삼자는 누가 될 수 있을 것인가? 무엇보다도 정치인(주인)과 관료(대리인) 중 누구라도 계약을 이행하지 않았을 경우 적절한 제재와 처벌을 가할 수 있는 존재여야 할 것이다. 이런 점에 착안하여, 이 글에서는 계약 이행을 강제할 수 있는 존재로서 기존의 정치인(주인)-관료(대리인)의 시야에서 제외되어 있었던 일반 대중에 주목한다. 일반 대중이야말로 정치인을 대리인으로 두고 있는 민주정치의 궁극적 주인으로서 정치인은 물론 정치인의 대리인인 관료에게 제재와 처벌을 가할 수 있기 때문이다. 동시에 일반 대중이라는 궁극적인 주인 앞에서, 관료는 정치인과의 관계를 기존의 일방적인 명령에 순응해야 하는 주인-대리인 관계가 아닌, 상호 동의에 기반한 거래적 관계로 재설정할 가능성을 마주하게 된다. 즉, 관료제 정치에서 권위의 근원을 위계적인 공식 제도에서 찾는 것이 아니라, 궁극적 주인인 일반 대중의 지지와 승인에서 비롯한 정치인과 관료 상호 간의 인정과 수용이라는 역동적이고 복잡한 다원주의적 거버넌스의 틀에서 고찰함으로써, 이행할 수 있는 정치인과 관료 사이의 계약 가능성을 탐색해 볼 수 있는 것이다. 이러한 문제 의식을 바탕으로 민주성과 전문성의 조화를 위한 수단으로서의 평판에 기반한 관료 자율성(RSA)의 가능성을 모색해 보고자 한다.

Ⅲ | 관료의 자율성

1. 거래적 권위와 인가된 수용

관료의 자율성에 대한 정의는 학자들마다 조금씩의 차이는 있지만, 일반적으로 외부의 간섭과 통제 없이 독립적으로 정책 과정에서 의사결정을 할 수 있는 능력을 의미하고 있다(Bersch & Fukuyama, 2023; Carpenter, 2002; Verhoest et al., 2004). 관료 자율성은 정치적 변화와 관계없이 효과적이고 질 좋은 정책의 일관적인 공급을 가능케 하며(Bednar, 2024; Boyne et al., 2006), 시대와 상황의 변화에 따른 정책 혁신에 유리한 것으로 알려져 있다(Christensen & Laegreid, 2007).

그러나 관료 자율성은 동시에 약한 수준의 정치적 통제를 수반하기 때문에 민주적 문책성이 약화된다는 문제를 가지고 있다. 또한 비대칭 정보로 인한 관료의 일탈이라는 도덕적 해이의 발생에 취약한 문제점을 가지고 있다. 정치인이 수직적으로 관료 집단을 통제하는 주인-대리인 구조는 이러한 문제에 대한 대응으로 볼 수 있다. 정치인들의 승인을 통해서만 관료 자율성 형성의 필요조건인 독립적인 의사결정 권한의 정치적 정당성이 공급되는 구조인 것이다. 그러나 위에서 살펴보았듯이, 수직적이고 위계적인 주인-대리인 관계는 관료의 정책 수립 역량 제고를 위해 정치인과 관료가 맺는 재량권 부여라는 계약을 신뢰할 수 없는 약속으로 만드는 근본적인 한계를 지니고 있다. 이는 정책 수립 역량의 저하로 이어지고, 궁극적으로 민주주의 정치 체제의 성과적 정당성을 약화시키는 원인이 될 수 있다.

주인-대리인 사이의 계약 이행의 신뢰성을 확보하기 위해서는 양자의 계약 이행을 감시하고 강제할 수 있는 제삼자가 필요하다. 바로 여기서 기존의 정치인과 관료 양자 간의 관계에서 소외되어 있던 일반 대중의 역할을 주목할 수 있다. 민주주의 사회에서 일반 대중은 정치인과 관료가 취하는 행동의 정치적 정당성을 공급하는 궁극적인 주체이자 주인이기 때문이다.

Carpenter & Krause(2015)가 제안한 관료제에서의 "거래적 권위(transactional authority)"의 개념은 일반 대중이 정치인과 관료가 맺는 재량권 계약을 신뢰할 수 있는 약속으로 만들 수 있는 역할에 대한 힌트를 제시한다. 거래적 권위는 기존의 수직적이고 위계적인 주인-대리인 관계에서 관료를 향해 하향식으로 발휘되었던 정치인의 권위와는 다르게 정치인과 관료가 수평적인 관계에서 상호 간의 거래와 합의를 통해 생성하는 권위를 의미한다. 정치인의 통제와 이에 대한 관료의 순응은 일방적인 명령의 형태가 아니라 상호 동의에 기반한다는 것이다. 즉, 관료가 정치인의 권위의 정당성을 승인함과 동시에 정치인 역시 관료의 정당성을 승인하고 이들의 요구를 받아들여 양자가 함께 이행 가능한 계약을 작성하는 것이다.

정치인이 하향식 명령과 통제에서 벗어나 관료를 수평적인 거래의 파트너로 인정할 수 있는 원동력은 관료가 보유하고 있는 정당성이다. 그런데 관료가 보유한 이 정당성은, 정치인을 관료보다 높은 자리에 위치시키는 기존의 수직적이고 위계적인 공식 제도에서 유래하지 않는다. 그보다는 관료의 전문성에 대해 사회적으로 널리 승인되는 신뢰에서 기인하는 측면이 크다. 즉, 정치인은 공식적인 법률로 규정되지 않은 사회적으로 널리 승인되는 비공식적인 시각을 자신의 판단과 무관하게 받아들이는 "인가된 수용(sanctioned acceptance)"인 것이다.[7] 일반 대중은 사회적으로 승인되는 관료 전문성의 정당성을 생산하는 역할을 담당할 수 있음을 알 수 있다. 동시에 일반 대중은 공식적인 선거를 통해 정치인들에게 정당성을 부여한다. 따라서, 일반 대중은 정치인과 관료 간 계약의 이행을 정당성의 부여 또는 철회를 통해서 계약 이행/불이행에 대한 보상과 처벌을 가할 수 있는 것이다. 정치인과 관료 사이의 권위 형성을 위한 거래의 결과가 일반 대중이 공급하는 정당성에 의존한다는 점을 고려해 볼 때, 일반 대중은 양자 간의 계약을 강제할 수 있는 능력은 물론, 양자에게 공급하는 정당성의 강도 조정을 통해 양자 간 거래를 통해 결정되는 관료 재량권의 범위까지 간접적으로 영향을 미칠 수 있는 것이다.

2. 평판에 기반한 관료의 자율성

거래적 권위 관점에서 살펴볼 때 관료의 자율성은 정치인들에 의해서 수동적으로 설정되는 것이 아니다. 관료의 자율성은 관료들이 능동적으로 일반 대중과 상호 작용하며 전문성에 기반한 자신들의

---

7 Simon(1947)에 의해서 제시된 인가된 수용이란 개념은 개인이 자신의 판단과 무관하게 다른 사람의 결정을 자발적으로 수용하는 것을 의미한다. Simon은 이러한 자발적 수용의 주요 동기로 보상과 제재, 정당성, 사회적 승인, 그리고 신뢰를 들고 있으며, 이 네 가지 동기 중 어느 것에 의해 수용되든 모두 권위로 간주해야 한다고 보고 있다.

정책 수립에 대한 정당성을 쌓아갈 때 확보할 수 있는 것이다. 즉, 관료 자율성은 전문가들이 자신들의 전문성, 유용성, 중립성을 통해 형성한 사회적 신뢰와 평판을 기반으로 하는 사회 속에 "배태된 자율성(embedded autonomy)"인 것이다(Evans, 1995). 따라서 관료의 전문성이 정책 과정에 반영되기 위해서는, 자신들이 보유한 전문성에 대한 정당성을 사회 속에서 확보하기 위한 노력이 필요하다.

Carpenter(2002)는 이렇게 법적, 제도적 장치가 아니라 관료들이 자신들의 전문성과 혁신적인 정책을 통해 사회적 네트워크를 구축하고 평판을 쌓아가면서 정책 결정 과정에서 확보한 자율성을 "평판에 기반한 관료 자율성(reputation-sourced authority)"이라고 개념화하였다. 핵심은, 관료들이 단순히 정치인들의 지시를 따르는 수동적인 존재가 아니라, 적극적으로 자신들의 정당성을 확보하는 능동적인 존재라는 것이다. 예를 들어, 19세기 말~20세기 초 미국 농무부(United States Department of Agriculture)가 농업 연구와 교육 프로그램을 통해 자신들의 유용성과 중립성에 대한 농민들의 신뢰를 바탕으로 한 강력한 네트워크를 구축하였으며, 이를 바탕으로 정치인들이 설정한 기존의 작물 종자의 보관과 배분이라는 단순한 행정 활동에서 벗어나 농업 생산성 증대에 필요한 혁신적 기술을 개발하는 연구의 중심으로서 자신들의 위상을 재정립할 수 있었다. 또 다른 사례로, 미국의 식품의약국(Food and Drug Administration)은 엄격한 약품 승인 과정과 과학적 전문성을 바탕으로 강력한 사회적 평판을 구축하여 제약 산업과 정치인들의 영향력으로부터 상당한 독립성을 유지할 수 있었다(Carpenter, 2010).

RSA 획득의 핵심 조건은 정책의 결과에 대한 평가를 통해 쌓은 관료들의 사회적 평판이다. 따라서 관료들은 자신이 누리는 RSA를 유지하기 위해 질 높은 정책을 생산하기 위한 노력을 쏟을 유인이 생긴다. 특히 관료들을 평가하는 일반 대중의 이해관계에서 크게 벗어나 자신들의 사익을 추구할 유인이 줄어들 것으로 기대된다. RSA는 법과 같은 공식적인 제도로 항구적으로 보장된 자율성이 아니기 때문에 자신들의 전문성에 대한 일반 대중의 신뢰가 사라지는 경우, 자신들이 누리는 자율성이 박탈될 것을 알고 있기 때문이다. 한편, 때에 따라서 관료는 일반 대중의 선호에 어긋나는 정책을 추구해야 할 경우가 있다. 일반 대중의 기대에 어긋난 정책의 추진으로 인해 발생하는 단기적인 지지와 신뢰의 손상을 감수할 정도로 두터운 사회적 신뢰와 평판을 보유하고 있을 경우, 관료는 대중영합(pandering)의 유혹에서 벗어날 수 있을 것이다(Canes-Wrone, Herron & Shotts, 2001). 본인들이 옳다고 믿는 정책은 당연히 정책의 성과가 좋을 것이라고 예상을 할 것이고, 이러한 성공적인 정책 수행이 자신들에 대한 사회적 신뢰와 평판을 더욱 두텁게 하리라 예측할 가능성이 크기 때문이다.

다른 한편으로, RSA는 정치인들에 의한 민주주의 후퇴(backsliding)를 견제하고 저항할 수 있는 근거를 마련해 줄 수 있다. 최근 '민주적'으로 당선된 비민주적 성향의 정부에 의한 민주주의 퇴행이 세계 여러 나라에서 관찰되고 있다(Diamond, 2022). 이런 비민주적 성향의 정부는 인민의 이름으로 자신들이 통제하는 관료제를 통해 민주주의 퇴행의 정책 목표를 실행하곤 한다(Bauer et al., 2021; Rockman, 2019). 기존의 수직적인 정치인-관료 관계에서 이러한 민주주의 퇴행에 대한 관료의 저항을 정당화할 수 있는 근거는 빈약하기 때문에 주로 개인적인 차원의 저항인 사직이나 또는 비민주적인 지시를 의도적으로 느리게 처리하거나 무시하는 태만 등 소극적인 저항이 대부분이다.[8] 따

---

8 엄밀한 의미에서 관료로 보기는 어렵지만, 비슷한 사례로 2024년 12월 3일 윤석열 대통령이 선포한 비상계엄 당시 명령에 대해 소극적으로 저항한 방첩사령부의 군 장병들을 들 수 있다. 방첩사령부 장병들은 중앙선거관리위원회 전산실 장악, 특정 정치인 체포 등의 위법적이고 위헌적인 명령을 받았음에도 불구하고 명령의 수행을 거부하거나 편의점에서 식사하는 등 태만 행동을 함으로써 소극적으로 저항하였다. 방첩

라서, 보다 적극적이고 능동적인 민주주의의 수호를 위해서는 관료의 저항에 정당성을 부여할 수 있는 근거가 필요하다(Bauer, 2024). 이런 점에서 RSA는 관료들의 조직적이고 적극적인 저항을 정당화할 수 있다. 특히 관료가 보유하고 있는 사회적 네트워크는 시민 사회와 협력한 민주주의 수호 연대 구축의 기반이 될 수 있으며, 비민주적 정책의 문제점을 명확히 지적할 수 있는 관료들의 전문성은 보다 구체적이고 효율적인 민주주의 수호의 방향을 제시할 수 있다.

물론, RSA가 선출되지 않은 관료들에게 과도한 권력을 부여하며 민주적 통제를 약화한다는 비판이 가능하다(Bertelli & Busuioc, 2021). 그러나 거래적 권위 관점에서 볼 때, 일반 대중에게는 관료 권력의 과대화에 대응할 수 있는 수단이 존재한다. RSA는 공식적인 절차에 따라 형성된 자율성이 아니라는 점을 상기할 필요가 있다. 관료의 전문성에 대한 사회적 신뢰라는 인가된 수용을 바탕으로 관료에게 부여한 정당성을 철회할 경우, 정치인은 법적으로 자신들의 우위를 규정하고 있는 공적인 제도를 바탕으로 관료에 대한 정치적 통제를 실시할 수 있다. 이를테면 RSA는 조건부로 부여된 자율성으로 볼 수 있으며, 이러한 조건부 성격은 관료가 자기 절제(self-constrain)라는 규범을 내면화하도록 유인할 수 있다(예: Gailmard, 2002).

그러나 RSA가 만병통치약은 아니다. 전문성에 기반한 사회적 신뢰를 확보하기 위해서는 일반 대중과 관료들 사이의 정보의 비대칭 문제를 해결할 필요가 있다. 이를 위해서는 관료들의 의사결정 과정의 투명성과 개방성을 높일 필요가 있다. 이런 목표를 달성하기 위한 정치 제도의 모색이 시급하다.

사령부의 한 관계자는 "우리 요원들은 불법적 명령을 수행할 정도의 쓰레기가 아니다"라는 인터뷰를 남기기도 하였다. https://www.donga.com/news/Opinion/article/all/20241211/130624694/2 참조.

한 예로, 다중심적 거버넌스(polycentric governance) 모델을 고려해 볼 수 있다(Ostrom, 1990; McGinnis & Ostrom, 2012). 이 모델은 중앙집권적 관료제와 완전한 분권화 사이의 중간 지점을 제시하며, 다양한 수준의 시민들이 의사결정 주체로서 정책 과정에 참여해 상호 작용하는 방식이다. 이는 권력을 분산시키고 의사결정 과정을 더 투명하게 만들 수 있으며, 여러 주체들이 서로를 감시하고 견제함으로써 특정 관료나 기관이 과도한 권력을 행사하거나 불투명하게 운영되는 것을 방지할 수 있다. 또한 정보가 여러 주체들 사이에 분산되고 공유됨으로써 RSA의 투명성을 높일 수 있으며, 환경에 더 잘 적응할 수 있는 유연성을 제공한다. 특히 다양한 이해관계자들의 참여와 협력을 강조함으로써 RSA의 개방성을 높일 수 있는데, 개방된 환경에서 여러 주체가 서로를 견제하고 감시하는 구조는 특정 이해관계자와 관료가 유착하는 규제 포획 등의 위험성을 낮출 수 있다.

관료제에 대한 사회적 인식의 전환 역시 필요하다. 관료제를 단순히 정치적 지시를 수행하는 도구가 아닌, 헌법적 원칙과 법치주의, 공정한 절차, 공익을 수호하는 주체로 인식할 필요가 있다. 관료들 역시 민주주의 가치와 전문성의 중요성에 대한 동의를 바탕으로 민주주의적 가치와 공공의 이익을 최우선으로 하는 윤리적 기준을 유지해야 한다.

Ⅳ | 결론

현대 민주주의 국가의 관료제는 민주주의의 핵심 가치인 국민의 의지를 반영해야 하는 동시에, 복잡한 현대 사회의 문제들을 해결하기 위한 전문성을 갖추어야 하는 이중적 요구에 직면해 있다. 이러한 요구는 종종 충돌하며, '관료제의 정치화'와 '정치의 관료화'라는 두 가지 현상으로 나타난다. 이러한 현상의 근저에는 비대칭 정보의 문제가 자리 잡고 있으며, 이는 주인-대리인 문제에서 발생하는 도덕적 해이로 이어질 수 있다. 이를 해결하기 위해 동맹원칙과 재량권 제한 등의 접근법이 제시되었지만, 이들은 각각의 한계를 가지고 있다. 이러한 문제를 해결하기 위해 이 글은 '평판에 기반한 관료의 자율성 (RSA)' 개념을 제안했다. RSA의 핵심은 관료들이 단순히 정치인들의 지시를 따르는 수동적인 존재가 아니라, 적극적으로 사회와 소통하고 자신들의 전문성을 입증함으로써 자율성을 획득하는 과정을 의미한다. 이는 비대칭 정보로 인한 도덕적 해이 문제에 대한 해답을 제시한다. 관료들이 자신들의 전문성을 사회적으로 인정받고 신뢰를 쌓아가는 과정에서, 그들의 행동은 더 투명해지고 책임성도 강화될 수 있기 때문이다. 따라서, RSA는 전문성과 민주성 사이의 균형을 달성하는 방법이 될 수 있다. 관료들이 사회적 네트워크를 통해 다양한 이해관계자들과 소통하고 협력하는 과정에서, 전문성을 유지하면서도 민주적 가치를 반영할 수 있기 때문이다.

　그러나 RSA의 적용을 위해서는 몇 가지 과제가 남아있다. 첫째, 관료들의 의사결정 과정을 투명하게 하고, 일반 대중과의 정보 비대칭 문제를 해결하기 위해 개방성을 높여야 한다. 이를 위해 정책 결정 과정에 시민들의 참여를 확대할 필요가 있다. 둘째, 관료제를 단순한 정치적 도구가 아닌, 헌법적 원칙과 법치주의, 공익을 수호하는 주체로 인식하는 변화가 필요하다. 또한, 관료들이 민주주의적 가치와 공공의 이익을 최우선으로 하는 윤리적 기준을 내면화하고 유지하게끔 해야 한다. 이러한 과제의 대안으로 이 글에서는 다중적 거버넌스 모델을 제시하였지만, 시민 의회와 같은 숙의형 시민 참여 등 다양한 제도적 방식도 고려해 볼 수 있을 것이다(예: Fishkin 2011). 특히 한국의 특수한 정치적, 행정적 맥락에서 한국 관료제가 전문성과 자율성을 갖추면서도 민주주의적 가치를 훼손하지 않는 방향으로 이끌 수 있는 제도적 고민이 매우 시급하다.

| 제3장 | 독립행정위원회의 설치·운영 입법에 대한 헌법학적 검토[*] |

독립행정위원회의 설치·운영 입법에 대한 헌법학적 검토[*]

윤성현 |

I | 서론

행정권의 단일성(unity) 원칙은 일찍이 알렉산더 해밀턴이 작성한 《페더럴리스트 페이퍼》 70번 및 존 스튜어트 밀의 《대의정부론》에서 부터 효율성과 신속성 등을 이유로 근대 행정권의 구성 원리로 인정되어 왔다. 입법부는 숙의적 의사결정을 위해 다수의 합의제 기관으로 운영되지만, 행정부는 단일성 내지 독임제의 원칙에 따라 한 사람이 책임을 지도록 할 때 효율적으로 운영될 수 있다는 것이고, 이는 우리나라에도 행정각부의 장이 해당 분야 행정의 책임을 맡도록 하고 있는 정부 조직의 계서질서에서 잘 드러난다(헌법 제95조, 제96조. 정부조직법 제2조[1] 및 제4장 행정각부 제26조-제45조 참조). 그런데 오늘날은 행

---

* 이 글은 《공법연구》 제53집 제3호(2025년 2월)에 게재된 논문("독립행정위원회 설치·운영 입법에 대한 헌법학적 검토 – 독립성·전문성 등 설치 요건 체계화를 중심으로")을 일부 수정한 것이다.

1 정부조직법 제2조(중앙행정기관의 설치와 조직 등) ① 중앙행정기관의 설치와 직무범위는 법률로 정한다.
   ② 중앙행정기관은 이 법에 따라 설치된 부·처·청과 다음 각 호의 행정기관으로 하

정에 있어서도 이러한 전형적인 부처 조직에서 탈피해서 독립행정위원회 형식이 나날이 늘어가는 추세이다.[2]

그런데 오늘날 소위 '독립' '행정위원회'는 과연 '독립적'으로 '행정'을 하고 있는가? 방통위, 권익위, 인권위, 선관위, 감사원 등 독립행정위원회로 분류할 수 있는 행정 기관 중에서 오늘날 정치적 분쟁과 파행으로 점철되지 않은 위원회를 찾기가 어렵다. 오히려 독립시켜 놓았기에 더 문제인가 싶을 정도이다. 행정의 독임제 원칙에도 불구하고 점점 새로운 독립행정위원회가 늘어나고 있는데, 위원장 및 상임위원 선출, 임명 등 인사 관련 문제와 위원회의 권한 범위를 두고 정쟁이 끊이지 않고, 이에 관해 감사, 징계, 고소·고발, 권한쟁의, 탄핵 등의 행정 제재나 사법적 해결을 시도하려는 행태가 점점 극심해지고 있다.

독립행정위원회는 기존 행정 기관이 지나치게 집권 여당과 보조를 맞추면서 정파 간 충돌을 야기할 우려가 있다든지 혹은 기존의 행정 조직으로서는 이해 충돌의 문제가 발생하거나 관장하기 어려운 문제들을 처리하기 위해 선한 의도로 탄생했을 수 있으나, 현재는 행정권과 정치권이 충돌하는 '약한 고리'이고 '아픈 손가락'이 되고 있지 않은가 하는 우려가 든다. 점점 독립행정위원회가 늘어나는 것이 추세

되, 중앙행정기관은 이 법 및 다음 각 호의 법률에 따르지 아니하고는 설치할 수 없다. 〈개정 2020. 6. 9., 2020. 8. 11., 2020. 12. 29., 2024. 1. 26.〉

2 기존 정부조직법상의 부처청이 아니라 위원회 또는 합의제 형식으로 운영되는 중앙 행정 기관을 지칭하는 용어로서, 합의제 중앙행정관청(이현수, 2013), 독립행정청 또는 독립행정기관(김소연, 2013a; 2013b; 허진성, 2024), 독립규제위원회(유제민, 2019; 조소영, 2009), 독립위원회(신현석, 2024; 유진식, 2009) 등이 쓰이고 있다. 각 용어상의 장단점이 있지만, 본 연구에서 고찰 대상으로 삼는 우리 헌법, 정부조직법, 개별 법률상 ① 독립적 성격의, ② 중앙 행정 기관으로서의 위원회라는 개념요소를 온전히 담아내기에는 기존 용어들이 다소 한계를 가지고 있다고 보아, 위 두 가지 대표적 성격을 함께 지칭하는 용어로서 '독립행정위원회'라는 용어를 새롭게 쓰고자 한다.

로 보이지만, 어쩌면 불요불급한 행정 기관을 과도하게 독립화시키는 것은, 자칫 국가 행정권의 원자화를 통해 거부권 행사자(veto player)들을 쉽게 확대하고 권한을 둘러싼 정치적, 법적 공방을 유도하여 상호 브레이크 기능에 국가 행정의 많은 자원이 투여됨으로써, 독립적인 행정 기능을 효율적으로 보장하는 데 오히려 방해 요소가 되지는 않는지 우려되는 부분들이 있다. 따라서 독립행정위원회를 지금처럼 즉흥적인 정치적 수요에 응해서 설치할 것이 아니라, 그 법적 형식과 조직법적인 위상의 문제, 그리고 설치에 있어서 기본적으로 고려해야 할 요소들을 체계화해서 이를 입법 및 헌법·행정재판 등의 기준으로 삼으려는 노력이 필요하다.

이런 문제 의식에 기초하여 본 연구에서는 현행 법제상 독립행정위원회에 해당하는 기관들을 정부 조직의 관점에서 분류하고, 근거 법령들과 이론을 통해서 독립행정위원회의 설치 요건들을 도출하며(2절), 여기서 도출된 독립성, 전문성, 신규성, 다수 전문가의 합의, 정치적 중립성의 설치 요건들 중 종래 입법, 판례, 학설 등에서 논란이 되었거나 미비한 부분들을 검토하면서 독립행정위원회의 설치·운영 입법 시 고려해야 할 헌법적 기준과 한계에 대해 고찰한다(3절).

Ⅱ 독립행정위원회의 범위와 설치 요건

1. 현행법상 독립행정위원회의 범주

〈그림 3-1〉의 정부 조직도를 기준으로, 행정권의 수직적 체계는 〈대통령-국무총리-행정각부〉의 순으로 되어있고, 이들은 독임제 기관의 전형적 구조를 띠고 있다. 그런데 정부 조직도에 포함되어 있지는 않지만, 헌법 제7장 선거관리에서 행정부와 별도로 규정하고 있는

선거관리위원회는 이들 계층 구조에서 가장 먼 합의제 행정 기관 혹은 독립행정위원회이다.[3] 다음으로 감사원은 헌법 제2절 제4관에 대통령 소속의 행정 기관으로 설치 근거를 갖고 있지만 감사원법에서 직무상 독립적인 지위를 가진다고 하고, 감사원장을 포함한 7명의 감사위원으로 구성하도록 되어 있어, 헌법적 근거를 가진 합의제 행정 기관 혹은 독립행정위원회로 볼 수 있다.[45]

---

3 헌법 제114조 ① 선거와 국민투표의 공정한 관리 및 정당에 관한 사무를 처리하기 위하여 선거관리위원회를 둔다.

   ② 중앙선거관리위원회는 대통령이 임명하는 3인, 국회에서 선출하는 3인과 대법원장이 지명하는 3인의 위원으로 구성한다. 위원장은 위원 중에서 호선한다.

4 헌법 제97조 국가의 세입·세출의 결산, 국가 및 법률이 정한 단체의 회계검사와 행정기관 및 공무원의 직무에 관한 감찰을 하기 위하여 대통령 소속하에 감사원을 둔다.

   제98조 ① 감사원은 원장을 포함한 5인 이상 11인 이하의 감사위원으로 구성한다.

   ② 원장은 국회의 동의를 얻어 대통령이 임명하고, 그 임기는 4년으로 하며, 1차에 한하여 중임할 수 있다.

   ③ 감사위원은 원장의 제청으로 대통령이 임명하고, 그 임기는 4년으로 하며, 1차에 한하여 중임할 수 있다.

5 감사원법 제2조(지위) ① 감사원은 대통령에 소속하되, 직무에 관하여는 독립의 지위를 가진다.

   ② 감사원 소속 공무원의 임용, 조직 및 예산의 편성에 있어서는 감사원의 독립성이 최대한 존중되어야 한다. 〈개정 2020. 10. 20.〉 [전문개정 2009. 1. 30.]

   제3조(구성) 감사원은 감사원장(이하 "원장"이라 한다)을 포함한 7명의 감사위원으로 구성한다. [전문개정 2009. 1. 30.]

그림 3-1 　정부 조직도

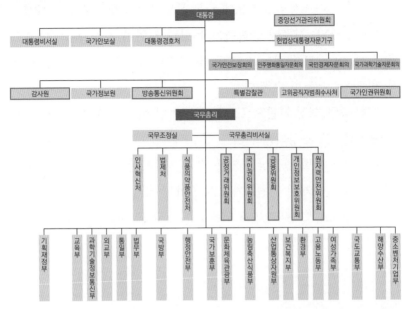

주) 부 이하 청 단위는 생략.
출처: https://www.gov.kr/portal/orgInfo.

　　헌법상 명시적 근거를 갖지 않고 또한 정부조직법에도 근거를 갖
지 않은 채 개별 법률(국가인권위원회법, 고위공직자범죄수사처 설치 및 운영
에 관한 법률)에 의해 독립적으로 설치·운영되는 기관으로 국가인권위
원회와 고위공직자범죄수사처를 들 수 있다.[6] 양 기관 모두 해당 법률
에서 특별한 소속을 밝히지 않고 있는데, 전자는 합의제 행정 기관 혹
은 독립행정위원회로 설치되어 있고,[7] 후자는 수사 혹은 공소제기와

6　국가인권위원회법 제3조(국가인권위원회의 설립과 독립성) ① 이 법에서 정하는 인권의
　보호와 향상을 위한 업무를 수행하기 위하여 국가인권위원회(이하 "위원회"라 한다)를
　둔다.
　② 위원회는 그 권한에 속하는 업무를 독립하여 수행한다. [전문개정 2011. 5. 19.]
7　국가인권위원회법 제5조(위원회의 구성) ① 위원회는 위원장 1명과 상임위원 3명을 포
　함한 11명의 인권위원(이하 "위원"이라 한다)으로 구성한다.

그 유지를 수행하는 기관이기에 독임제 행정 기관으로 설치되어 있다는 차이가 있다.[8] 정부 조직도에 있는 특별감찰관의 경우에는 "대통령 소속으로 하되, 직무에 관하여는 독립의 지위를 가진다(특별감찰관법 제3조 제1항)"라고 규정되어 있고, 직무 수행은 단독으로 하므로 독임제 기관으로 분류할 수 있다.

한편, 중앙 행정 기관으로 독임제가 아닌 합의제 행정 기관의 형태로 예외적으로 구성되는 근거를 정부조직법 제2조 제2항에 두고, 나아가 별도의 개별 법률상 근거를 갖는 경우로는 동 항 제1호에서 제6호에 이르는 6개의 위원회가 있다.[9] 이 중에서 방송통신위원회만 대통령 소속이고,[10] 나머지 5개 위원회는 모두 국무총리 소속으로 설치되어 있는 차이가 있다.

---

　② 위원은 다음 각 호의 사람을 대통령이 임명한다. 〈개정 2016. 2. 3.〉

　1. 국회가 선출하는 4명(상임위원 2명을 포함한다)

　2. 대통령이 지명하는 4명(상임위원 1명을 포함한다)

　3. 대법원장이 지명하는 3명

8　고위공직자범죄수사처 설치 및 운영에 관한 법률 제3조(고위공직자범죄수사처의 설치와 독립성) ② 수사처는 그 권한에 속하는 직무를 독립하여 수행한다.

9　제7호에서 제9호의 행정기관은 독립행정위원회의 실질을 갖지 않는다고 보아 논의에서 제외한다.

10　방송통신위원회의 설치 및 운영에 관한 법률 제3조(위원회의 설치) ① 방송과 통신에 관한 규제와 이용자 보호 등의 업무를 수행하기 위하여 대통령 소속으로 방송통신위원회(이하 "위원회"라 한다)를 둔다. 〈개정 2013. 3. 23.〉

정부조직법 제2조(중앙행정기관의 설치와 조직 등) ① 중앙행정기관의 설치와 직무범위는 법률로 정한다.

② 중앙행정기관은 이 법에 따라 설치된 부·처·청과 다음 각 호의 행정기관으로 하되, 중앙행정기관은 이 법 및 다음 각 호의 법률에 따르지 아니하고는 설치할 수 없다. 〈개정 2020. 6. 9., 2020. 8. 11., 2020. 12. 29., 2024. 1. 26.〉

1. 「방송통신위원회의 설치 및 운영에 관한 법률」 제3조에 따른 방송통신위원회

2. 「독점규제 및 공정거래에 관한 법률」 제54조에 따른 공정거래위원회

3. 「부패방지 및 국민권익위원회의 설치와 운영에 관한 법률」 제11조에 따른 국민권익위원회

4. 「금융위원회의 설치 등에 관한 법률」 제3조에 따른 금융위원회

5. 「개인정보 보호법」 제7조에 따른 개인정보 보호위원회

6. 「원자력안전위원회의 설치 및 운영에 관한 법률」 제3조에 따른 원자력안전위원회

7. 「우주항공청의 설치 및 운영에 관한 특별법」 제6조에 따른 우주항공청

8. 「신행정수도 후속대책을 위한 연기·공주지역 행정중심복합도시 건설을 위한 특별법」 제38조에 따른 행정중심복합도시건설청

9. 「새만금사업 추진 및 지원에 관한 특별법」 제34조에 따른 새만금개발청

위에서 일별한 바와 같이, 헌법과 정부조직법에 근거를 둔 전형적인 중앙 행정 기관으로서의 행정각부 등(부·처·청), 즉 독임제 행정기관의 성격을 가지면서 동시에 행정의 계서제를 따르고 있는 기관들을 제외하고, ① 헌법과 정부조직법 제2조 제2항 혹은 개별 법률에 의해 중앙 행정 기관의 설치 근거를 가지면서, ② 기왕의 행정 부처의 계서제와는 독립하여, ③ 해당 소관사무의 전부를, ④ 합의제 내지 위원회 형식으로 수행하는 행정 기관을 이하에서 (중앙 행정 기관으로서의)

'독립행정위원회'로 구별하고, 오늘날 새로운 행정 기관의 구성 방식
으로 부상하고 있는 독립행정위원회 설치 및 운영 입법의 설치 요건
에 대해 헌법적으로 구명해 보고자 한다.[11]

따라서 합의제 내지 위원회 형식을 띠지 않고 독임제로 운영되는
공수처나 특별감찰관 같은 경우에는 본 연구의 주된 논의 대상에서는
제외되며,[12] 한편 정부조직법 제5조에 따라 어느 행정 기관 소관 사무
의 일부를 독립하여 수행하는 '행정 기관 소속 위원회'의 경우에도 성
격상 유사성이 있는 부분의 논의는 차용하지만 그러한 위원회 자체를
본격적인 논의의 대상으로 삼지는 않는다.[13]

---

11 우리 독립행정위원회의 모태가 된 측면이 있는 미국의 독립 규제 기관(independent
    regulatory agency)도 실제로는 거의 위원회(commission) 형식으로 되어 있는데(대표적 예
    로 연방거래위원회, 증권거래위원회, 연방통신위원회가 있다), 44 U.S. Code § 3502(5)에 실
    정법적 근거를 가지고 있다(https://www.law.cornell.edu/uscode/text/44/3502 참조). 그
    러나 이 법률에서도 설치 요건을 특별히 정하고 있지 않은 점은 우리 정부조직법 등
    과 다를 것이 없다(황의관, 2014). 한편, 동법상 agency에는 회계감사원(Government
    Accountability Office)과 연방선거관리위원회(Federal Election Commission) 등이 포함되
    지 않는 것으로 규정되어 있다는 점에서, 본 연구의 대상 범위와는 차이가 있다.
12 그러나 공수처의 경우에는 독립행정기관의 성격에 대한 치열한 논쟁으로부터 시사점
    을 얻을 부분이 적지 않으므로, 위원회 형식을 제외하고 독립행정기관의 측면에서는
    해당 논의를 차용할 것이다.
13 그렇다면 결국 본 연구에서 독립행정위원회로 구분하여 논하는 중앙 행정 기관은, 중
    앙선관위, 감사원, 국가인권위원회, 방송통신위원회, 공정거래위원회, 개인정보보호
    위원회 등으로 제한될 것이다(앞의 정부 조직도에서 해당 위원회 박스 테두리를 굵게 표시한
    기관들). 한편 지금 당장은 아니더라도 최근 위원회 형식의 중앙 행정 기관 설치의 확
    대 경향에 비추어 보면 앞으로도 AI 위원회라든지 기후 위기 대응 위원회라든지 하는
    새로운 분야의 독립위원회들이 신설 도입될 가능성은 충분히 열려있다고 할 것이다.
    또한 필자는 앞으로 국가에서 운영하는 숙의적 제도를 통합적으로 관리하는 일종의
    국가공론위원회를 신설하면서 이를 별도의 기관으로 설치하거나 혹은 기존의 선거관
    리위원회에서 선거와 국민 투표는 물론 공론 조사 등 숙의 민주주의 제도까지 민주주
    의 제 요소를 포괄적으로 관장하도록 확대·개편하여 가칭 〈민주주의와 선거관리위
    원회〉를 도입하는 방안도 검토할 수 있다고 생각한다.

2. 독립행정위원회의 근거와 설치 기준

헌법 제2절에서는 제1관 국무총리와 국무위원, 제2관 국무회의, 제3관 행정각부, 제4관 감사원을 규정하고 있을 뿐, 그 외의 행정기관의 설치 등에 대해서 명시한 바가 없다.[14] 특히 "행정각부의 설치·조직과 직무범위는 법률로 정한다"라고 하여 헌법 제96조에서 행정 조직 법정주의를 명문화하고 있고, 이에 따라 국가 행정 사무의 체계적이고 능률적인 수행을 위하여 국가 행정 기관의 설치·조직과 직무 범위의 대강을 정하는 일반법으로서 정부조직법이 제정되어 있음을 고려할 때, 행정에 관해서는 우선적으로 기왕의 헌법이 예정하고 있는 위 행정각부를 중심으로 해서, 정부조직법에 구체적 근거를 두고 운용함이 원칙이라 할 것이다.[15]

헌법재판소는 국가안전기획부를 행정각부 형태가 아니라 대통령 직속기관으로 둔 정부조직법 조항의 위헌성을 다툰 헌법소원 사건에서, "국무총리의 통할을 받지 않는 행정기관은 법률에 의하더라도 이를 설치할 수 없다든가 또는 모든 행정기관은 헌법상 예외적으로 열거된 경우 등 이외에는 반드시 국무총리의 통할을 받아야 한다고는 볼 수 없고, 이는 그 기관이 관장하는 사무의 성질에 따라 국무총리가 대통령의 명을 받아 통할할 수 있는 기관으로 설치할 수도 있고 또는 대통령이 직접 통할하는 기관으로 설치할 수도 있다 할 것이다. 또 헌법이 감사원, 국가안전보장회의 등의 설치근거 규정을 두고 있는 것은 헌법적 시각에서 본 그 기관의 성격, 업무의 중요성 등을 감안하여 특별히 헌법에 그 설치근거를 명시한 것에 불과할 뿐 이것이 그 설치근거를 법률에 두는 법률기관의 설치를 금지하는 취지는 아니다."[16]라

---

14 단, 헌법 제7장에 설치 근거를 둔 선거관리위원회는 예외라고 할 것이다.
15 우리 헌법상 정부조직법정주의 등에 관한 자세한 논의로 성낙인(2013) 참조.
16 헌재 1994. 4. 28. 89헌마86 [身體의 自由의 侵害에 대한 憲法訴願].

고 하면서 합헌으로 보았다. 또한 최근 공수처법 위헌확인 사건에서도, ① "법률로써 '행정각부'에 속하지 않는 독립된 형태의 행정기관을 설치하는 것이 헌법상 금지된다고 할 수 없다." ② "따라서 공수처법이라는 법률에 근거하여 수사처라는 행정기관을 설치하는 것이 헌법상 금지되는 것은 아니다." ③ "개정된 정부조직법 제2조 제2항을 들어 정부조직법에서 정하지 않은 중앙행정기관을 다른 법률로 설치하는 것이 헌법상 금지된다고 보기는 어렵다."라고 하면서 역시 합헌으로 결정하여,[17] 행정각부의 형태가 아닌 중앙 행정 기관을 법률로 설치하는 것은 위헌이 아니라는 입장을 취하고 있다.

하지만 위헌이 아니라는 것이 반드시 헌법정책적으로 타당하거나 바람직하다는 것은 아니며, 헌법상으로도 조직법적 근거를 명시적으로 갖지 않은 상태에서, 정부조직법 제2조에만 근거를 두거나 혹은 동법 제2조에도 근거를 두지 않고 별도의 개별 법률상 근거만으로 설치되는 형태의 독립행정위원회 설치 및 운영은 최소화하는 것이 타당해 보인다(성낙인, 2013). 그러나 복잡다단한 현대 행정의 양상 변화에 비추어 독립행정위원회 도입과 설치가 필요한 현실적 수요는 늘어나고 있으므로, 최소한 정부조직법에 법률적 근거를 둠과 동시에 그 최소한의 법적 설치 요건을 명시하여 이에 따른 입법이 이루어지도록 하고, 또한 이를 개별·구체적으로 규율하는 각 개별 법률에서도 정부조직법상의 일반적 설립 기준에 맞추어 입법이 이루어지도록 조직법적 체계성과 통일성을 갖추는 노력이 필요하다고 본다.

현재로서는 독립행정위원회 설치 및 운영에 대한 헌법상 근거도 부족한 상황에서 정부조직법도 제2조 제2항에서 "중앙행정기관은 이 법에 따라 설치된 부·처·청과 다음 각 호의 행정기관으로 하되, 중

---

17 헌재 2021. 1. 28. 2020헌마264등, 고위공직자범죄수사처 설치 및 운영에 관한 법률 위헌확인(공수처법 위헌확인 사건).

앙행정기관은 이 법 및 다음 각 호의 법률에 따르지 아니하고는 설치할 수 없다."라고 하여 단지 설치의 형식적 근거만을 규정하고 있는 점은 아쉽고 개선이 필요한 부분이다.

다만 본 연구의 분류에 따른 독립행정위원회에 대한 요건을 정한 것은 아니지만, 아래와 같이 정부조직법 제5조에 따라 소관 사무의 '일부'를 독립하여 수행할 필요가 있는 때에 설치할 수 있는 합의제 행정 기관 혹은 행정 기관 소속 위원회의 설치 요건을 정하고 있는 「행정기관 소속 위원회의 설치·운영에 관한 법률」(이하 「행정기관위원회법」으로 약칭) 제5조 제1항 각 호의 내용은 정부조직법 제2조에서 규정한 중앙 행정 기관으로서의 독립행정위원회에 대한 설치 요건을 법적으로 구체화함에 있어서도 참고할 수 있는 내용들로 보인다.

정부조직법 제5조(합의제행정기관의 설치) 행정기관에는 그 소관사무의 일부를 독립하여 수행할 필요가 있는 때에는 법률로 정하는 바에 따라 행정위원회 등 합의제행정기관을 둘 수 있다.

행정기관 소속 위원회의 설치·운영에 관한 법률 (약칭: 행정기관위원회법)
제5조(위원회의 설치요건) ① 「정부조직법」 제5조에 따라 합의제행정기관(이하 "행정위원회"라한다)을 설치할 경우에는 다음 각 호의 요건을 갖추어야 한다.
1. 업무의 내용이 전문적인 지식이나 경험이 있는 사람의 의견을 들어 결정할 필요가 있을 것
2. 업무의 성질상 특히 신중한 절차를 거쳐 처리할 필요가 있을 것
3. 기존 행정기관의 업무와 중복되지 아니하고 독자성(獨自性)이 있을 것
4. 업무가 계속성·상시성(常時性)이 있을 것
② 행정위원회를 제외한 위원회(이하 "자문위원회등"이라 한다)는 제1항제1호 및 제2호의 요건을 갖추어야 한다.

일단 정부조직법 제5조의 규정을 볼 때, 그 소관 사무를 '독립하여 수행할 필요가 있을 때'라는 규정으로부터 ① 독립성 요건을 도출할 수 있다. 이는 독립행정위원회의 개념 자체로부터도 당연히 추출되는 것이고, 이때 독립성은 기본적으로 기왕의 전형적인 행정 조직(행정각부)으로부터 독립하여 설치할 필요가 있는가 하는 점이다.

정부조직법 제5조에 따른 「행정기관위원회법」 제5조 제1항 제1호는 ② 전문성 요건을 정하고 있고, 이는 본 연구에서 논하는 독립행정위원회에도 당연히 적용되는 핵심적인 요건이다. 그런데 전문성은 직업공무원과 관료들에게도 기본적으로 요구되는 일반적 능력이자 덕목이므로, 독립행정위원회 설치에 요구되는 전문성은 기존 행정 부처의 전형적 업무에 대한 전문성과는 구분되는, 새로운 비전형적 업무에 대한 고도의 전문성이라고 할 수 있기에, 동 요건은 「행정기관위원회법」 제5조 제1항 제3호의 ③ 신규성 혹은 비전형성 요건과도 중복되는 부분이 많을 것이다.

다음으로 「행정기관위원회법」 제5조 제1항 제2호에서 '업무의 성질상 특히 신중한 절차를 거쳐 처리할 필요가 있을 것'이라는 부분은 위원회에서 합의제로 처리해야 할 사항을 다룬다는 점에서,[18] ④ '다수 전문가의 합의' 혹은 '행정적 숙의' 요건으로 이를 명명해 보고자 한다. 한편 다양한 형태의 위원회 구성을 통해 숙의를 통한 합의제의 장점을 극대화하려는 것은 대개 ⑤ 정치적 중립성 요건을 달성하려는 목표와 결부된다고 생각된다.[19] 물론 ④ 요건은 위에서 논한 ③ 신규

---

18 다만 엄밀하게 문언을 구성한다면 '업무의 성질상 특히 신중한 절차를 거쳐 <u>합의제로</u> 처리할 필요가 있을 것'이라고 해야 할 것이지만, 아마 위원회의 설치 요건을 정한 조문이기에 이는 당연히 여겨서 생략한 것으로 보인다.

19 정치적 중립성 요건은 「행정기관위원회법」 제5조 제1항 각 호 중에는 명시되어 있지 않다. 그러나 독립행정위원회 설치 개별 입법들을 보면 대개 이를 직간접적으로 요건화하고 있음에 따라 도출한 것이다. 또한 정치적 중립성 요건은 앞의 ① 독립성 요건과 또한 ④ 행정적 숙의 요건과도 긴밀히 연결되는 문제여서 이에 대해서도 고찰을

성 혹은 비전형성 요건과도 연결될 수 있다.[20] 다음 절에서는 이들 요건의 세부 쟁점들을 검토한다.

Ⅲ | 독립행정위원회의 요건: 기준별

1. 독립성

독립행정위원회를 설치하려는 경우, 기존 행정 조직과 별도의 중앙 행정 기관으로 설치되어야 한다는 점에서 가장 먼저 독립성이 요구된다. 그런데 통상 공익을 실현하기 위한 행정 조직과 절차는 '합목적성 원리'에 따라 구성되고, 이에 따라 통상의 행정 조직은 행정의 임무를 달성하기에 적합한 상명하복의 계서조직으로 구성하게 되나, 고도의 전문성이 요구되고 다양한 이해관계의 대립이 존재하는 경우에는 독립성이 요구될 수 있다(이원우, 2009). 그러나 행정 조직의 원리로서 독립성은 원칙적으로 다른 원리들에 비하여 수단적인 성질을 가지며, 상대적으로 부수적인 원리로 보고, 더욱이 독립성은 행정 조직 원리의 핵심원리라고 할 수 있는 민주적 통제 가능성이나 책임성의 원리와 충돌할 수 있으므로, 이와 조화와 균형을 유지하는 범위 내에서 구현되어야 한다.[21]

하지 않을 수 없다. 심지어 전문성의 문제와도 연결 지점이 있다.

20 한편 독립행정위원회의 경우는 민주성과 책임성 문제도 거론될 수 있고 이 지점도 중요하다고 여겨지나, 이는 주된 설치 요건 자체의 문제라기보다는 권력 분립 또는 민주적 권력 통제의 관점에서 고찰할 문제라고 보이므로, 여기서는 이에 대한 본격적인 고찰은 생략한다.

21 이원우(2009)는 이러한 관점에서 행정 조직의 독립성은 '상대적 독립성 원리'라고 한다. 이는 결국 행정 조직에서의 독립성은 사법에 요구되는 독립성과 같은 절대적 원리나 가치라고 볼 수 없다는 것이고, 신중하게 판단해서 독립성의 여부와 강도를 판단해야 한다는 것으로 이해할 수 있다.

독립성은 앞에서 검토한 법적 근거 여부의 형식적 문제와 긴밀한 연관을 맺으며, 나아가 실체적 요건으로서 기존 행정 부처에서 처리하는 업무의 범위에 포섭되지 않는 업무의 신규성·비전형성 요건과도 긴밀히 연관되고, 그와 같은 신규성·비전형성 요건을 갖춘 업무라면 이는 그에 상응하는 특별한 전문성을 갖춰야 한다는 연관 관계를 맺게 된다.

기존 삼권 분립의 체제에서, 헌법이 정하는 기존 행정 조직 체계로부터 이격시켜야 할 업무상 성격의 강도를 기준으로 하여 보면, 첫째, 새로운 성격의 업무이더라도, 기존의 삼권 분립 체계 중 행정 조직 내에 편성할 만한 업무의 유사성이 있는 등의 이유가 있다면 기왕의 행정 조직 체계에 편성하여 업무를 관장하게 하면 된다. 실제로 정부조직법상 부처도 늘 고정된 것이 아니라 정부의 성격이나 시대의 요청에 따라 바뀌기도 하기 때문에, 부처의 업무가 반드시 고정적이라고 단정할 수 없고 다만 상대적으로 그러할 뿐이다. 또한 과거에는 새로운 업무로 독립행정위원회 등의 형식을 빌렸더라도, 시일이 지나서 부처에 편입할 만한 전형적 업무라고 보일 경우에는 그렇게 하는 것도 가능하고, 무한정 독립행정위원회를 존치시키거나 늘릴 필요는 없다고 보인다. 또한 독립의 필요가 있다 하더라도, 그것이 전부 별도의 독립행정위원회로 설치할 만한 강한 수준의 것이 아니라면, 정부조직법 제5조와 「행정기관위원회법」에 따라서 소속 기관의 '일부'를 행정 기관 소속의 위원회로 설치하는 방안을 우선 검토할 필요가 있을 것이다. 여기까지는 기왕의 정부 조직 체계에서 이를 조정하는 차원의 문제이므로 주로 대통령이 주재하는 국무 회의에서 처리할 수 있는 문제가 될 것이다.[22] 하지만 정부조직법의 개정이 필요한 사항이라면 국회의 입법이 필요하게 된다.

---

22 헌법 제89조 제10호는 행정각부 간의 권한의 획정을, 제13호는 행정각부의 중요한 정책의 수립과 조정을 국무 회의 심의 사항으로 규정하고 있다.

둘째, 기존 부처와 독립한 중앙 행정 기관으로 설치, 운영될 필요가 강한 경우에는 정부조직법 제2조 제2항의 '각 호의 행정 기관'으로 추가가 되어야 하기 때문에 기본적으로 정부조직법의 개정을 요하는 사항이 되고, 특히 기존 행정 조직과 다른 새로운 조직을 구성하는 것이기 때문에 정부 외에도 국회의 역할이 더 중요하게 된다.[23] 한편, 동 조항에 규정된 기관들이 조직법적으로 위헌성을 가진 것으로 간주되지는 않았지만, 이는 우리 헌법이 예정하는 전형적인 삼권 분립상 행정권의 조직에 그치지 않고 이들 기관으로부터 독립하여 별도의 위원회로 구성되기에, 실질적으로 3.5부 정도에 해당하는 기관을 설치하는 것이어서 이에 해당하는 실질이나 절차 등을 갖추도록 구체화할 필요가 있다. 「행정기관위원회법」이 정한 제5조(위원회의 설치요건)는 그 대표적인 내용이 될 수 있고, 제6조(위원회의 설치절차 등), 제7조(중복 위원회의 설치 제한 등), 제11조(위원회의 존속기한), 제15조(위원회 운영 공개 및 국회보고 등) 중에서 독립행정위원회의 성격에 맞는 부분은 정부조직법 제2조를 개정하여 요건 등을 규정하거나 아니면 제2조의2를 신설하여 규정하는 방법, 아니면 독립행정위원회 설치 및 운영에 관한 일반법을 개별 법률로 제정하는 방식 등으로 입법화하는 방안을 고려할 수 있다.

한편, 조직법적 예외를 정하는 독립행정위원회 설치의 경우는, 조세를 기준으로 할 때 예산법적 예외를 정하는 부담금의 경우와 유사한 측면이 있다고 보이므로, 「부담금관리 기본법」을 벤치마킹하는 것도 하나의 방안이 될 수 있을 것으로 본다. 「부담금관리 기본법」은 제

---

23 가령 방통위가 도입될 당시 이를 둘러싼 여야 간 첨예한 다툼을 상기해 볼 수 있고, 독임제 행정 기관이지만 기존 행정 조직 체계에 편입되지 않는 독립된 공수처 설립을 둘러싸고 20여 년간 정치적으로 심각하게 대립하다가 결국 종국에 통과되는 순간에도 패스트트랙 사건 등 국회에서의 물리적 대치를 겪은 끝에 어렵게 통과되어 설치된 현실을 떠올려 볼 수 있다.

3조(부담금 설치의 제한), 제4조(부담금의 부과요건등), 제5조(부담금 부과의 원칙), 제5조의2(부담금 존속기한의 설정), 제6조(부담금의 신설 또는 변경에 관한 심사), 제8조(부담금운용의 평가) 등을 두어 부담금이 오남용되지 않도록 법적 방안을 정하고 있는데, 독립행정위원회도 설치 요건을 좀 더 분명하게 하고 이러한 조직법적 양식이 오남용되지 않도록 견제와 감시가 요청되는 부분들이 있다.[24]

이러한 독립행정위원회에 해당하는 대표적인 것으로 방송통신위원회가 있고, 한편 독임제 기관이고 정부조직법상 근거가 없이 별도의 법률에 의해 설치된 공수처도 3.5부의 성격을 갖는 것으로 볼 수 있다. 감사원도 대통령 소속으로 이러한 성격을 갖는다고 보이지만, 헌법상 근거를 가지고 있어 법적 근거의 논의에서는 자유롭다.

셋째, 기왕의 삼권 분립상 행정권의 외부에 위치하는 일종의 제4부와 같은 독립행정위원회로서는 중앙선거관리위원회를 꼽을 수 있고, 한편 국가인권위원회는 헌법적 근거는 가지고 있지 않지만 개별법에 의해 설립되었으나 이와 유사하게 볼 수 있는 측면이 있다.[25][26]

한편, 독립행정위원회를 구성하는 위원들의 신분 보장과 관련한 임명과 해임 등 요건을 일반 행정부 공무원보다 더 엄격하게 하는 것도 독립성의 세부 요소가 될 수 있고 우리 법상으로도 이러한 점들은 대체로 포함되어 있다. 미국 독립위원회에 대해 Verkuil(1988)은 미국

---

24 김소연(2013c)이 독립위원회의 설치 시에 남설의 위험성을 방지하고 일관된 기준을 적용하기 위해 ① 신설 과정의 절차 통제, ② 정기적인 폐지 여부의 재심사를 제시하고 있는 것도 필자의 입장과 같은 문제 의식으로 보인다.

25 성낙인(2013)은 "국가인권위원회는 그 제도의 취지나 설치 배경에 비추어 본다면 제3의 독립기관으로 이해하여야 한다."라고 하고, 황창근(2024)도 인권위는 미국식 독립규제위원회에 가장 유사한 기관이고 행정권에서 완전히 독립된 기관이라고 본다.

26 본 연구는 정부 행정 조직을 기준으로 독립성을 논하고 있으나, 의회와 대통령의 영향 외에 이익 집단의 영향력에도 주목해야 한다는 점도 주목할 필요가 있다. Katzen et al.(1989) 참조.

독립 규제 기관의 독립성 개념은 첫째, 초당적 임명 요건, 둘째, 고정 임기 요건, 셋째, 면직이 명시된 사유에 한해서만 가능하도록 하는 요건의 세 가지를 먼저 제시하고, 이후 합의제 기관이어야 한다는 점과 전문성 요건을 추가로 제시하고 있다.[27]

2. 전문성

독립행정위원회는 독임제가 아니라 합의제 형태를 띰으로써 다수의 의사를 결집하는 형식을 취하지만, 이것은 단순히 정치적/민주적 다수를 결집하고 숙의하는 형태라기보다, 종래와는 다른 새로운 전문 행정 영역에서 다양한 관료 및 외부의 전문가들이 모여 고도의 의견 교환 과정을 거쳐 의사결정을 하는 형태의, 일종의 '행정적 숙의'가 이루어지는 기관으로 그 성격을 파악할 수 있다. 즉 국가 권력 중 행정의 경우에도 최고 책임자인 대통령이 선출된다거나 총리가 국회의 동의를 거친다거나 장관이 인사청문회를 거친다거나 하는 민주적 정당성의 고리를 확보하는 것이 필요하기는 하지만,[28] 그럼에도 개별 행정 분야에는 독임제 기관이든 혹은 합의제 기관이든 전문성 혹은 능력주의의 원리가 우선 적용되어야 할 것이다.[29] 헌재 결정도 "선출직 공무

---

27 황의관(2014)은 이를 7개로 분류한다.

28 이 부분은 행정의 조직 내지 설립 요건 그 자체라기보다는, 그 한계로서 국회에 의한 통제 내지 민주성/책임성 확보 방안의 측면에서 바라볼 수 있을 것이다. 민주성/책임성 확보 방안으로서 대표적인 것은, 국회의 해당 위원회 위원장 혹은 위원 추천 등 구성에 관한 권한, 인사청문회 활용, 탄핵소추의 대상으로 삼는 것 등을 생각해 볼 수 있다.

29 즉 다수가 참여한다고 해서 '민주적'이라고 볼 것이 아니라, 외부/민간 전문가를 포함한 전문가들의 다수, 또 그들 중에서의 다양성의 확보 등이 우선적인 덕목이고, 만약 특정 쟁점과 사안에 대해 '민주성'이 접목될 필요가 있는 사항이라면, 이러한 사항은 ① 독립행정위원회에서 다룰 사안이 아니거나, 아니면 ② 독립행정위원회에서 다루는 사안에 대해서 국(주)민 투표, 공론 조사, 공청회 등 다른 민주적 제도나 절차를 연계, 접목하는 방식으로 해소해야 할 사안으로 보인다.

원과 달리 직업공무원에게는 정치적 중립성과 더불어 효율적으로 업무를 수행할 수 있는 능력이 요구되므로, 직업공무원의 공직진출에 관한 규율은 임용희망자의 능력·전문성 등 능력주의를 바탕으로 이루어져야 한다. 헌법은 이를 명시적으로 밝히고 있지 아니하지만 헌법 제7조에서 보장하는 직업공무원제도의 기본적 요소에 능력주의가 포함되는 점에 비추어 공무담임권은 모든 국민이 그 능력과 적성에 따라 공직에 취임할 수 있는 균등한 기회를 보장함을 내용으로 한다(헌재 1999. 12. 23. 98헌마363 참조)."[30]라고 하여 직업공무원에게는 정치적 중립성과 더불어 효율적으로 업무를 수행할 수 있는 능력, 즉 능력주의가 요구됨을 여러 번 밝힌 바 있다.

그런데 일반 행정조직법상 통상적으로 요구되는 '제1차적 전문성' 또는 '일반적 전문성'과, 독립행정위원회에 기대되는 '제2차적 전문성' 또는 '고도의 전문성'은 구별된다고 봐야 한다(이원우, 2009; 우미형, 2018). 일반적 행정의 문제인 경우 기존 행정 조직에서 해결되는 것이 통상이고, 그것이 여의치 않을 때 행정 조직 내부에 고도의 전문가를 흡수하게 되며, 이때 그 전문적 지식에 대한 다양한 입장 차이와 이해관계를 대변할 수 있는 전문가들의 합의 구조가 요청되는 것이다. 따라서 이러한 전문가의 합의제 기관에 대해서는 상대적으로 강한 독립성이 부여되어야 한다.

개별 독립행정위원회 관련 법상 전문성과 능력주의 요소는 주로 임용 자격에 관한 조항들에 구현되어 있다. 〈표 3-1〉에 제시된 자격조건 기준을 보면 독립행정위원회를 설치하는 법령들은 모두 위원장과 위원들의 전문성을 주된 요건으로는 설정하고 있음을 알 수 있다. 그러나 막상 법적 요건이 세밀하지 않거나 혹은 실제 임명 등 관행이 법의 허점을 악용하는 사례들이 적지 않게 발생하고 있다.

---

30 헌재 2020. 6. 25. 2017헌마1178.

대표적인 자격 요건은, 어느 위원회나 공통으로 지정하는 "판사·검사 또는 변호사의 직에 일정 기간 이상 재직"을 요건으로 하는 조항이다. 이 요건은 앞에 어떤 전문 분야를 한정하고 있지 않다. '판사·검사 또는 변호사'는 우리 사회의 엘리트이고 인재이며, 사회의 다양한 법적 문제들을 접하고 처리하는 경우가 많음은 분명하다. 그러나 이들이 모든 행정 분야에 전문성을 갖고 능숙하다는 전제는 반드시 맞다고 할 수 없다. 물론 사법이나 준사법 분야와 관련된 행정일 경우에는 그러한 전제가 맞을 수도 있지만, 그렇지 않은 독립행정위원회의 경우에도 법률가이면 모두 바로 투입되어 중책을 맡아도 무방하다는 것은 동의하기 어렵다.[31] 법률가라고 해서 모든 분야를 다 다뤄 보는 것도 아니고, 또 다양한 분야를 조금씩 다뤄 보았다고 해서 바로 전문가인 것도 아니며, 과거에 법조인 출신이라고 해도 오랜 기간 정치 활동을 하거나 해당 분야에서 법률가로서 활동을 하지 않은 경우 현재 그러한 전문성을 온전히 인정하기 어려운 경우들도 적지 않다. 따라서 각 기관의 성격을 정밀하게 파악하여 이들 중에 법률가가 바로 투입되어도 무방한 기관이 있다면 기존의 자격 요건을 유지하고, 그렇지 않다면 관련 전문성을 갖춘 사람으로 한정하는 입법방안을 마련하는 것이 필요하다.[32]

31　가령 법률가들의 주된 임무는 인권 옹호이고 이런 점에서 국가인권위원회에 법률가와 법학자들이 높은 비중을 차지하고 있는데, 인권위의 업무도 사법적 판단과 구별된다는 견해로 신현석(2022) 참조. 이준일(2024)도 인권위의 경우 법률가와 법학자들이 세부적으로 들여다 보면 '전문성의 결여'의 문제점이 있어 왔음을 역시 지적한다.

32　법조인의 전문성을 판단하는 기준으로 대한변협의 전문 분야 인증, 관련 사건 판결문, 의견서나 보고서 작성 이력, 변호사 연수 이수 시간, 학위 요건, 논문 요건 충족 등을 종합적으로 검토해 볼 수 있을 것이다. 한편 교수의 경우에도 법에 따라서 전문 분야를 한정하는 경우도 있지만 어떤 경우에는 그렇지 않은 경우도 보이는데, 후자의 경우에는 그 입법의 적합성을 점검해서 필요한 경우 개선해야 한다.

표 3-1 자격요건 근거 규정

기관	규정
선거관리 위원회법	제6조(상임위원) ③시·도선거관리위원회의 상임위원은 당해 선거관리위원회의 위원중 다음 각호의 1에 해당하고 선거 및 정당사무에 관한 식견이 풍부한 자중에서 중앙선거관리위원회가 지명하되 상임위원으로서의 근무상한은 60세로 한다.〈개정 1998. 12. 31.〉 1. 법관·검사 또는 변호사의 직에 5년이상 근무한 자 2. 대학에서 행정학·정치학 또는 법률학을 담당한 부교수이상의 직에 5년이상 근무한 자 3. 3급이상 공무원으로서 2년이상 근무한 자
감사원법	제7조(임용자격) 감사위원은 다음 각 호의 어느 하나에 해당하는 사람 중에서 임명한다.〈개정 2020. 10. 20.〉 1.「국가공무원법」 제2조의2에 따른 고위공무원단(제17조의2에 따른 고위감사공무원단을 포함한다)에 속하는 공무원 또는 3급 이상 공무원으로 8년 이상 재직한 사람 2. 판사·검사·군법무관 또는 변호사로 10년 이상 재직한 사람 3. 공인된 대학에서 부교수 이상으로 8년 이상 재직한 사람 4.「자본시장과 금융투자업에 관한 법률」 제9조제15항제3호에 따른 주권상장법인 또는 「공공기관의 운영에 관한 법률」 제5조에 따른 공기업이나 이에 상당하다고 인정하여 감사원규칙으로 정하는 기관에서 20년 이상 근무한 사람으로서 임원으로 5년 이상 재직한 사람 [전문개정 2009. 1. 30.]

기관	규정
국가 인권위원 회법	제5조(위원회의 구성) ③ 위원은 인권문제에 관하여 전문적인 지식과 경험이 있고 인권의 보장과 향상을 위한 업무를 공정하고 독립적으로 수행할 수 있다고 인정되는 사람으로서 다음 각 호의 어느 하나에 해당하는 자격을 갖추어야 한다. 〈신설 2016. 2. 3.〉 1. 대학이나 공인된 연구기관에서 부교수 이상의 직이나 이에 상당하는 직에 10년 이상 있거나 있었던 사람 2. 판사 · 검사 또는 변호사의 직에 10년 이상 있거나 있었던 사람 3. 인권 분야 비영리 민간단체 · 법인 · 국제기구에서 근무하는 등 인권 관련 활동에 10년 이상 종사한 경력이 있는 사람 4. 그 밖에 사회적 신망이 높은 사람으로서 시민사회단체로부터 추천을 받은 사람
방송통신 위원회의 설치 및 운영에 관한 법률	제5조(임명 등) ① 위원장 및 위원은 방송 및 정보통신 분야의 전문성을 고려하여 다음 각 호의 어느 하나에 해당하는 사람 중에서 대통령이 임명한다. 이 경우 위원장은 국회의 인사청문을 거쳐야 한다. 〈개정 2015. 2. 3., 2020. 6. 9.〉 1. 방송학 · 언론학 · 전자공학 · 통신공학 · 법률학 · 경제학 · 경영학 · 행정학 그 밖에 방송 · 언론 및 정보통신 관련분야를 전공한 사람으로서 대학이나 공인된 연구기관에서 부교수 이상의 직에 있거나 있었던 사람 또는 이에 상당하는 직에 15년 이상 있거나 있었던 사람 2. 판사 · 검사 또는 변호사의 직에 15년 이상 있거나 있었던 사람 3. 방송 · 언론 또는 정보통신 그 밖의 관련분야에 관한 경험이 있는 2급 이상 또는 이에 상당하는 공무원 또는 고위공무원단에 속하는 직에 있거나 있었던 사람 4. 방송 · 언론 또는 정보통신 관련 단체나 기관의 대표자 또는 임 · 직원의 직에서 15년 이상 있거나 있었던 사람 5. 방송 · 언론 또는 정보통신 분야의 이용자 보호활동에 15년 이상 종사한 경력이 있는 사람 6. 제1호, 제2호, 제4호, 제5호 및 공무원 경력 등을 합산하여 15년 이상이 되는 사람

기관	규정
부패방지 및 국민 권익위원회의 설치와 운영에 관한 법률	제13조(위원회의 구성) ② 위원장, 부위원장과 위원은 고충민원과 부패방지에 관한 업무를 공정하고 독립적으로 수행할 수 있다고 인정되는 자로서 다음 각 호의 어느 하나에 해당하는 자 중에서 임명 또는 위촉한다. 1. 대학이나 공인된 연구기관에서 부교수 이상 또는 이에 상당하는 직에 8년 이상 있거나 있었던 자 2. 판사 · 검사 또는 변호사의 직에 10년 이상 있거나 있었던 자 3. 3급 이상 공무원 또는 고위공무원단에 속하는 공무원의 직에 있거나 있었던 자 4. 건축사 · 세무사 · 공인회계사 · 기술사 · 변리사의 자격을 소지하고 해당 직종에서 10년 이상 있거나 있었던 자 5. 제33조제1항에 따라 시민고충처리위원회 위원으로 위촉되어 그 직에 4년 이상 있었던 자 6. 그 밖에 사회적 신망이 높고 행정에 관한 식견과 경험이 있는 자로서 시민사회단체로부터 추천을 받은 자
독점규제 및 공정 거래에 관한 법률	제57조(공정거래위원회의 구성 등) ② 공정거래위원회의 위원은 독점규제 및 공정거래 또는 소비자분야에 경험이나 전문지식이 있는 사람으로서 다음 각 호의 어느 하나에 해당하는 사람 중에서 위원장과 부위원장은 국무총리의 제청으로 대통령이 임명하고, 그 밖의 위원은 위원장의 제청으로 대통령이 임명하거나 위촉한다. 이 경우 위원장은 국회의 인사청문을 거쳐야 한다. 1. 2급 이상 공무원(고위공무원단에 속하는 일반직공무원을 포함한다)의 직에 있었던 사람 2. 판사 · 검사 또는 변호사의 직에 15년 이상 있었던 사람 3. 법률 · 경제 · 경영 또는 소비자 관련 분야 학문을 전공하고 대학이나 공인된 연구기관에서 15년 이상 근무한 자로서 부교수 이상 또는 이에 상당하는 직에 있었던 사람 4. 기업경영 및 소비자보호활동에 15년 이상 종사한 경력이 있는 사람

물론 법문이 기존과 같이 되어 있더라도 실질적으로 관련 분야의 전문가들을 제대로 추려내어 임명하는 경우 큰 문제가 아닐 수도 있으나, 형식 요건만 갖춘 인사들을 진영 논리에 따라 임명하는 예가 많아지고 있으므로 이는 문제가 될 소지가 적지 않다. 특히 오늘날 정치인 혹은 예비 정치인 중에 법조인 비중이 매우 높아진 상황에서, 이 조항은 간접적으로 낙하산 정치인들이 쉽게 독립위원회 위원장이나 위원으로 가는 지름길로 활용되고, 이는 최근 독립위원회들이 점점 정치화, 사법화되는 하나의 이유가 될 수 있다. 즉 전문성을 제대로 갖추지 못한 범용 법조인이나 기성 정치인들의 자리 나누기나 보은 인사 등의 창구로 활용됨으로써, 이들이 정파적 대립의 전면에 나서고 사법적 대립을 부추기는 현상은 바람직하지 않다.[33]

다만 법문을 통해 전문성을 세밀하게 구분하고 한정하는 것이 반드시 정확하거나 바람직하지만은 않을 수도 있다. 따라서 전문성을 가진 외부 전문가들에 대한 평가와 확보가 가능한 절차적 통제를 마련할 필요도 제기된다. 가령 위원장이나 상임위원 등의 임명에 한정해서라도 우선 후보추천위원회를 통한 추천 절차를 마련하여 전문성을 검증한다거나,[34] 아니면 국회 인사청문회의 대상이 되는 위원장의 경우, 전문성과 정책 능력을 중심으로 평가할 수 있도록 인사청문회 구조를 재설계하는 방안을 검토할 필요가 있다.[35]

---

33 가령 방통위에 대한 기사의 예로, http://www.ombudsmannews.com/default/free_view.php?idx=10299; https://www.news1.kr/it-science/general-it/4012021 참조. 다른 위원회들의 경우에도 구성에 대한 비판적 기사들은 여럿 찾을 수 있다.

34 다만 이러한 절차 마련에 있어서는 특수 이익 집단의 창구로 활용되지 않도록 견제책이 함께 마련될 필요가 있을 것이다.

35 단, 권익위원장은 특별한 이유 없이 다른 독립행정위원회 위원장들과 달리 인사청문 대상에서 빠져 있는데, 입법 개선이 필요하다. 정치적 중립성 확보를 위해서도 인사청문 대상에 포함시켜야 한다는 견해로 김병관·방동희(2023)를 참고할 수 있다.

3. 신규성 혹은 비전형성

독립행정기관의 업무 특성으로 내세울 수 있는 비전형성은, 전문적인 기술 분야에 관한 것이거나, 행정부 내부의 이해관계의 충돌이 있는 등 전통적인 행정 영역과는 다른 특성을 가질 것을 요한다(김소연, 2013c). 독립행정위원회가 독립성과 전문성을 중심으로 설치되는 기저에는 이것이 종래 전형적인 행정과는 다른 새롭거나 비전형적인 업무의 성격을 가진다는 이유도 작용한다. 기왕의 행정 부처에서 처리할 수 있거나 유사한 업무라면 기존의 조직을 활용하거나 재편하는 선에서도 해결할 수 있을 것이기 때문이다.

하지만 신규성 혹은 비전형성의 문제가 반드시 일도양단적으로 명확한 것은 아니다. 대표적으로 독립행정기관으로서 개별법에 의해 특별히 설치된 공수처의 경우, 이는 기왕에 검찰의 업무와 중첩되는 권한을 부여하는 내용의 기관을 새로 설치한 것이어서, 이것이 우리 헌법상 합헌적인가가 다투어진 바 있었다. 재판관 3인의 권력 분립 원칙 위반에 관한 반대의견에서는, "검사가 가지는 수사권과 공소권은 국가의 행정 목적 달성을 위하여 일원적인 권력행사가 이루어져야 하는 시원적(始原的) 행정행위로서 전통적이고 기본적인 행정영역"으로 보면서 "행정권의 핵심영역이나 전통적으로 행정부의 영역에 해당하는 전형적인 행정업무는 헌법에서 따로 규정하고 있지 않는 한 행정각부에 속하도록 하는 헌법 제66조 제4항에 위반된다."라는 위헌의견을 제시한 반면, 같은 사건 다수의견은 "수사처가 중앙행정기관임에도 불구하고 기존의 행정조직에 소속되지 않고 대통령과 기존 행정조직으로부터 구체적인 지휘·감독을 받지 않는 형태로 설치된 것은 수사처 업무의 특수성에서 기인한 것인바, 수사처의 설치 취지가 고위공직자 등의 범죄를 척결하여 국가의 투명성과 공직사회의 신뢰성을 높이는 한편 검찰의 기소독점주의 및 기소편의주의에 대한 제도적 견제장치를 마련하려는 데에 있는 점, 수사처가 행정부 소속 공무원도 그 수사대상으로 하여 기존의 행정조직의 위계질서에 포함시켜서는 객관성이나 신뢰성을 담보하기 쉽지 않은 점, 수사처가 대부분의 고위공직자들을 대상으로 수사 등을 담당하므로 정치적 중립성과 직무의 독립성이 매우 중요한 점 등을 고려한 것이다."[36]라고 하여, 비록 업무 성격은 중복성이 있음에도 기존 기관에 대한 견제 기능이라든가 정치적 중립성과 직무의 독립성 등 다른 요소들의 중요성이 있다고 보아 합헌으로 결정한 것이 그 예이다.

한편, 정부조직법 개정을 통해서 새로운 유형의 행정 업무를 관장하는 부처를 신설하는 것도 가능하고 그러한 예도 있다. 또한 기왕에 독립행정위원회가 운영해 온 업무라고 하더라도 시간이 지나서 그러한 필요성이 줄어들었거나 기존 부처에 편입하는 것이 적절한 경우에는 그러한 것도 가능하다.

4. 다수 전문가의 합의(행정적 숙의)

행정의 독임제 원칙은 알렉산더 해밀턴, 존 스튜어트 밀 등이 제시한 이래로 오늘날 행정조직법의 기본적 구성 원리로 논해진다. 가령 해밀턴(알렉산더 해밀턴·제임스 매디슨·존 제이, 2019)은 연방주의자 논설 70번에서, "올바른 원칙과 정당한 견해를 가졌다고 칭송받아 온 정치인들은 1인의 집행관과 다수로 구성된 입법부를 지지한다고 밝힌 바 있다. 적절하게도 그들은 전자에 가장 필요한 자격은 활력이라고 생각했고, 그런 활력에 가장 부합하는 것은 권한이 1인에게 있는 상황이라고 생각했다. … 단일성이 활력이 된다는 것은 누구도 반박하지 않을 것이다. 결정, 활동, 비밀, 그리고 신속함 등은 일반적으로

---

36 헌재 2021. 1. 28. 2020헌마264등.

다수에 의한 일처리보다 1인에 의한 일처리의 특징이다. 그리고 인원 수가 늘어남에 비례해 이런 특징은 감소할 것이다."라고 하면서 집행의 단일성 원칙을 합의제 의회와 대비하며 설명한다.

그런데 오늘날 행정 분야에도 합의제 혹은 위원회 형식이 늘어나고 있다. 서울행정법원은, "합의제 행정기관은 최고결정자 1인의 책임과 결정에 의해 의사결정이 이루어지는 독임제 행정기관과 달리 서로가 동등하고 전문성을 지닌 다수 구성원이 함께 논의하여 결정을 내림으로써 의사결정의 신중성과 공정성, 합리성을 도모하는 데 그 주된 취지가 있다. … 합의제 행정기관의 가장 핵심적이고 본질적 개념 징표는 '다수의 구성원'이다. 즉 합의제 행정기관은 전문성을 지닌 다수 구성원들이 서로 의견 교환과 설득을 통해 의사를 형성하는 토론의 장을 여는 것을 그 본질로 한다. 특히나 고도의 전문 지식이 요구되고 이해관계에 따라 서로 다른 입장이 존재하는 사안에서 상호 견제와 균형을 통해 의사결정의 합리성을 도모하고자 하는 합의제 행정기관의 특징 내지 장점은 다수의 구성원이라는 전제 조건이 충족될 때에야 비로소 구현될 수 있다."[37]라고 설명한다.

이는 위 3.에서 보았듯이 기존 행정 조직에서 처리하기 어려운 비전형적 사무, 중립적 집행이 요구되는 사무 또는 다수의 이해관계의 조정, 신중하고 합리적인 의사결정의 필요가 있는 경우에 기존 행정 조직의 한계를 극복하기 위한 방편이 될 수 있다(김소연, 2013c; 황창근, 2024). 그리고 이러한 변화의 근저에는 현대 행정의 거버넌스가 과거의 수직적 관료 체계에서 민간 부문과 사인의 역량을 흡수하고 협력하여 활용하는 방향으로 변화하게 된 점도 크게 작용하였다고 생각된다(김성수, 2017). 이는 다시 말해 오늘날 행정은 과거보다 권위적 성격이 탈각되고 민주성이 증대되므로 이에 따라 혼자서 결정하고 책임을

---

37 서울행정법원 2024. 10. 17. 선고, 2024구합56245.

지는 것이 아니라, 다수의 합의를 요하게 된 측면도 있다는 점이다. 나아가 현대 사회에서는 정책과 정치가 엄밀하게 구분되기보다는, 전문적인 행정과 정책의 영역도 정치적 성격과 파급효를 가져오는 경우가 많아지기 때문에, 이를 독임제로 처리할 때의 한계가 점차 노정되는 점도 위원회 조직을 증대시키는 원인으로 생각된다.

그러나 행정 조직의 형식에서 합의제라는 형태가 반드시 절대적인 기준이나 가치를 가진다고 보기는 어렵다. 가령 우리 헌법과 감사원법에 의할 때 감사위원회가 채택되어 있는데, 최고감사기구의 의사결정구조를 비교법적으로 볼 때 34개 OECD 국가를 기준으로 해서 독임제 유형은 미국과 스위스 등 21개국(62%)에 달하는 것으로 나타났다(김난영·김민정, 2024). 또한 프랑스 개정헌법상 권리보호관(Défenseur des droits)은 종래의 공화국 중재관(Médiateur de la République), 아동보호관(Défenseur des enfants), 국가안전윤리위원회(CNDS), 반차별 및 평등을 위한 고등청(HALDE)을 체계적으로 통합하여 신설된 것으로 독임제 형태인데, 우리나라에서 유사한 기능을 하는 인권위원회와 비교해 보면 반드시 위원회 형태로 조직하는 것이 더 나은 것이냐는 물음도 제기한다(김소연, 2013b). 게다가 현재의 위원회 내에도 실질적으로 따져보면 독임제 행정이 더 나은 부분이 있다는 지적도 있는데, 가령 방송통신위원회의 경우 규제 집행과 방송의 독립성 보장에 관한 사항에 대해서는 합의제 방식의 운영이 요구되고, 그밖에 통신 정책 및 진흥 정책에 관한 사항은 독임제적 운영이 요구된다는 지적이 있다(이원우, 2009). 실제로 위원의 정치적 임명과 분쟁이 집중되는 것은 전자에 대해서인데, 전자의 다툼으로 인해 통신 정책이나 집행이 함께 이루어지지 못하는 측면도 생각해 봐야 한다.

위원회를 통한 행정은 다수의 구성을 통한 의결 절차의 정당성을 확보해야 한다. 현재 우리 정부조직법 등에서는 의결 방법 등에 대한 총론적 규정을 두고 있지 않다. 이에 따라 위원회는 각 개별법에 따라 의사정족수(출석요건) 및 의결정족수(의결요건)를 다양하게 규정하고 있다. 이를 구분하여 보면, ① 출석 요건과 의결 요건을 모두 규정하는 유형과 ② 의결정족수만 규정한 유형으로 분류해 볼 수 있다(황창근, 2024). 그런데 의외로 의사정족수는 명시하지 않고 의결정족수만 정하고 있는 입법이 여럿 존재하는데, 그러한 입법례 중의 하나인 방통위에서 5인 위원이 구성되지 않은 채 2인 위원만이 재적한 상태에서 2인이 합의에 따른 심의 · 의결이 위법한지, 나아가 이에 따른 직무 수행이 방통위원장을 탄핵할 중대한 위헌 · 위법 사유가 되는지가 최근 크게 다투어졌다.

이에 대해 하급심인 서울행정법원 판결에서는, "방통위법 제13조 제2항은 재적위원 과반수의 찬성을 형식적으로 요구하는 것에 그치는 것이 아니라, 합의제 행정기관에서의 의사형성 요건 내지 다수결 원리의 전제조건이 되는 최소 3인 이상 구성원의 존재와 그 출석 기회가 부여된 바탕 위에서 재적위원 과반수의 찬성이 이루어져야 한다는 실질적인 의미로 해석함이 타당하다. 따라서 피고가 2인의 위원만으로 구성된 상태에서 그 2인의 의결로만 한 이 사건 처분은 그 전제조건을 충족하지 못한 절차적 하자가 있다고 봄이 타당하다."[38]라고 하여 목적론적 해석을 통해 피고 방통위의 처분은 절차적 하자가 있어 위법하므로 취소되어야 한다고 판시하였다.

한편, 최근 헌법재판소의 방통위원장 탄핵 결정에서는 2인 의결의 위법에 대해 4대 4로 의견이 갈렸는데, 4인의 기각의견이자 법정의견에서는, "방통위법 제4조가 방통위를 위원장 1인, 부위원장 1인

---

38 서울행정법원 2024. 10. 17. 선고, 2024구합56245 제재조치처분취소; 서울행정법원 2024. 12. 10. 선고 2024구합54409 판결 [제재조치처분취소]; 서울행정법원 2024. 12. 10. 선고 2024구합54829 판결 [제재처분취소].

을 포함한 5인의 상임위원으로 구성하도록 함으로써 독임제가 아닌 합의제 행정기관으로 설치한 것은 최고결정자 1인의 책임과 결정에 의해 의사결정이 이루어지도록 하는 대신, 다수결이라는 의사결정의 대원칙하에 서로 다른 시각과 전문성을 가지고 있는 위원들이 토론과 협의를 통하여 사안을 규율하도록 하여 방통위 의사결정의 신중성과 공정성, 합리성을 도모하고, 방송의 자유와 공공성, 독립성을 보장하기 위한 것으로 볼 수 있다. 이에 따르면 법정 위원수인 5인이 모두 심의·의결에 참여하는 것이 가장 이상적이고, 불가피한 사정으로 일시적인 결원이 발생하더라도 3인 이상의 위원이 참여하는 것이 바람직할 것이다. 그러나 2인의 위원으로 회의를 개최하는 경우에도 위원 간 서로 다른 의견의 교환이 가능하고, 이들이 토론을 통해 합의에 도달하는 경우에만 의결정족수를 충족하게 되는 것이므로, 재적위원 2인으로만 개최되는 회의에는 다수결의 원리가 작동되지 않는다고 단정할 수 없다. 따라서 방통위를 합의제 행정기관으로 설치한 입법취지로부터 방통위 심의·의결의 전제조건으로 위원 3인 이상의 재적 또는 위원 3인 이상의 의사정족수를 요구하는 법해석이 논리 필연적으로 도출된다고 보기 어렵다."[39]라고 하며 문리 해석을 중시하여 기각결정을 선고하였다.

이상적인 제도로서는 합의제 구성의 취지에 맞게 5인 이상인 경우 3인 이상의 참석이 있은 뒤 다수의 지지를 얻은 결정이 내려지는 것이 합당할 것이다. 따라서 그러한 방향으로의 입법이 독립행정위원회 전반에 대해서나, 혹은 개별법상으로 체계화되어야 한다. 다만 그러한 입법의 전제 조건은 각 위원의 추천이나 임명 등이 원활해야 한다는 것이고, 그렇지 못할 경우에 대비하여 대행 체제 등이라도 구비되어 있도록 할 필요가 있다.

---

39 헌재 2025. 1. 23. 2024헌나1.

5. 정치적 중립성

정치적 중립성 요건은 어떻게 확보될 수 있는가? 기존의 경력직 공무원 중심의 행정 부처는 정치적 중립성이 헌법상 명문으로 요구된다.[40] 한편 선거관리위원회, 감사원, 인권위, 방통위 등 기관들의 위원들은 경력직 공무원만으로 구성되지 않고 외부의 전문가 집단에 열린 개방적인 구성을 할 수 있는 기관들이지만, 개별법에 따라서 정치적 중립성이 기존 행정 부처 못지않게 요구되는 기관들이기도 하다.[41]

사법부 구성 원리에 있어서 독립성과 정치적 중립성은 밀접하게 관련된 원칙으로 통상 설명되는 것처럼, 독립행정위원회 구성에 있어서도 이러한 전제하에서, 즉 독립성 보장을 통해서 정치적 중립성을 확보하겠다는 목적을 갖고 해당 입법이 이루어졌다고 생각된다. 가령 감사원에 대해서 헌재는 다음과 같이 판시하고 있는 것이 이를 방증한다 (특히 밑줄 부분들 참조).[42] "먼저 감사원의 헌법상 지위에 관하여 보면, 감사원은 국가의 세입세출의 결산, 국가 및 법률이 정한 단체의 회계검사와 행정기관 및 공무원의 직무에 관한 감찰을 하기 위하여 대통령 소속하에 설치되는 헌법기관으로서, <u>그 직무의 성격상 고도의 독립성과 정</u>

---

40 헌법 제7조 ② 공무원의 신분과 정치적 중립성은 법률이 정하는 바에 의하여 보장된다.

41 대부분 정당 가입이나 정치 관여 금지를 명문화하고 있고(헌법 제114조 ④위원은 정당에 가입하거나 정치에 관여할 수 없다, 감사원법 제10조(정치운동의 금지) 감사위원은 정당에 가입하거나 정치운동에 관여할 수 없다, 방송통신위원회의 설치 및 운영에 관한 법률 제9조(겸직금지 등) ② 위원은 정치활동에 관여할 수 없다, 국가인권위원회법 제10조(위원의 겸직금지) ② 위원은 정당에 가입하거나 정치운동에 관여할 수 없다.) 또한 위원의 결격 사유에 관한 규정들에서도 정치적 중립성을 요구하는 규정들이 대부분 존재한다.

42 헌재 2008. 5. 29. 2005헌라3, 강남구청 등과 감사원 간의 권한쟁의, 헌재 1998. 7. 14. 98헌라2, 대통령과 국회의원 간의 권한쟁의 결정도 같은 취지("대통령이 감사원장을 임명함에 있어 국회의 동의를 얻도록 규정하고 있는 헌법 제98조 제2항의 뜻은 감사원이 위에서 밝힌 바와 같이 실질적으로 국회의 예산안 심의 기능의 일부를 담당하고 있으므로 국가재정에 관한 주된 결정권을 가진 국회의 관여를 보장코자 하는 것이며, 나아가 <u>대통령의 독주를 견제함과 아울러 대통령으로부터의 독립성과 정치적 중립성을 확보하여 주고자 하는 것이라고 풀이된다.</u>")이다.

치적 중립성이 보장되어야 한다. 감사원법이 '감사원은 대통령에 소속하되 직무에 관하여는 독립의 지위를 가진다.'(제2조 제1항)고 천명하면서 감사원의 인사·조직 및 예산편성상의 독립성 존중(제2조 제2항), 감사위원의 임기보장, 신분보장, 겸직 및 정치운동의 금지(제6조, 제8조, 제9조, 제10조) 등을 규정하고 있는 것은 바로 감사원의 직무상, 기능상의 독립성과 중립성을 보장하기 위한 제도적 장치라고 헌법재판소도 판시한 바 있다(헌재 1998. 7. 14. 98헌라2, 판례집 10-2, 39, 63-64 참조)."[43]

 하지만 오늘날 독립행정위원회의 독립성 보장이 정치적 중립성 확보로 이어지지 않는 사례는 적지 않게 발견되고 있고, 오히려 정치적 편향성을 가지지 않았는가 의심을 가질 법한 사례들이 상당히 나타나고 있다. 이는 대통령이나 국회 등 정치적 행위자들이 위원회 구성에 주로 관여하고 있는 기관들에서 더 두드러지게 나타나고 있는 것으로 보인다.[44] 대통령이나 국회가 위원회 구성에 관여하는 것은 한편으로 민주적 정당성을 부여하고 동시에 정치적 다원성을 확보한다는 취지에서 출발한 것으로 보이지만, 양자는 정합적으로 조화를 이루기가 쉽지 않은 가치들이고,[45] 특히 오늘날처럼 당파적 양극화가 극심한 거부권 정치의 현실에서는 더욱 그러하다.[46] 따라서 이러한 구성이 자칫

---

43 헌재는 선거관리위원회에 대해서도 마찬가지로 보고 있다. "선거관리의 주체를 정부와는 별도의 독립된 합의제 헌법기관으로 규정하여 그 독립성과 중립성을 강조하는 체계는 현행 헌법에 이르기까지 그대로 견지되고 있다. 또한 위와 같은 헌법 개정을 통해 청구인의 위원의 신분보장 규정이 마련되고 선거관리 등 사무 및 내부규율에 관한 규칙제정권이 부여되는 등 청구인의 독립성과 중립성을 강화할 수 있는 규정들이 헌법에 추가되었다"(헌재 2025. 2. 27. 2023헌라5, 중앙선거관리위원회와 감사원 간의 권한쟁의, 밑줄은 저자).
44 예컨대 방통위의 경우 대통령 2명, 국회 3명(여1, 야2); 인권위의 경우 대통령 지명 4명(상임위원 1명 포함), 국회 선출 4명(상임위원 2명 포함), 중앙선거관리위원회는 대통령 임명 3명, 국회 선출 3명 등이다.
45 이준일(2024)도 양립 불가능성을 지적한다.
46 윤견수(2021)는 직업공무원과 고위 공직자를 분리하여, 전자에는 정치적 중립을, 후

지금 해당 위원회 내의 정치적 편향성 논쟁이나 혹은 선관위와 감사원 간의 권한쟁의 사건 등 기관 간 정치적 혹은 사법적 분쟁으로까지 비화하고 있음도 주의 깊게 살펴볼 필요가 있다.

정치적 편향성의 문제는 현행과 같은 대통령과 국회의 구성 관여도 관련이 되지만, 또한 위원회를 구성하는 상임위원과 비상임위원이 구분되고, 소수인 상임위원에 대한 임명 권한이 역시 대통령 또는 국회에 쏠림으로써 이들을 누구로 임명하느냐에 따라서 정치적 편향성이나 불공정 논란이 발생할 소지가 생기게 된다. 왜냐하면 아무래도 상임위원은 위원회 내에서 더 많은 정보와 네트워크를 가질 수 있으므로 위원회의 합의구조에서 정보 비대칭과 힘의 불균형을 가져올 수 있고, 또한 임명권자의 의지가 이에 반영될 수 있음에 따라 정치적 중립성 문제도 야기할 소지가 있기 때문이다.[47] 나아가 이러한 차등적 구조는 대등한 구성원 간의 합의라는 위원회의 본질(위의 개념요소 4. 다수 전문가의 합의(행정적 숙의))에도 반하는 것이므로 가능하다면 모두 상임위원화를 도모하든지 그렇지 못하더라도 최소한 양자 간의 간극을 줄이는 개선 방안을 모색해야 한다.

위원회의 정치적 구성은 민주성과 책임성을 확보하는 수단이므로 수용할 수 있지만, 한편으로는 그러한 방식의 폐해가 크다면 대통령이 임명하되 국회의 동의를 요하거나 혹은 그렇지 않더라도 위원장에 대한 인사청문회 등을 통해 간접적으로 민주성을 확보하는 등의 방향도 고려해 볼 수 있다. 혹은 정치권의 구성이 이뤄지기 전에 전문가 추천 절차를 제도화하여 정치권의 자의적이거나 당파적인 구성에 대한 견제

자에는 정치적 신중함이라는 책무성을 요구해야 한다고 지적하는데 이는 정치적 중립을 요구하면서도 정파적인 임명이 심해지고 있는 오늘날의 모순적 상황의 한 원인을 예리하게 지적한 것으로 보인다.

47 중앙선관위의 경우에 이 점을 지적하는 것으로, 박진우(2023) 참조. 인권위에 대해서는 이준일(2024) 참조.

장치를 마련하는 것도 고려할 수 있고, 혹은 국회가 구성에 관여하게 될 경우에 거대 양당의 지분 나눠먹기처럼 쓰이고 있는 구성 방식에서 탈피할 수 있도록 합의의 정족수를 가중다수결로 높임으로써 파당적 인사가 최대한 임명되지 않을 수 있는 대안도 고려해 볼 필요가 있다.

Ⅳ | 결론

2025년 초 현재 독립행정위원회와 관련해서 방송통신위원회 위원 장의 탄핵 기각 결정과 중앙선관위와 감사원 간의 권한쟁의 결정이 잇 달아 선고되었다. 방송통신위원회의 각종 처분 등에 대한 행정소송은 여전히 다수 계속 중이고, 인권위를 둘러싼 각종 논쟁은 그칠 줄을 모 르며, 감사원장에 대한 탄핵 사건도 조만간 선고를 기다리고 있다. 이 와 같이 독립행정위원회를 둘러싼 전방위적 대립과 반목의 현실에 대 응하여, 독립행정위원회가 기성 정치권에 포획되어 대리전 양상으로 가지 않도록 그 설치·운영 시에 위에서 검토한 설치 요건들을 충분히 입법에 반영하여 제도적 가드레일을 확보하는 것이 필요하다. 즉 정치 권에서 독립행정위원회를 장악하기 위해 정치적 공방을 벌이고 진흙 탕 싸움을 하는 것을 막기 위해 세밀하게 조직을 설계해야 하고, 특히 독립된 행정을 위한 설치 요건을 충실하게 검토한 후 그러한 행정의 전문성을 충분히 살려 낼 수 있는 방향으로 나아갈 필요가 있다.[48]

---

48 박종민(본서 제1장)은, 정치의 양극화 상황에서 한국의 민주적 거버넌스의 위기를 극 복하는 개혁 방안으로 전통적인 삼권 분립의 틀을 벗어나 집행 권력을 행사하는 행정 기관 가운데서 고도의 전문성을 가진 기관을 구분하고 이들 기관에 독립적 지위를 부 여하여 운영적 자율성을 보장하는 것을 강조하면서, 이것이 당파적 양극화로 인한 입 법 교착을 극복하고 일반 이익에 복무하도록 거버넌스의 질을 높일 수 있다고 보는 데, 여기에 동의하더라도 그러한 기관을 설계하는 데에는 매우 세밀한 구성과 검토가

물론 전문가들 중에도 각자의 정치적 성향이 있고 이를 존중하지만, 그보다는 독립행정의 전문성에 더 중점을 두고 그러한 실적과 자격을 갖춘 자를 임명하도록 제도와 현실을 마련함으로써 불필요하고 소모적인 정쟁의 장에서 위원회를 구해 낼 필요가 있다. 정치적 쟁투와 다원성은 국회와 정당 등에서 주로 펼치도록 하고, 특히 양극단의 강성 정치인들이 사법부 혹은 행정부에 너무 직접적으로 강한 영향력을 미침으로써 역시 이들 기관도 그러한 정치적으로 극단화된 인물들을 앉히려는 욕구와 동기를 억제하도록 하며, 해당 분야의 평판과 명망, 지식에 따라 우선적으로 평가받는 구조를 만드는 것이 필요하다고 본다. 물론 이에 대해 민주적 책임 내지 통제의 구도는 필요할 것이며, 이는 의회에 의한 통제를 기본으로 하되 필요에 따라서는 시민들을 포함하는 공청회, 청문회 등에 의한 통제도 활용할 수 있을 것이다. 거부권 정치의 정점에 있는 지금의 상황에서 중요한 것은 전문성을 확보하기 위한 독립행정위원회가 정쟁꾼 내지 싸움꾼들에 포섭되거나 휘둘리지 않는 구조를 만드는 것이 아닌가 한다.

독립행정위원회를 책임 면피성 기관이거나 혹은 독립을 가장해서 손쉽게 장악하기 쉬운 기관으로 만들려는 요량이 아니라, 실질로 그 본래의 목적과 성격에 맞도록 구성하고 운영하려면, 그 기관 설립의 목적에 맞는 형식과 체계를 갖추도록 노력해야 한다. 그동안 우리 정치·행정의 현실에서는 어느 기관을 독립행정위원회로 선정할 것인지 그리고 이에 따라 그 업무와 권한, 조직을 어떻게 정밀하게 설계할 것인지에 천착하기보다는, 어느 기관을 독립행정위원회로 했을 때 그것이 어떻게 자기 파당의 치적으로 홍보될 것이며 그러한 때 해당 기관을 당시 집권 세력이 장악하기 쉬운 방식이 무엇이고 혹은 반대 세

필요하다. 이에 대한 민주적 통제 내지 책임성 확보 방안이 최소한의 정당성 고리를 통해서라도 마련되어야 할 것이다.

력이 넘보지 못하도록 하는 방어 전략은 무엇인지에만 주로 집중했다고 보인다. 이와 같은 수(數) 싸움은 오늘날 국회에서도 자제되어야 할 것인데, 이러한 정치적 세력 싸움의 행태가 행정과 사법 등 국가 권력의 전 분야에 전방위적으로 퍼져서 국가 본연의 기능이 저해되고 결국은 원래 의도했던 독립성도 전문성도 정치적 중립성도 모두 몰각하게 하는 원인이 되고 있다.

기존 행정 부처는 오늘날 대립과 반목의 정치·사법의 틈바구니에서 점점 적극 행정의 동력을 잃고 기존의 틀에 안주하고 각자 책임회피에 급급하게 되는 경향성이 커지고 있다는 평가가 많은데, 기존 행정 조직에서도 타파해야 할 이러한 타성이 새로운 행정 분야에서 독립성과 전문성 등을 확보하려는 독립행정위원회에도 영향을 미쳐 불능과 분열의 기관으로 전락하게 되면, 우리 행정은 총체적으로 난국에 봉착하게 된다. 더군다나 독립행정위원회는 단일 정부 조직 체계에 의한 지원을 충실히 받지 못하는 가운데 정쟁의 한가운데 휘말리게 되면 인사나 조직상 더욱 취약할 수밖에 없는 한계가 있다. 독립행정위원회를 새로 만드는 데 있어서는 보충성과 신중성을 고려해서 만들되, 일단 필요성이 인정되고 설치 요건을 충실히 고려해서 만든 위원회의 경우에는 자율성을 가지고 전문성을 확보할 수 있는 인사와 조직 구조를 제대로 만들어 내는 것이 무엇보다 중요하다.

제2편

비다수주의 기관 사례 연구

제4장

비다수주의 기관의 정당성과 독립성: 국민권익위원회 사례

박정구 · 강민성 |

Ⅰ | 서론

대다수의 OECD 국가들은 반부패 기관(anti-corruption agency)을 비다수주의 기관(non-majoritarian institution)의 형태로 운영하고 있다 (Voigt, 2023). 이론적으로, 반부패 기관은 선거 민주주의의 영향력으로부터 보호받을 필요가 있고, 법리적 해석과 감사적 역할 수행이 필수적이기에 다수주의 기관보다는 비다수주의 기관의 형태로 운영될 필요가 있다고 여겨진다(Meagher, 2005; Doig, 1995; Quah, 2007). 중앙 행정 기관 중 하나인 국민권익위원회는 「정부조직법」 제2조에 따른 장관급 합의제 행정 기구로서, 부패 방지와 권익 구제에 관한 사무를 독립적으로 수행할 수 있는 권한을 보장받은 조직이다. 구체적으로, 국민권익위원회는 실무적으로는 반부패 기관으로 분류될 수 있으나, 이론적 관점에서는 사법권을 넘나드는 반부패 업무를 관할한다는 점에 있어 독립성과 문책성이라는 두 가지 키워드가 역동적으로 작용하는 비다수주의 기관으로 분류될 수 있다.[1]

---

[1] 비단 국민권익위원회는 크게 부패 방지, 고충민원 처리, 행정심판이라는 세 가지 업무를 담당하고 있으나, 대외적으로는 '반부패 총괄 기관'이라 홍보하고 있다.

전통적인 비다수주의 기관은 민주주의 체제 내에서 다수의 정치적 압력으로부터 비교적 독립적으로 운영되며, 공익(public interest)의 증진, 즉 순수 공공재 생산과 조절을 위한 결정 권한을 위임받은 특수한 형태의 조직이다(Thatcher & Stone Sweet, 2002). 비다수주의 기관은 통상적으로 선거 민주주의 한계 혹은 다수의 횡포(tyranny of the majority) 방지에 주안점을 두기에, 특정 정책 영역에서 독립적으로 결정하고 집행할 권한을 지닌다(Maletz, 2002). 예컨대 한국은행, 헌법재판소, 규제 기관 및 사법 기관은 각각 경제 안정과 금융 시스템의 건전성 확보, 헌법 남용의 금지와 국민 기본권 보장, 정책의 안정성 확보와 시장의 공정성 수립, 그리고 정의의 실현 등을 주된 목적으로 하고 있는데, 선거 민주주의와 다수주의 기관을 통해서는 요구되는 가치의 달성이 매우 어렵다는 특성을 지닌다(Majone, 1994a). 최근에는 정부에게 요구되는 행정 가치의 증대와 함께, 기존의 다수주의 기관들로는 충족하기 어려운 정책 수요를 분리하고, 이에 관한 권한을 위임받는 형태의 비다수주의 기관이 상당수 등장하고 있다(Voigt, 2023).

　　이 장에서는 비교적 새로운 형태의 비다수주의 기관인 국민권익위원회의 전문성과 독립성에 관한 논쟁을 검토하여 제도적 과제를 발굴하고자 한다. 반부패 기관은 태생 자체가 매우 정치적 성격을 가지고 있지만, 한국의 경우 이를 비다수주의 기관으로 설치 및 운영하고 있기에 정치적 중립성과 독립성 측면에서의 가치 충돌이 필연적인 상황이다(Kaufman, 1956). 이에 국민권익위원회는 제반 업무 수행 과정에서 정책 결정의 정당성(legitimacy)과 이에 따른 고유 업무의 독립성(autonomy) 확보 측면에서 매우 복잡한 구조를 지니며, 비다수주의 기관임에도 불구하고 상당한 정도의 정치적 통제를 받는 조직으로 변이될 가능성이 매우 높은 조직이다(Wood & Waterman, 1991). 관료평판 이론(bureaucratic reputation theory)에 따르면, 조직의 자율성과 정치적 독립성을 확보하는 데 있어서 결정적인 요인은 해당 조직이 보유한 관료 조직의 평판(bureaucratic reputation)이다(Carpenter, 2002). 이에 이 장에서는 국민권익위원회의 가장 중요한 자원인 조직 평판의 추이를 유사 중복 기능을 수행하고 있는 사법부, 검찰, 감사원, 경찰 등과 비교 분석하여 향후 해당 조직의 민주성 확보에 기여할 수 있는 정책적 제언을 제공한다.

Ⅱ | 이론적 논의

1. 비다수주의 기관

비다수주의 기관은 대의 민주주의의 정치적 통제로부터 독립성을 지닌, 기관 자체의 전문성을 담보로 특정 정책 영역에서 독자적인 결정을 내릴 수 있는 형태의 공공 조직을 뜻한다. Vibert(2007)는 이러한 "선출되지 않은 기관(unelected bodies)"에 의한 정책 결정은 행정부가 더 과학적이고, 전문적이며, 장기적인 안목을 가지고 정책을 결정하고 집행할 수 있게 하여 보다 효율적으로 민주적 관료제를 구축할 수 있게 만든다고 주장한다.[2] 예컨대 경제 안정, 규제 관리, 공공 기관 감사, 반부패 업무 등 고도의 기술적 판단과 지식이 요구되는 경우에는 장기적 비전을 우선시하는 결정이 더 바람직하기 때문이다. 이에 중앙은행이나 규제 기관과 같은 비다수주의 기관은 유권자나 선출된 정치인에게 직접적인 책임을 지지 않으며, 장기적인 목표를 추구할 수 있도록 설계된다(Majone, 1994a; Thatcher & Stone Sweet, 2002). 이러한 비다수주의 기관의 특성은 정책 결정을 근시안적 정치적 영향력, 즉

---

2 Vibert(2007)는 새로운 권력 분립의 원칙을 제시하는데, 이는 전통적인 입법부, 행정부, 사법부에 더하여 전문성을 지닌 비다수주의 기관을 포괄하는 개념이다.

선거 민주의로부터 보호받으며, 해당 정책 영역의 핵심인 공공재의 공급과 조절에 주력할 수 있도록 하여 궁극적으로는 민주적 거버넌스의 질을 증진시킨다는 의의를 갖는다.

박종민(본서 제1장)은 이러한 서구 중심의 비다수주의 기관에 대한 지식을 한국적 맥락에서 재해석하며, 정치적 양극화가 매우 심각한 한국의 정치적 상황에서 비다수주의 기관의 역할은 더욱 중요하다고 본다. 정치적 양극화는 필연적으로 국민들의 정책 불순응과 비효율적 정책 결정을 야기하나, 정치적 독립성이 보장된 비다수주의 기관을 통한 정책의 결정과 집행은 이러한 폐해를 최소화할 수 있는 장치로 작동하고, 궁극적으로는 민주적 거버넌스의 질을 증대시킬 가능성이 높기 때문이다. 나아가, 그는 합의제 행정 기관인 방송통신위원회, 공정거래위원회, 금융위원회, 원자력안전위원회뿐만 아니라, 독임제 행정 기관인 질병관리청과 식품의약품안전처 등도 비다수주의 기관의 형태를 취하고 있다는 점을 지적하며, 이들은 이미 한국 정부의 민주적 거버넌스 과정에서 매우 중요한 역할을 하고 있다고 보고 있다.

그럼에도 비다수주의 기관에 대한 우려는 적지 않다. 비다수주의 기관을 둘러싼 주요 논쟁 중 하나는 이들의 독립성과 책임성 간의 불균형이다. Majone(1994a, 1996)는 비다수주의 기관의 필요성을 주장하면서도 동시에 신뢰를 유지하기 위한 새로운 형태의 능동적인 문책성 기제가 필요하다고 보고 있다. 이러한 논쟁의 핵심에는 대의 민주주의라는 전통적인 정치적 문책성 기제가 비다수주의 기관에는 적용되지 않는다는 점에 있다. 따라서 비다수주의 기관은 자구적으로 ① 참여를 확대하여 정당성을 확보하고, ② 결정 과정을 투명하게 공표하며, ③ 나아가 스스로의 결정에 명확한 책임을 질 필요(self-accountable)가 있다(Voigt, 2023). 그렇지 못한 경우, 비다수주의 기관은 그저 통제받지 않는 무소불위의 권력 기관으로 변질되거나, 혹은 정치에 종속된 종이 호랑이로 전락할 수밖에 없기 때문이다. Simon과 Waldo의 행정학의 정체성 논쟁(art-or-science)이나 Friedrich와 Finer의 책임성 논쟁(subjective vs. objective responsibility)과 마찬가지로, 비다수주의 기관의 위상에 관한 논쟁 또한 매우 반복적이다.

비다수주의 기관의 독립성은 그들의 전문성에 기반하여 정당화된다. 이러한 기관들은 특히 통화 정책과 같은 고도의 전문 지식이 요구되는 분야에서 정보에 기반한 결정을 내릴 수 있기 때문에 정치적 과정으로부터 독립해야 한다. 예를 들어 중앙은행은 경제적 안정을 유지하는 역할을 맡고 있으며, 이 때문에 단기적인 정치적 압력에서 벗어나 독립성이 보장되어야 한다는 주장이 일반적이다(Majone, 1996). 비다수주의 기관의 신뢰성은 기관의 전문성에 기반하는데, 해당 분야의 기술적 전문성을 지닌 이들의 정책 결정이 다수주의에 따른 결정보다는 장기적인 안정성에 일조할 것이라 여겨지기 때문이다(Thatcher & Stone Sweet, 2002). 그러나 이러한 주장은 비다수주의 기관의 민주적 문책성에 관한 의문을 깨끗하게 해소하지는 못한다. 이는 시민과 정책 당사자들에 대한 설명적 문책성이 부족하기 때문이다. 즉, 전문적이며 고도의 기술적 이해도를 요한다 할지라도, 이를 시민과 대중에게 납득시킬 의무 또한 부과될 필요가 있는 것이다.

관련하여, Fjørtoft(2024)는 정치철학의 개념 중 '귀납적 위험(inductive risk)'의 개념을 통해 비다수주의 기관에 대한 근본 가정을 반박한다. 과학철학의 개념 중 하나인 귀납적 위험이란, 과학적 판단에는 반드시 1종 오류(false positive: 진단을 잘못 내리는 경우) 혹은 2종 오류(false negative: 문제가 없다고 판단하는 경우)가 수반되기에, 완전무결한 결정은 존재할 수 없다는 점을 지적하는 입장이다. 이를 비다수주의 기관의 논쟁에 대입하자면, 행정부의 결정은 어떠한 경우에라도 가치중립적(value-free)이거나 순수하게 기술적일 수는 없기에, 비다수주의의 기관의 문책성 확보에는 궁극적으로 기관 자체의 자구적인 노력이 수반될 필요가 있다. 그럼에도 Fjørtoft(2024)는 비다수주의 기관의 정치적 독립성의 필요성은 부정하지 않고 있는데, 비다수주의 기관에 대한 정치적 영향력은 앞서 말한 귀납적 위험의 정도를 필연적으로 높이기 때문이다. 이에 Fjørtoft(2024)는 제도적 설계(institutional design)를 통하여 비다수주주의 기관이 민주적 가치와 공익을 대변할 수 있는 형태로 재구성될 필요가 있다고 주장한다.

이들 논의의 핵심은 결국 주인-대리인 이론(Principal-Agent theory)의 문제로 귀결된다(Voigt, 2023). 행정부의 영역에서 주인-대리인 이론은 통상적으로 정치(주인)가 행정부(대리인)에게 권한을 위임하고, 대리인인 행정부는 민의에 따라 정책의 결정, 공공재의 공급, 그리고 행정 서비스의 전달을 수행한다는 간단한 도식을 통해 이해되고 있다. 이 경우, 비다수주의 기관 또한 다수주의 기관과 마찬가지로 권한을 위임받는 대리인으로 분류되나, 통상의 다수주의 기관보다 부여받는 권한의 양과 질이 많고 높기에 정보의 비대칭성은 보다 높게 설정될 수밖에 없다. 즉, 선출되지 않는 대리인이 사익을 추구하게 될 가능성이 비약적으로 상승하게 되는 것이다(Thatcher & Stone Sweet, 2002). 행정학에서 이러한 대리인 논쟁은 결국 해당 조직을 어떻게 시민의 대리인(citizen agent)으로 만들어 갈 수 있을 것인가에 달려 있다. Maynard-Moody & Musheno(2000)의 두 가지 관료 내러티브 이론에 의하면, 관료 조직은 스스로를 국가 대리인(state agent)으로 정의할지, 혹은 시민 대리인(citizen agent)으로 정의할지 선택하는 과정을 거치게 된다. 이를 비다수주의 기관 논쟁에 대입하면, 관료 조직이 스스로를 국가 대리인이라 규정할 경우 기술적 정당성(technical legitimacy)의 확보에는 다소 도움이 될 수 있으나, 민주적 문책성과는 상당한 괴리를 갖게 된다(Fjørtoft, 2024). 반면 시민 대리인이 되고자 자구적으로 노력할 경우, 귀납적 위험을 경감시킬 수 있다. 즉, 독립성을 보장받게 되는 만큼 스스로의 정당성을 납득시킬 책임 또한 추가적으로 부담하게 할 필요가 있다.

비다수주의 기관에 관한 연구들을 종합하면, 비다수주의 기관은 비단 정치로부터 비교적 독립된 형태로 운영할 권리를 보장받는 대신, 민주적 정당성 확보에는 여타의 다수주의 기관보다 더 많은 책임이 요구된다고 할 수 있다. 민주적 정당성의 확보에는 기관 자체의 자구적인 노력을 통해 시민과 공익에 매우 충실하게 복무하고 있음을 스스로가 입증할 필요가 있다. 이를 위해 첫째, 정책 결정과 실행 과정을 투명하게 공개하여 대중이 이해하고 평가할 수 있도록 하여 신뢰를 확보해야 한다. 둘째, 기관이 추진하는 정책과 그 목적을 효과적으로 전달하고 대중의 이해를 높이기 위해 정책 홍보와 소통을 강화할 필요가 있다. 셋째, 공청회, 설문 조사, 자문위원회 등 다양한 방법을 통해 시민들이 정책 결정 과정에 적극 참여할 수 있는 기회를 제공하여 정책의 정당성을 강화해야 한다. 넷째, 행정 데이터를 공개하는 등 순수 공공재의 생산에 더 큰 노력을 기울임으로써 공익을 증진시키고 대중의 신뢰를 얻어야 한다. 이러한 노력을 통해 비다수주의 기관은 시민의 대리인 역할을 강화하며, 독립성을 유지하면서도 민주적 정당성을 확보할 수 있는 방향으로 나아갈 수 있다. 이러한 과정의 핵심은 결국 평판 관리(repuational management)에 있다(Carpenter, 2002).

2. 반부패 기관

부패의 정의는 매우 다양하고 명확히 합의된 바가 없는 반면, 반부패는 비교적 명확하게 정의된다. United Nations의 부패방지협약(Convention against Corruption)에 따르면, 반부패란 '청렴(integrity)의 증진, 문책성(accountability)의 확보, 그리고 투명성(transparency)의 확보를 통하여 모든 단위의 정부에서 부패를 근절하는 공공정책'이라 정의된다(United Nations Office on Drugs and Crime, 2004). 반부패 기관은 이에 필요한 제반 사무를 관장하는 공공 기관이라 정의할 수 있다(Meagher, 2004; 2005). 이러한 논의의 중심에는 반부패 기관의 성과와 효용이 국방, 외교, 환경과 마찬가지로 비경합적이며 비배타적이기 때문에 반부패 업무를 순수 공공재(pure public good)로 정의할 수 있다는 점에 주목할 필요가 있다(Rothstein, 2011).

반부패 기관을 비다수주의 기관의 측면에서 분석한 연구는 극히 드물다. 그럼에도, 반부패 기관에 대한 연구가 공통적으로 지적하는 부분이 비다수주의 기관 연구에서 드러난 논쟁들과 매우 유사하다는 점을 눈여겨볼 만하다. 반부패기관에 관한 연구들은 공통적으로 해당 기관의 자원(resource), 정치적 독립성(political independence), 실질적 문책성(substantial accountability), 그리고 민주적 거버넌스를 위한 역할 등을 다루고 있다. Doig & Norris(2012)는 개발도상국의 반부패 기관이 만성적인 자원의 결핍에 시달리고 있음을 지적하고 있다. 이에 반부패 기관들에게 민간기업과 유사한 형태의 조직 관리 및 자원 배분 전략을 도입할 필요가 있음을 주지시키고 있다. 능동적인 자원 확보를 통하여 스스로 정치적 독립성을 확보해 나갈 필요가 있다는 것이다(Doig & Norris, 2012). 유사한 관점에서, Gregory(2015)는 모니터링과 반부패 데이터의 수집 및 구축을 반부패 기관의 핵심적인 업무라 보고 있으며, 이러한 작업에는 상당한 수준의 행정 자원이 소요된다는 점을 지적한다. 이에 그는 개발도상국의 경우 국제적인 기금 지원을 통해, 그리고 그 외의 국가들은 평판 관리를 통해 시민들의 직접적인 정치적 지지(public support)를 확보할 필요가 있다고 보고 있다.

비다수주의 기관에 대한 논쟁과 마찬가지로, 정치적 독립성의 확보는 반부패 기관의 효과성 확보에 있어 결정적인 요인이다.

Quah(2010)와 Gregory(2015)는 법적 독립성(*de jure*)과 실질적 독립성(*de facto*)을 구분하며, 대다수의 경우 명목적으로는 독립성이 지켜지는 듯 보이나(*de jure*), 실질적으로는 현실 정치의 압력에 의하여 이러한 원칙이 지켜지기 어렵다는 점을 지적한다. Quah(2010)는 싱가포르의 부패방지조사국과 홍콩의 독립부패방지위원회의 사례를 분석하며, 두 기관이 강력한 대중 신뢰와 시민들의 지지를 바탕으로 실질적 독립성 확보에 전력을 다하고 있다는 점을 지적한다. Gregory(2015)는 부패가 만연할수록 정치적 독립성의 원칙은 지켜지기 어렵다는 점을 지적하며, 반부패 기관이 정치의 하수인으로 전락할 가능성을 우려한다. 이에 반부패 기관이 관료정치 이론(예: Wilson, 1989; Carpenter, 2002)의 관점에서 스스로의 권한과 위상 확보를 위하여 매우 적극적으로 정책을 전개할 필요가 있다고 한다. 마찬가지로, 이러한 행위의 중심에는 적극적인 평판 관리와 이를 통해 획득할 수 있는 국민적 지지가 필수적이라고 한다.

독립성을 확보하기 위해서는 투명성과 문책성이 필수적이다(Meagher, 2005). 이 두 가지가 결여될 경우, 반부패 기관은 정치적으로 편향된 기관으로 변질될 가능성이 매우 높고, 이는 결국 신뢰와 평판의 손실로 이어지기 때문이다. 이에 Doig & Norris (2012)는 반부패 기관이 적극적으로 시민들과 소통하고, 반부패 활동의 결과를 홍보하며, 나아가 모니터링 데이터(예: 청렴도 평가 결과)를 공유하는 등의 활동을 통하여, 즉 능동적 문책성을 확립하여 정치적 개입에 대한 저항력을 가질 필요가 있다고 서술한다. Quah(2017) 또한 홍콩과 싱가포르의 사례를 다루며 유사한 견지를 제시하는데, 이들 기관에게 독립성이란 처음부터 주어진(given) 것이 아니라 능동적인 관료정치적 행위를 통하여 획득(acquired)한 것이라고 분석한다. 즉, 반부패 기관의 평판 관리에는 투명성과 책임성 확보가 선결 조건이라 볼 수 있는

데, 이는 곧 해당 기관의 또 다른 정치적 자원으로 작동하기 때문이다 (Carpenter, 2010).

반부패 기관의 효용에 대해서는 다수의 논쟁이 존재하나, 그럼에도 반부패 기관의 존재 그 자체와 반부패 업무가 민주적 거버넌스의 질 제고에 필수적이라는 점에는 대체로 이견이 없다(Doig, 1995; Rose-Ackerman & Palifka, 2016). Doig(1995)는 반부패 기관이 공공 조직 전반의 청렴을 관리함으로써 민주적 가치를 증진시킨다고 주장한다. Meagher(2005) 또한 반부패 기관이 정치적 부패를 방지할 수 있는 유일한 제도적 장치이며, 공익 신고 및 부패 신고의 창구를 제공함으로써 진정한 의미의 시민 참여를 가능하게 한다고 서술한다. Quah(2017)와 Gregory(2015)는 반부패 기관이 민주적 역할을 충실히 수행하기 위해서는 법적 독립성뿐만 아니라, 적정한 시민 참여에 기반한 기관의 능동적 역할이 필수적이라는 점을 강조하고 있다.

종합적으로, 반부패 기관에 관한 연구들은 비다수주의 기관에 대한 연구 결과와 매우 공통된 의견을 제시하고 있는 것으로 나타난다. 즉, 반부패 기관의 효과적인 운영에는 자율성과 독립성, 투명성과 문책성, 그리고 시민 참여가 필수불가결하다는 점이다. 이를 통하여 기관 자체의 능동적인 평판 관리가 반부패 기관의 지속 가능성에 큰 영향을 미친다는 것이다. 또한, 두 가지 연구들이 모두 Carpenter(2002)를 인용하며 능동적인 평판 관리의 중요성을 지적하고 있다는 점이 매우 흥미롭다. 홍콩의 독립부패방지위원회와 싱가포르의 부패방지조사국 사례를 통해 보여지듯, 반부패 기관은 국민들의 지지와 이를 통해 형성된 평판을 기반으로 자율성을 스스로 확보할 필요가 있다는 점을 주목할 필요가 있다.

1. 구성과 기능

국민권익위원회는 다수의 위원들이 집단적으로 의사결정을 하는 비다수주의 기관으로, 고충민원의 처리와 이에 관련된 불합리한 행정 제도의 개선, 부패 방지 및 부패 행위의 효율적인 규제를 목적으로 하는 소속상 및 직무상 독립된 중앙 행정 기관이다. 국민권익위원회는 국무총리에 소속되어 있으며 그 권한에 속하는 사무를 독립적으로 수행한다(부패방지권익위법 제11조 제1항, 제2항 및 제16조 제1항).

국민권익위원회는 2008년 국가청렴위원회, 국민고충처리위원회, 국무총리 행정심판위원회라는 3개 기관이 물리적·조직적으로 통합되고, 부패 방지, 고충 민원 처리 및 행정심판이라는 기능이 결합되어 탄생했다(최진욱, 2012). 통합의 핵심적인 논리는 시민 중심의 정부 기관 운영에 있다고 요약된다. 즉, 시민들의 권익 구제 및 공익의 보호, 부패의 방지 등 대민 관계 관련 중앙 정부 조직을 단일화하여 일원적인 서비스를 제공하는 것을 목표로 했다(최용전, 2019).

통합 이전의 이들 3개 위원회의 연혁을 살펴보면, 먼저 국민고충처리위원회의 경우 1971년 대통령 훈령 제33호에 따라 설치된 정부민원상담실에서 시작되었고, 이 정부민원상담실은 1980년 제정된 「정부합동민원실설치령」(대통령령 제10067호)에 따라 정부합동민원실로 확대 개편되었다. 그 후 「행정규제 및 민원사무 기본법」이 제정되면서 국무총리 소속으로 행정부형 옴부즈만 제도인 국민고충처리위원회가 설치되었다.

다음으로, 반부패 총괄 기능은 과거 국가청렴위원회를 승계하고 있다. 1990년대 사회 전반의 청렴성 확보가 국가 경쟁력의 원천이라는 인식이 확산되면서, 부패 예방과 부패 행위의 규제를 위해 2001년 「부패방지법」이 제정되었다. 그리고 UN은 2003년 체결된 부패방지협약(UNCAC)을 통하여 각국의 개별적인 부패 방지 대책들이 정책화될 수 있도록 요구하였고, 특히 외부의 부당한 간섭 없이 부패 방지 정책 및 기능을 효과적으로 수행할 수 있는 독립적인 부패 방지 전담기구를 신설하도록 요구하였다. 이에 2002년 국가청렴위원회의 전신인 부패방지위원회가 출범하였다. 부패방지위원회는 부패 방지 및 척결을 위해 부패 신고 접수 및 처리, 제도 개선 권고, 부패 방지 시책수립 및 평가, 교육 홍보와 같은 업무를 수행하며 우리나라 최초의 종합적인 부패 방지 정책 추진 기구로서의 기능과 역할을 한 것으로 평가된다(국민권익위원회, 2008a; 2008b).

마지막으로, 행정심판 기능은 과거 행정심판위원회를 승계하고 있다. 행정법 관계에서 분쟁이 발생한 경우 이를 행정 기관에서 소관하는 국가도 있지만 사법부에서 소관하는 국가도 있는 등 국가별로 차이가 있다. 우리나라의 경우 행정심판제도는 1951년 「소원법」을 통하여 도입·운영되다가, 1980년 헌법 제107조 제3항에서 재판의 전심절차로서 행정심판을 할 수 있고, 행정심판의 절차는 법률로 정하되, 사법절차가 준용되어야 한다고 규정하였다. 이때부터 행정심판은 헌법에 근거를 둔 제도였고 1984년 「행정심판법」이 제정되면서 본격적으로 도입되었다. 1995년 「행정심판법」 개정을 통하여 각 부 장관 소속의 행정심판위원회를 모두 폐지하고 각 부 장관 소속 기관 및 시도지사가 행한 처분에 대하여도 국무총리행정심판위원회에서 심리·의결하도록 하여 관할을 확대하였다. 그리고 국무총리행정심판위원회는 2008년 국민권익위원회에 통합된 뒤 2010년 「행정심판법」 개정에 따라 중앙행정심판위원회로 명칭이 변경되었다.

2. 조직 구조와 독립성에 관한 논쟁

〈그림 4-1〉은 2025년 현재 국민권익위원회의 조직 구조를 시각화하고 있다. 국민권익위원회는 위원장 1명, 부위원장 및 상임위원 각 3명, 비상임위원 8명을 포함하여 총 15명으로 구성된다. 위원장과 3명의 부위원장은 정무직 공무원으로 보하고, 상임위원 3명은 고위공무원단에 속하는 임기제 공무원으로 보한다(「국민권익위원회와 그 소속기관 직제」 제2조 및 부패방지권익위법 제13조 제1항). 위원회의 사무를 처리하기 위하여 위원회에 사무처를 두는데, 부위원장 1명이 겸직하는 사무처장이 위원장의 명을 받아 사무처의 사무를 처리하고 소속 직원을 지휘·감독한다(「국민권익위원회와 그 소속기관 직제」 제4조). 사무처에 운영지원과·부패방지국·심사보호국·고충처리국·행정심판국·권익개선정책국을 두고, 위원장 밑에 대변인 1명을 두며, 사무처장 밑에 기획조정실장 및 감사담당관 각 1명을 둔다(「국민권익위원회와 그 소속기관 직제」 제5조). 국민권익위원회에는 2개의 소속기관이 있다. 민원에 대한 안내·상담 및 접수, 부패 행위 등 신고에 대한 안내·상담, 행정심판에 대한 안내·상담 및 접수, 대통령 비서실 소관 서신민원의 접수·통보 및 분류 등의 사무를 관장하는 정부합동민원센터와 부패 방지 및 국민 권익 교육에 관한 사무를 관장하는 청렴연수원이다(「국민권익위원회와 그 소속기관 직제」 제14조의2 및 제14조의4).

위원장 및 부위원장은 국무총리의 제청으로 대통령이 임명하고, 상임위원은 위원장의 제청으로 대통령이 임명하며, 상임이 아닌 위원은 대통령이 임명 또는 위촉한다. 이 경우 상임이 아닌 위원 중 3명은 국회가, 3명은 대법원장이 각각 추천하는 자를 임명 또는 위촉한다(부패방지권익위법 제13조 제3항). 다만 행정심판 업무는 국민권익위원회에 소속되어 있지만 별도의 위원회 조직인 중앙행정심판위원회에서 수행한다. 중앙행정심판위원회는 위원장 1명을 포함하여 70명 이내의 위원으로 구성하되, 위원 중 상임위원은 4명 이내로 한다(행정심판법 제8조 제1항). 중앙행정심판위원회의 위원장은 국민권익위원회의 부위원장 중 1명이 된다(행정심판법 제8조 제2항).

그림 4-1 국민권익위원회의 조직 구조

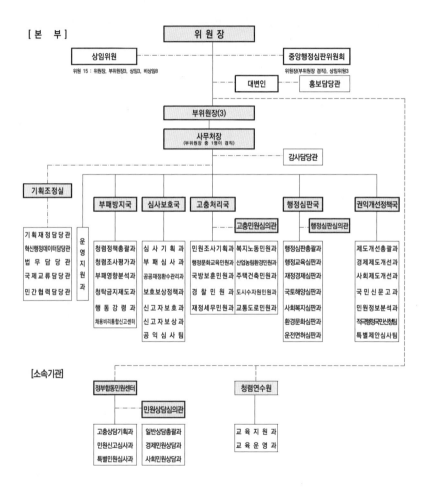

국민권익위원회는 법적으로 독립성을 보장받고 있지만, 행정부 소속 기관이라는 본질적인 한계를 지닌다. 국무총리 소속 기관으로 운영되다 보니, 정책 방향이나 예산 편성에서 행정부의 영향을 완전히 배제하기 어렵다. 특히 정부의 정책 기조에 따라 반부패 활동의 우선순위가 조정될 가능성이 있으며, 독립적인 권한 행사가 제한될 수도 있다. 또한, 위원장의 임명 과정에서도 정치적 영향을 받을 우려가 있다. 국민권익위원회 위원장은 대통령이 임명하기 때문에, 정권 교체 시 정치적 성향이 다른 인사가 새롭게 임명될 가능성이 크다. 이는 국민권익위원회의 일관된 정책 수행을 어렵게 만들고, 기관의 정치적 중립성에 대한 의구심을 초래할 수 있다. 실제로 과거 정부에서도 국민권익위원회 위원장이 정권의 입맛에 맞게 교체되었다는 논란이 발생한 바 있다. 국민권익위원회가 수행하는 부패 감시 및 공익 신고자 보호 활동도 정치적 압력에서 자유로울 수 없다. 특히 대통령 측근이나 여당 인사가 연루된 사건을 조사할 경우, 정치권의 반발이 발생할 가능성이 크다. 이러한 외부 압력이 위원회의 독립적인 활동을 위축시키고, 내부적으로도 자율적인 조사를 어렵게 만들 수 있다. 이러한 맥락에서 제21대 및 제22대 국회에서는 꾸준하게 국민권익위원회의 독립성 확보를 위한 법안들이 발의되어 논의된 바 있다. 〈표 4-1〉은 법안과 주요 내용을 요약한 것이다.

표 4-1 국민권익위원회의 독립성 확보에 관한 법안 발의 내용

의안 번호	발의 일자	주요 내용
2110012	2021. 5. 11.	5년 이내에 정당의 당원이었거나 공직 선거 후보자로 등록되었거나 선거 운동 활동을 한 사람 등을 국민권익위원회 위원의 결격 사유에 추가
2203071	2024. 8. 22.	정당의 당원 신분을 상실한 날부터 3년이 경과되지 아니한 사람과 「공직선거법」에 따라 실시하는 선거에 후보자 또는 예비 후보자로 등록한 날부터 3년이 경과되지 아니한 사람을 국민권익위원회 위원 결격 사유에 추가
2204464	2024. 9. 30.	■ 대통령 선거에서 후보자의 당선을 위하여 자문이나 고문 등의 역할을 한 날부터 3년이 지나지 아니한 사람과 대통령직인수위원회 위원 · 전문위원의 신분을 상실한 날부터 3년이 지나지 아니한 사람 등을 국민권익위원회 위원의 결격 사유에 추가 ■ 국민권익위원회를 기존 국무총리 소속에서 대통령 소속으로 격상
2200591	2024. 6. 18.	상임위원회의 인사청문회 대상에 국민권익위원회의 위원장을 추가

정치적 독립성에 관한 논의와 법안은 다음과 같이 요약될 수 있다. 첫째, 국민권익위원회의 소속 형태와 독립성 문제이다. 국민권익위원회는 본래 대통령 소속이었던 국민고충처리위원회와 국가청렴위원회가 통합되면서 국무총리 소속으로 조정되었다. 이에 따라 기관의 외부 통제 및 감시 기능이 약화되었으며, 독립성이 저해될 가능성이 있다는 비판이 제기되었다(오준근, 2017). 이를 보완하기 위해 국민권익위원회를 대통령 직속 기관으로 격상하거나, 독립 기구로 운영하는 방안이 논의되고 있으며, 이러한 내용을 담은 법안(의안번호 2204464)도 발의된 바 있다. 현행 부패방지권익위법에 따르면 국민권익위원회

는 행정 기관뿐만 아니라 국회, 법원, 헌법재판소, 중앙선거관리위원회, 감사원 등 헌법 기관을 대상으로 부패 방지 및 권익 구제 기능을 수행하지만, 국무총리 소속이라는 점에서 기관의 독립성 유지에 한계가 있을 수 있다. 또한, 유엔반부패협약(UNCAC) 제6조는 부패 방지 기관이 외부 개입 없이 독립적으로 기능을 수행할 수 있도록 보장할 것을 규정하고 있으며(United Nations Office on Drugs and Crime, 2004), 국민권익위원회의 독립성 강화를 위한 조치는 국제 규범 준수 차원에서도 고려될 필요가 있다.

둘째, 국민권익위원회의 의사결정 구조와 정치적 중립성의 문제이다. 국민권익위원회는 위원장 1명, 부위원장 3명, 상임위원 3명, 비상임위원 8명으로 구성된 합의제 기관이며, 재적위원 과반수 출석과 출석위원 과반수 찬성으로 의사결정을 한다(부패방지권익위법 제19조). 법적으로 독립성이 보장되지만, 위원 전원이 대통령에 의해 임명되며, 조직이 국무총리 소속이라는 점에서 정치적 중립성이 저해될 가능성이 있다(윤수정, 2023). 특히, 부패방지권익위법 제15조는 정당 당원이나 공직선거 후보자에 대한 위원 임명을 제한하고 있지만, 임명 직전 결격사유가 해소되면 법적으로 문제가 되지 않는다. 이로 인해 특정 정당 소속이었던 인사가 위원으로 임명될 경우, 국민권익위원회의 정치적 중립성에 대한 의구심이 제기될 수 있다. 이를 방지하기 위해 국회에서는 당원 신분을 상실한 후 일정 기간이 경과해야 위원으로 임명될 수 있도록 하는 법안(의안번호 2110012, 2203071, 2204464)이 발의되었다. 정치적 중립성과 독립성을 유지하기 위해 일정한 제약이 필요하지만, 과거 정치 활동만으로 임명을 제한하는 것은 과도한 규제로 작용할 가능성이 있어 이에 대한 신중한 논의가 필요하다.

셋째, 국민권익위원회 위원 임명 과정과 인사청문회 도입 논의이다. 국민권익위원회의 위원장과 부위원장은 국무총리의 제청으로 대통령이 임명하고, 상임위원은 위원장의 제청을 거쳐 대통령이 임명하며, 비상임위원은 국회 또는 대법원장이 추천하는 자를 대통령이 임명 또는 위촉한다(부패방지권익위법 제13조 제3항). 이와 같은 인사 구조는 국민권익위원회가 대통령의 인사권에 영향을 받을 가능성이 있음을 의미하며, 이에 따라 기관의 독립성이 저해될 수 있다는 지적이 있다(윤수정, 2023). 그러나 합의제 위원회 구조는 정치적 압력으로부터 공무원과 공공 정책을 보호하는 기능을 수행할 수 있으며(Kaufman, 1956), 위원회 위원들은 전문적 지식을 바탕으로 정책을 결정하고 일정 기간의 임기를 보장받아 독립성을 확보할 수 있는 구조를 갖추고 있다. 또한, 국회에서는 국민권익위원회 위원장을 인사청문회 대상으로 포함하는 법안(의안번호 2200591)을 발의하여, 후보자의 전문성과 정치적 중립성을 검증하는 방안을 논의하고 있다. 인사청문회 절차의 도입은 국민권익위원회의 독립성과 신뢰성을 강화하기 위한 보완책이 될 수 있다.

넷째, 국민권익위원회의 독립성 강화를 위한 입법적 대응이다. 국민권익위원회의 소속 조정과 정치적 중립성 확보는 기관의 독립성을 강화하기 위한 핵심 과제이다. 현재 국무총리 소속으로 운영되는 구조는 외부 감시 기능 수행에 한계를 초래할 가능성이 있으며, 독립성 강화를 위해 대통령 직속 기관으로 격상하거나 독립 기구로 개편하는 방안이 논의되고 있다. 또한, 위원 임명 과정에서 정치적 영향을 최소화하기 위해 결격 사유를 조정하거나, 인사청문회 절차를 도입하는 방안이 검토되고 있다. 국민권익위원회의 독립성을 강화하기 위한 제도적 보완을 통해 부패 방지 및 권익 구제 기능을 더 효과적으로 수행할 필요가 있다.

3. 조직 기능과 전문성에 관한 논쟁

국민권익위원회의 정당성은 기존의 사법 기관(예: 검찰, 사법부)과는 다른 역할을 수행한다는 점에서 도출될 수 있다. 검찰이나 사법부가 주로 부패 및 공익 침해 행위를 적발하고 처벌하는 사후적 기능을 수행하는 반면, 국민권익위원회는 부패와 공익 침해 행위를 사전적으로 예방하고 관리하는 역할을 한다. 이러한 기능적 차별성은 기존 연구에서 논의된 비다수주의 기관(non-majoritarian institution)의 정당성과도 연결된다(Thatcher & Stone Sweet, 2002; Majone, 1996). 보다 구체적으로, 국민권익위원회의 기능은 부패를 사후적으로 적발하고 처벌하는 것보다는, 공공 기관의 청렴도를 사전적으로 평가하고 개선하는 데 중점을 둔다는 점에서 기존 사법 기관과 차별화된다. Carpenter(2002; 2010)가 주장한 바와 같이, 관료 조직의 정당성은 단순한 법적 권한에서 나오는 것이 아니라, 조직이 수행하는 정책적 역할이 사회적으로 인정될 때 비로소 확립될 수 있다. 국민권익위원회가 수행하는 종합청렴도 평가, 부패 방지 교육, 공무원 행동 강령 운영, 이해충돌방지법 시행 등의 기능은 정부 내부에서 자율적인 반부패 시스템을 구축하고, 조직적 투명성을 강화하는 역할을 수행한다. 이는 단기적인 정치적 고려보다는 장기적인 공공 가치를 창출하는 방향으로 설계된 비다수주의 기관의 대표적 특징과 부합한다(Majone, 1994a). 이러한 측면에서, 국민권익위원회 주요 기능은 다섯 가지로 다시금 정리될 수 있다. 이는 특히나 반부패 기관 연구에서 지속적으로 나타나는 실질적 독립성 확보와 밀접한 연관성을 지닌다(Quah, 2010; Gregory, 2015).

1) 종합청렴도 평가 기관

국민권익위원회는 2002년부터 각급 기관의 청렴 수준과 부패 취약분야 등을 측정·진단하여 예방적이고 효과적인 반부패 전략을 위한 기초 자료를 제공하며, 이를 바탕으로 각급 기관이 자율적 반부패 개선 노력을 적극적으로 추진할 수 있도록 지원하기 위하여 공공 기관의 청렴 수준 평가 체계를 운영하고 있다. 그리고 2022년부터는 지난 20년간의 변화된 환경과 공직 사회 청렴 수준에 대한 국민들의 높아진 기대를 평가 체계에 반영하여 그동안 이원적으로 운영하던 평가를 통합·개편한 종합청렴도 평가를 실시해 오고 있다. 종합청렴도 평가(100점 만점)는 청렴체감도(60%)-청렴노력도(40%)-부패실태(10% 감점) 평가의 세 영역으로 구성된다. 청렴체감도는 개별 공공 기관의 업무를 경험한 민원인, 소속 직원 등을 대상으로 해당 공공 기관의 청렴 수준에 대한 인식과 업무 처리 과정 중에 체험한 부패 경험을 설문조사를 통해 측정한다. 청렴노력도 평가는 기관별 반부패 추진 체계와 개선 노력의 실적과 성과를 내외부 전문가 평가단의 지표별 정량·정성 평가 결과를 종합하여 평가한다. 더불어 부패 실태 평가를 통하여 1년간 징계, 감사, 수사 등으로 적발된 기관별 부패 사건 발생 현황을 반영(감점)하여 결과의 객관성을 확보한다. 평가 결과는 각급 기관의 종합청렴도와 청렴체감도, 청렴노력도 각 영역별 결과를 1~5등급으로 공개하고, 종합청렴도 평가 결과는 기획재정부 주관의 공기업·준정부 기관 경영 평가에도 반영된다.

2) 신고자 보호 및 보상 제도 운영 기관

신고자 보호 제도는 구조적이고 은밀하게 발생하는 부패 행위(부패방지권익위법)를 적발하고 국민의 건강과 안전, 환경 등을 위협하는 민간 부문의 공익 침해 행위(「공익신고자 보호법」)를 예방·통제하기 위하여 신고자를 보호하고 지원하는 것을 내용으로 한다. 그리고 신고자 보상 제도는 부패 행위 또는 공익 침해 행위 신고로 인하여 공익 증진에 기여하거나 직접적인 수입의 회복이나 증대 또는 비용의 절감을 가져온 경우 신고자에게 금전적 대가를 지급하는 제도이다. 신고자 보호 제도는 신고 등을 이유로 한 불이익 조치를 금지하는 신분 보장, 신고자의 인적 사항이나 신고자임을 미루어 알 수 있는 사실을 알려 주거나 공개 또는 보도를 금지하는 비밀 보장, 신고를 한 이유로 자신 과 친족 또는 동거인의 신변에 불안이 있을 경우 일정한 조치를 요구 할 수 있는 신변보호, 신고 등과 관련하여 신고자의 범죄 행위가 발견 된 경우 그 신고자에 대하여 형을 감경하거나 면제할 수 있는 책임 감 면 등을 주요 내용으로 한다. 다음으로 신고자 보상 제도는 보상금, 포상금, 구조금을 그 내용으로 한다. 보상금은 신고로 인하여 직접적 인 공공 기관의 수입 회복이나 증대, 비용의 절감을 가져오거나 그에 관한 법률 관계가 확정된 때 신청할 수 있다(공익신고의 경우 내부 공익신 고자에 한하여 신청할 수 있다). 포상금은 신고에 의하여 공공 기관에 재 산상 이익을 가져오거나 손실을 방지한 경우 또는 공익의 증진을 가 져온 경우 지급할 수 있다. 그리고 구조금은 신고자 및 협조자, 그 친 족 또는 동거인이 신고 등과 관련하여 소요된 치료 비용, 이사 비용, 신고 등을 이유로 한 쟁송 절차에 소요된 비용 등을 지출한 경우 신청 할 수 있다.

3) 부패 방지 교육 기관

UN, World Bank, OECD 등 국제 기구는 효과적인 부패 방지 수단 으로 반부패 교육 기능의 수행을 권고하고 있는데, 국민권익위원회 는 이러한 국제 사회의 요구를 수행하고 있는 유일한 기관이다. 관련 하여, 국내 공공 기관은 의무적으로 소속 공직자에 대해 매년 1회, 2 시간 이상의 부패 방지 교육을 실시하도록 되어 있다(부패방지법 제81 조의2 및 같은 법 시행령 제88조의2). 부패 방지 교육은 집합 교육, 실시간 온라인 화상 교육, 사이버 교육 등 다양한 방식으로 실시할 수 있지 만, 신규자, 승진자, 기관장을 포함한 고위 공직자의 경우 1시간 이상 반드시 대면 교육(실시간 온라인 화상 교육 포함)으로 실시해야 한다. 교육 내용은 청탁금지법, 「공무원 행동강령」, 「공직자 이해충돌방지법」, 「공익신고자 보호법」, 「공공재정환수법」 등 반부패 법령 및 제도와 청렴 정책 등이 포함된다. 각급 공공 기관은 사전에 교육 계획을 수립하고 부패 방지 교육을 실시한 후 교육 실적에 대한 결과를 국민권익위원회에 보고하여야 한다. 부패 방지 교육 운영이 부진한 기관에 대해서는 교육 안내 및 지원, 현장점검 등 특별 관리를 실시한다. 국민권익위원회가 실적 점검을 통해 확정한 각급 공공 기관의 부패 방지 교육 실적은 공개되고 각급 기관은 자체적으로 교육 실적을 기관 홈페이지에 공개해야 한다.

4) 「공무원 행동강령」 운영 기관

공무원은 국민 전체에 대한 봉사자로서 일반 국민에게 기대되는 것보다 더욱 높은 수준의 도덕성 및 윤리성이 요구되므로 공무원에게 기대되는 바람직한 행동의 방향과 원칙에 대한 명확한 기준의 제시가 필요하다. 이러한 기능을 수행하는 것이 「공무원 행동강령」이다. 대통령령으로 제정된 「공무원 행동강령」은 행정부 소속 국가 공무원 및 지방 공무원을 적용 대상으로 하고, 국회, 법원, 헌법재판소, 선거관리위원회와 같은 헌법 기관이나 공직 유관 단체는 헌법 기관의 규칙이나 내부 규정(사규)으로 행동강령을 제정하여 운영한다. 지방의원의 경우 대통령령으로 제정된 「지방의회의원 행동강령」에 의해 규율된다. 각급 기관은 「공무원 행동강령」의 범위 안에서 기관의 특성과 실정에 맞게 보다 구체적인 행동강령을 제정·운영함으로써 그 실효성을 확보하고 있다. 국민권익위원회는 공직자 행동강령 제도를 총괄하고 각급 기관의 행동강령 운영을 지원하는 정책 기능 및 행동강령 위반 행위에 대한 신고 처리, 각급 기관의 행동강령 운영 및 이행 실태 점검 등의 집행 기능을 수행한다.

5) 「공직자 이해충돌방지법」 운영 기관

이해충돌방지법은 공직자의 직무 수행 공정성을 확보하기 위한 가장 구체적인 관리 기법 중 하나이다. 국민권익위원회는 2018년 「공무원 행동강령」을 통해 이해충돌방지 규정을 도입·시행하였으나, 적용 대상의 한계와 실효성 있는 제재 부족 등의 문제가 제기되었다. 이를 보완하기 위해 국민권익위원회는 「공직자의 이해충돌방지법안」을 국회에 제출하였으며, 이후 법안 논의 과정에서 한국토지주택공사(LH) 직원들의 내부 정보를 이용한 부동산 투기 사건이 발생하면서 제정 필요성이 강조되었다. 이에 따라 해당 법안은 2021년 4월 국회를 통과해 2022년 5월부터 시행되었다. 「공직자 이해충돌방지법」은 공직자의 사적 이해관계가 직무 수행에 영향을 미칠 가능성이 있는 상황을 관리하기 위해 5개의 신고·제출 의무와 5개의 제한·금지 행위를 포함한 10개의 행위 기준을 규정하고 있다.

6) 요약

국민권익위원회의 정당성과 전문성을 둘러싼 논쟁의 구체적 쟁점을 요약하면, 첫째는 국민권익위원회의 기능과 정당성 문제이다. 국민권익위원회는 기존 사법 기관(검찰, 사법부)과 달리 부패 및 공익 침해 행위를 사전적으로 예방하고 공직 사회의 청렴 문화를 정착시키는 데 중점을 둔다. 사법 기관이 주로 부패 행위를 적발하고 처벌하는 사후적 접근 방식을 취하는 반면, 국민권익위원회는 종합청렴도 평가, 신고자 보호 보상 제도 운영, 부패 방지 교육, 공무원 행동강령 및 이해충돌방지법 운영 등을 통해 예방적·관리적 기능을 수행한다. 이를 통해 단순한 감시 기능을 넘어 공공 기관이 자율적으로 청렴성을 개선할 수 있도록 유도하는 역할을 한다. 이러한 기능적 차별성은 국민권익위원회의 정당성을 설명하는 핵심 요소로 작용하며, 이를 통해 정책 결정의 독립성과 장기적 공공 이익을 고려하는 비다수주의 기관의 특징과도 부합한다(Thatcher & Stone Sweet, 2002; Majone, 1996). 국민권익위원회의 정당성은 궁극적으로 문책성보다는 투명성(transparency) 자체를 핵심 가치로 삼고 있다는 점에서 찾을 수 있다(Quah, 2010; Gregory, 2015).

둘째는 국민권익위원회의 내부 네트워크와 독립성 문제이다. 국민권익위원회는 국민고충처리위원회, 국가청렴위원회, 국무총리 행정심판위원회 등 성격이 다른 기관들을 통합하여 설립된 조직으로, 기능적 조화에 대한 논란이 지속되고 있다(국회 정무위원회, 2008). 특히, 부패 방지 기능과 행정심판 기능이 동일 기관에서 수행되는 것이 법체계상 타당한지에 대한 의문이 제기되어 왔다. 그러나 국민권익위원회는 단순한 신고 처리 기관이 아니라 반부패 정책 및 청렴 관리 기관으로서의 역할을 수행하고 있으며, 이를 통해 공직 사회에 대한 신뢰를 구축하고 있다. Carpenter(2002)는 관료 조직의 정당성이 조직이 축적한 전문성과 정책적 역량에 의해 형성된다고 주장하는데, 국민권익위원회는 단순한 법적·행정적 조치에 그치지 않고 공공부문의 부패 취약성을 분석하고 이를 개선하는 정책적 역할을 수행한다. 따라서 국민권익위원회의 역할을 강화하는 방향에서 기능의 독립성과 전문성을 더욱 발전시킬 필요가 있다.

셋째는 국민권익위원회의 정치적 중립성과 조직 개편 문제이다. 국민권익위원회는 국무총리 소속으로 운영되며, 위원장 및 부위원장은 국무총리의 제청을 거쳐 대통령이 임명하는 구조를 가지고 있다. 이러한 구조는 기관의 정치적 독립성을 저해할 가능성이 있으며, 실제로 국민권익위원회의 결정이 정치적 환경에 영향을 받는다는 비판이 지속적으로 제기되어 왔다(윤수정, 2023). 이에 따라 국민권익위원회를 대통령 직속 기관으로 격상하거나 독립 기구로 운영해야 한다는 주장도 있다. 반면, 국민권익위원회의 조직 개편이 반드시 기능 개선으로 이어지는지에 대한 의문도 존재한다. 현재 국민권익위원회는 부패방지국, 권익개선정책국, 고충처리국, 행정심판국으로 구성되어 있으며, 각 부서 간 협력을 통해 업무를 수행하고 있다. 이러한 조직적 연계성을 고려할 때, 조직 개편보다는 기존 기능을 강화하는 방향으로 독립성과 중립성을 확보하는 것이 보다 현실적인 대안이 될 수 있다.

넷째, 국민권익위원회의 비전에 관한 문제이다. 국민권익위원회는 단순한 부패 감시 및 처벌 기관이 아니라, 공공 부문의 반부패 정책을 주도하는 기관으로 기능해야 한다. 이를 위해 종합청렴도 평가 결과를 보다 적극적으로 공개하고, 부패 방지 교육을 내실화하며, 신고처리 과정의 투명성을 높이는 등의 노력이 필요하다. 특히 국민권익위원회의 역할이 사법 기관과 차별화되는 지점은 사전적 부패 예방 및 공직 윤리 강화에 집중한다는 것이므로, 이를 효과적으로 수행하기 위해서는 전문성과 독립성을 동시에 강화해야 한다. 따라서 국민권익위원회의 기능 발전을 위한 논의는 지속될 것이며, 조직 개편 여부를 포함한 다양한 정책적 선택이 검토될 필요가 있다.

Ⅳ │ 국민권익위원회의 과제: 평판 기반 자율성

비다수주의 기관과 반부패 기관에 관한 연구에서 볼 수 있듯이 국민권익위원회는 독립성과 자율성 확보에서 장애를 경험하고 있다. 조직 구조적 관점에서, 국민권익위원회는 국민고충처리위원회, 국가청렴위원회, 국무총리행정심판위원회라는 다소 이질적인 세 기관의 통합으로 인해 '한지붕 세가족'의 형태를 유지하고 있어, 반부패 기관임에도 불구하고 자율적인 결정이 매우 제한된 상황이다. 이에 더불어,

정치 환경적 측면에서는 반부패 업무의 특성상 검찰, 경찰, 사법 기관, 감사원 및 내부 감사 기관과 중복되는 측면이 있으며, 실질적으로 수사 및 조사권을 지니고 있지 않기에 업무의 정당성과 독립성 측면에서도 상당한 제약을 지니고 있다. 즉, 본래의 취지와는 달리 관료 조직의 자율성(bureaucratic autonomy)이 상당 부분 결여된 상태라 볼 수 있겠다(Carpenter, 2002).

흥미롭게도 비다수주의 기관과 반부패 기관 연구들은 자율성이 해당 조직에 주어지는 것이 아니므로, 조직 스스로가 직접 획득할 필요가 있다고 논한다. 그리고 이러한 논의의 핵심에는 관료평판 이론이 자리 잡고 있는데, 두 연구 모두 Carpenter(2002; 2010)를 인용하며, 해당 조직에 대해 관료 정치적 관점을 취할 필요가 있음을 촉구하고 있다.

Carpenter(2002)는 관료 조직의 자율성이 평판 기반 정당성 (reputation-based legitimacy)에서 비롯된다고 주장하는데, 특히 정치 행위자들이 관료 조직의 전문성과 정당성을 인정할 수밖에 없을 경우, 조직은 자율성을 획득할 수 있다고 보고 있다. 정치 행위자들이 기관의 자율성을 인정하기 위해서는 두 가지 요건이 필요하다. 첫째, 자율성을 존중하지 않으면 해당 기관의 역량이 저하되어 이에 따른 공익의 손실이 발생하는 경우이다(Carpenter, 2002). 둘째, 관료 조직이 정당성과 전문성을 기반으로 강력한 정책 네트워크를 형성하고 있는 경우이다(Carpenter, 2002). 그리고 이러한 두 가지 경우 모두 해당 조직의 평판이 매우 중요한 역할을 한다. Carpenter(2002)는 자율성이 곧 관료 조직의 평판에서 비롯된다고 보고 있다. 즉, 좋은 평판을 지닌 조직일수록 정치적 관여로부터 자유로워진다는 것이다.[3] 후속 연구에

---

3 Carpenter(2002)는 미국 연방정부의 농무성(Department of Agriculture)과 우정성(Post Office Department)이 어떻게 자율성을 획득하였는지를 역사적 제도주의의 관점에서 분석하고 있다. 그는 이 두 조직이 자구적으로 자율성을 획득한 반면 내무성(Department of Interior)이 자율성을 상실하게 된 이유를 비교 분석하여 자율성 획득에 필요한 자원들을 제시하고 있다.

서, Carpenter(2010)는 이러한 평판 기반 정당성은 자율성뿐 아니라 규제권한을 획득한 조직으로 성장하는 데 있어 가장 큰 자산이 되고 있음을 보여 준다.

〈그림 4-2〉는 반부패 업무를 담당하고 있는 기관들의 평판을 시계열로 보여 주고 있다.[4] 왕영민(2023)에 따르면, 현재 반부패 감시 및 통제 기능을 수행하고 있는 정부 조직은 국민권익위원회, 감사원, 내부 감사 기관, 검찰, 경찰, 사법 기관으로 정리할 수 있다. 이에 더하여, 언론과 시민 단체 및 국회와 정당 또한 부패 감시 및 공익 신고 기능을 수행하고 있는 것으로 확인되어, 해당 조직들에 대한 시민들의 평판 인식을 6점 척도로 환산하여 가시화하였다.

분석 결과는 부패 기능을 수행하고 있는 다수의 조직에 대한 학문적 시사점을 제공한다. 첫째, 시민들은 국민권익위원회와 시민 단체를 상당히 긍정적으로 평가하고 있다는 점이다. 이는 국민권익위원회의 비교적 짧은 연혁을 고려해볼 때 매우 고무적인 일이라 할 수 있겠다. 둘째, 감사원과 내부감사기관 등 정부 조직 내의 책무성 기제의 성과 기능적 평판이 매우 높게 나타난다는 점이다. 이는 만연한 정부 신뢰의 적자(trust deficit)나 관료 후려치기(bureaucrat bashing)의 논지를 반박하는데, 시민들은 생각보다 관료 조직의 책무성 기제를 매우 관대하게 보고 있다는 미국의 실험 연구와도 부합한다(Kang, Lee & Park, 2024). 셋째, 정부에 대한 불신이 실은 행정부에 대한 불신이 아닌, 정치에 대한 불만족에서 기인하고 있음을 간접적으로 시사하고 있다. 시민들은 국회와 정당 등 정치 행위자들을 부패 통제 기능 측면에서는 가장 부정적으로 인식하고 있으며, 이러한 경향이 10년에 걸쳐 일관적으로 나타나고 있다는 점을 확인할 수 있다. 마지막으로, 조

---

4 Carpenter(2010)는 관료 조직의 평판을 네 가지 차원, 성과기능적(performative) 차원, 도덕적(moral) 차원, 기술적(technical) 차원, 법절차적(legal-procedural) 차원으로 나누어서 분석한다. 여기서는 데이터의 한계로 성과기능적 차원의 평판만을 분석 대상으로 활용한다.

직에 대한 평판이 상당히 역동적이라는 점이다. 국민권익위원회의 평판은 2019년을 기점으로 시민 단체와 감사원을 제치고 가장 높아지는 것으로 확인되는데, 해당 시점은 정권 차원에서 '반부패 개혁'을 국가 어젠다로 설정하여 5개년 반부패 종합 계획을 실시한 시점과 일치한다.[5] 2018-19년에는 공공재정환수법 시행령 마련, 이해충돌 방지를 위한 부정청탁 금지 조항 신설, 청탁금지법의 보완, 공익신고자보호법 개정 등 다양한 반부패 정책의 확대 집행이 이루어지던 시기이다. 종합하자면, 비다수주의 기관 중 하나인 국민권익위원회의 조직평판은 매우 높은 상황으로, Carpenter(2002)가 분석했던 미국 농무성과 우정성이 평판을 바탕으로 자율성을 획득하기 시작한 초기 단계와 매우 유사한 상황임을 확인할 수 있다.

그림 4-2 부패 통제 기능을 수행하는 기관의 평판 추이(2014-2023)

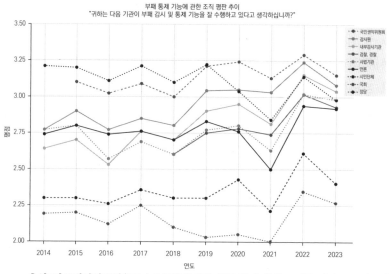

출처: 한국행정연구원(2014-2023)의 정부 부문 부패 실태 조사를 기반으로 재구성

---

5 https://www.acrc.go.kr/board.es?mid=a10402010000&bid=4A&act=view&list_no=8729.

Carpenter(2002)는 미국 농무성의 제도와 역사를 분석하여, 농무성이 평판을 기반으로 자율성을 획득하기까지 세 가지의 원인이 있다고 분석한다. 첫째, 농무성이 과학적 접근을 바탕으로 정책 결정의 공정성을 매우 중요시하였고, 이를 바탕으로 관계 기관 및 대민 소통을 매우 중요한 조직 목표로 설정하고 있었다는 점이다. 둘째, 유연하고 혁신적인 정책을 발굴하여 이에 대한 지원과 투자를 아끼지 않았기 때문이다. 셋째, 이러한 활동을 바탕으로 자체적인 정책옹호 연합(policy coalition)을 구축하고, 이러한 네트워크를 활용하여 식량과 의약 규제에 있어 과학성과 투명성을 우선시한 결정을 내렸기 때문이다.

이러한 관료평판 이론을 국민권익위원회의 사례에 적용해 보면, 해당 기관의 평판 또한 저절로 주어진 것이 아니라는 점을 알 수 있다. 현재 국민권익위원회는 정부 및 공공 기관의 종합청렴도를 평가하는 권한을 가진 일종의 평가 기관 역할을 수행하고 있다. 종합청렴도 평가는 부패에 대한 사후적 관리가 아닌, 사전적 예방을 함에 있어 큰 효과를 발휘하는 매우 혁신적인 정책이다. 나아가, 청렴도평가의 결과가 공공 조직의 성과에 영향을 미치고, 피평가 기관은 이를 바탕으로 반드시 조직 관리를 수반해야 하기 때문에 일종의 자율 규제의 역할을 한다. 이 과정에서 상당한 수준의 정책 파급력이 발생한다. 둘째, 국민권익위원회는 부패 방지의 교육과 공무원 행동강령의 주무 기관으로서, 국내외 반부패 관련 네트워크 형성을 위한 자원이 충분한 조직이다. 마지막으로, 부패 방지에 무엇보다 효과적이라고 여겨지는 공익 및 부패 신고 채널을 운영하고 있다는 부분인데, 이는 곧 반부패 총괄 기관으로서의 정당성 획득에 중대한 역할을 하고 있다. 이러한 국민권익위원회의 정책 자원들은 곧 해당 조직의 평판 형성에 크게 일조하고 있음을 유추할 수 있다.

그럼에도 불구하고, 자율성 획득의 관점에서 현행 국민권익위원회는 여러 가지 아쉬운 측면들이 있다. 첫째, 구축한 종합청렴도 평가결과를 데이터의 형태로 공개하지는 않고 있다는 점이다. 비다수주의 기관과 반부패 기관에 관한 연구들이 동시에 지적하듯, 투명성은 보다 나은 평판의 수립에 필수불가결하다. 이에 향후 종합청렴도 데이터를 공개하여 연구 목적의 활용을 촉진하는 등 학계와의 네트워크 강화에 해당 자원을 보다 적극적으로 활용할 필요가 있다. 둘째, 부패방지 교육과 공무원 행동강령의 운영이 다소 규범적이고 명목적으로 이루어지고 있다는 점이다. 온라인을 통해 이루어지는 장시간의 일방적인 부패 방지 교육은 국민권익위원회를 '종이 호랑이'로 전락시키는 데 크게 일조하고 있다. 이에 부패 방지 교육을 보다 내실화하고, 이를 성과 평가에 활용하는 등 실질적인 규정력을 높여 갈 필요가 있다. 마지막으로, 공익 및 부패 신고의 처리 과정이 매우 불투명하며, 이 과정에서 상당한 정치적 영향력 아래에서 사안들이 처리되고 있다는 점이다. 이는 미국의 공익 신고 주무 기관인 특수검사국(Office of Special Council)과는 매우 대조적인데, 특히 특수검사국이 공익 신고의 접수, 처리, 결정 과정, 그리고 신고자의 의견 서한을 모두 공개하여 상당한 수준의 징치적 투명성과 정당성을 확보하고 있는 것과는 크게 괴리되는 지점이다.[6] 즉, 국민권익위원회는 비다수주의 기관의 입장에서 해당 사안들을 보다 시민 관점에서 처리할 필요가 있음에도 기존의 수사 기관들과 매우 유사하게 운영하고 있다. 상기 세 가지 사항들은 곧 국민권익위원회의 추가적인 정당성 확보에 큰 영향을 미칠 것으로 예상된다.

---

6 미국의 특수검사국(Office of Special Counsel)은 공익 신고의 내용과 처리 과정을 사안이 종결되는 시점에서 모두 공개하고 있다. 이러한 정보는 https://osc.gov/PublicFiles에서 실시간으로 확인이 가능하다.

V | 결론 및 제언

이 장에서는 국민권익위원회를 반부패 기능의 비다수주의 기관으로서 분석하고, 조직 구조, 정치적 환경, 그리고 자원의 측면에서 해당 기관이 독립성을 확보하고 효과적인 반부패 업무를 수행할 수 있는 방안을 제시하였다. 반부패 기관은 본질적으로 정치적 중립성과 독립성을 확보해야 하지만, 동시에 민주적 문책성도 요구되는 복합적인 조직이다(Meagher, 2005; Quah, 2010). 이러한 양면적 특성으로 인해 반부패 기관이 직면하는 가장 큰 도전은 정치적 영향력에서 자유로우면서도, 동시에 국민과 이해관계자들로부터 정당성을 인정받아야 한다는 점이다(Gregory, 2015). 본 연구는 이러한 맥락에서 국민권익위원회의 조직적 특성과 반부패 기능의 효과성을 분석하고, 해당 기관이 앞으로 나아가야 할 방향에 대해 몇 가지 정책적 제언을 도출하였다.

먼저, 국민권익위원회는 법적 독립성을 보장받고 있음에도 불구하고 실질적 독립성(de facto independence)이 충분히 확보되지 않은 상태이다. 이는 반부패 기관 연구에서 지속적으로 제기되는 문제이며, 대다수의 국가에서 반부패 기관이 독립성을 유지하기 위해 끊임없이 제도적 개편과 정치적 협상을 반복해야 하는 현실을 반영한다(Quah, 2017). 국민권익위원회는 국무총리 소속 기관으로서 독립적인 권한을 가지고 있으나, 기관장 및 위원의 임명 과정에서 정치적 영향을 받을 가능성이 존재하며, 주요 정책 결정 시 행정부의 정책 기조와 충돌할 경우 상당한 압박을 받을 수 있다. 반부패 기관의 정치적 독립성 문제는 단순한 조직 개편이나 법 개정만으로 해결될 수 있는 사안이 아니다. Doig & Norris(2012)에 따르면, 반부패 기관이 효과적으로 기능하기 위해서는 정치적 개입을 최소화할 수 있는 제도적 보호 장치뿐만 아니라, 해당 기관이 스스로 국민적 지지와 국제적 정당성을 획득하는 전략을 병행할 필요가 있다.

부패 통제 기능을 수행하는 조직들에 대한 평판 분석 결과에 따르면, 국민권익위원회는 감사원, 검찰, 경찰, 내부 감사 기관 등과 비교해 가장 높은 평판을 기록하고 있다. 이는 국민들이 국민권익위원회의 부패 감시 및 통제 기능을 긍정적으로 평가하고 있으며, 기관의 정책 수행 역량에 대한 신뢰가 형성되어 있음을 보여 준다. Carpenter(2010)가 분석한 미국 농무성과 우정성의 사례와 유사하게, 국민권익위원회 또한 평판을 바탕으로 점진적으로 자율성을 확보할 수 있는 단계에 도달했다는 점을 시사한다. 이러한 높은 평판은 단순한 이미지가 아니라, 국민권익위원회가 자율성을 확보하는 데 활용할 수 있는 핵심적인 정치적 자원이다. 이를 효과적으로 활용하기 위해서는 기관의 핵심 기능을 강화하고, 정치적 영향력으로부터 독립성을 확립하며, 정책적 정당성을 공고히 할 필요가 있는 시점이다.

국민권익위원회의 조직 구조, 정치적 환경, 그리고 평판 자원에 대한 분석은 다음과 같은 제언을 제공한다. 첫째, 국민권익위원회의 정치적 독립성을 제도적으로 강화해야 한다. 국제적으로 성공적인 반부패 기관들은 정부 조직 내에서 독립적인 위상을 유지하거나, 최소한 정치적 개입을 견제할 수 있는 구조를 가지고 있다(Gregory, 2015). 국민권익위원회의 경우, 국무총리 소속으로 운영되면서 대통령과 행정부의 정책 기조에 직접적인 영향을 받을 가능성이 크다. 이에 따라 국민권익위원회를 대통령 직속 기관으로 격상하거나, 독립적인 반부패 위원회 형태로 개편하는 방안이 논의될 필요가 있다. 또한, 위원장 및 위원의 임명 과정에서 국회와 시민 사회가 보다 적극적으로 참여할 수 있도록 절차를 개선하는 것도 고려해야 한다. 예를 들어, 국민권익위원회 위원으로 국회 추천 3인, 대법원 추천 3인을 대통령이 임명하도록 하고, 위원장 임명 시 인사청문회를 의무화하는 것이다.

둘째, 반부패 정책의 효과성을 높이기 위해 데이터 개방과 협력 체계를 강화해야 한다. 현재 국민권익위원회는 공공 기관의 청렴도를 평가하는 종합청렴도 평가를 실시하고 있으나, 해당 데이터는 제한적으로만 공개하고 있다. 국제적으로는 반부패 기관들이 공공 기관의 부패 통제 실태와 관련된 데이터를 보다 투명하게 공개하고, 이를 활용해 정책적 대응 방안을 마련하는 것이 일반적이다(Meagher, 2005). 국민권익위원회 역시 종합청렴도 평가 결과를 보다 세부적으로 공개하고, 학계 및 시민 사회와 협력하여 데이터를 활용할 수 있도록 해야 한다. 예를 들어, 부패 관련 빅 데이터 분석 시스템을 구축하여 실시간으로 공공 기관의 반부패 노력과 성과를 평가하고, 이를 바탕으로 기관별 맞춤형 개선안을 제공하는 방식이 고려될 수 있다.

셋째, 공익 및 부패 신고 시스템의 투명성을 확대하고, 신고자 보호를 강화해야 한다. Quah(2009)는 반부패 기관이 실질적인 독립성을 확보하기 위해서는 공익 신고자의 보호를 강화하는 것이 필수적이라고 강조하였다. 현재 국민권익위원회의 신고 시스템은 기존 사법 기관(검찰, 경찰)과 유사한 구조를 가지고 있으며, 이로 인해 신고자의 신뢰 확보 및 독립적인 조사 진행에 한계가 발생할 가능성이 있다. 이를 해결하기 위해 공익 신고 접수 및 처리 과정을 보다 투명하게 공개하고, 신고자의 익명성 보호 및 보상 제도를 확대하며, 미국 특수검사국(Office of Special Counsel)과 같은 독립적인 신고자 보호 기구를 신설하는 방안을 검토할 필요가 있다. 또한 반부패 신고와 관련한 정보의 비공개 원칙을 유지하면서도, 신고자의 신뢰를 높이기 위해 사건 처리 과정의 진행 상황을 일정 부분 공개하는 것도 하나의 대안이 될 수 있다.

마지막으로 부패 방지 교육과 행동강령 운영의 실효성을 제고해야 한다. Gregory(2015)는 반부패 기관이 단순한 감시 역할을 넘어, 조직 내부의 청렴 문화를 형성하는 것이 중요하다고 주장했다. 국민권익위원회가 운영하는 부패 방지 교육과 공무원 행동강령은 현재 형식적인 절차로 운영되는 측면이 강하며, 실질적인 행동 변화를 유도하는 데 한계가 있다. 따라서 부패 방지 교육을 공직자의 승진 및 평가 기준에 반영하고, 행동강령의 준수 여부를 실질적으로 점검하는 모니터링 시스템을 도입하며, 온라인 강의 중심이 아닌 실질적 토론 및 사례 기반 교육을 강화할 필요가 있다. 특히 국제 반부패 기준에 맞춘 사례 중심의 교육 프로그램을 개발하여, 공직자들이 실무에서 윤리적 딜레마를 해결하는 역량을 강화할 필요가 있다.

제5장

규제 기관의 제도적 특성과 문책성의 한계: 방송통신위원회 사례

김다은 |

Ⅰ | 들어가는 글

우리나라의 방송통신위원회(이하 방통위)는 방송·통신 분야의 정책과 규제 기능을 통합하여 관장하는 대통령 직속 중앙 행정 기관이다. 방통위는 방송사 재승인 심사, 공영방송 관리, 방송 광고 규제, 방송 편성 기준 심사 등의 주요 업무를 통해 방송의 공정성과 공익성을 유지하고, 언론의 자유와 책임을 보장한다. 이처럼 민주주의의 근간과 연결되는 언론에 대한 규제 기능을 수행하기 때문에, 방통위의 중립성과 독립성은 그동안 여러 가지 측면에서 관심의 대상이 되어 왔다. 그러나 설립 이후부터 지금까지 방통위를 대표하는 위원장 인사 등을 두고 여러 논란이 반복해서 발생하였다. 최근에는 5인 위원 완전체가 아닌 2인으로 공영 방송 이사의 해임이나 TV 수신료 분리 고지, 민영화를 위한 YTN 최대 주주 변경 승인 등 주요 결정을 내려왔다. 야당이 장악한 국회는 제9대 이동관, 제10대 김홍일 방통위원장을 대상으로 연속 탄핵 소추를 발의하였으며, 제11대 이진숙 위원장은 취임 이틀 만에 탄핵 소추가 의결되어 업무가 정지되었다.

2008년 3월 방통위 설립 이후 주요 전국 일간지의 신문 기사에 '방송통신위원회' 키워드가 등장한 빈도를 살펴보면 〈그림 5-1〉과 같다.[1] 주로 위원장의 교체가 일어나는 시기에 많은 이슈가 있으며, 3년 임기를 끝까지 마치는 경우가 많지 않다는 점을 알 수 있다. 관련 신문 기사가 가장 많이 보도된 2013년 3월에는 박근혜 행정부 출범으로 미래창조과학부가 신설되면서 방통위 소관의 지상파 방송과 종합유선방송(SO), 아이피티브이(IPTV)와 위성 텔레비전 관련 인·허가권과 법령 제·개정권을 비롯한 방송 통신 규제 업무를 이관하는 것을 둘러싼 여야 간의 대립이 보도되었다.[2] 이 외에도 여당 소속 대통령 측근 인사를 방통위원장으로 내정하고 이에 따른 조직 인사 개편을 단행하는 등의 이슈들도 있었다.[3] 가장 최근인 2024년 7월을 보면, 2일에 국회의 탄핵안 표결 직전 김홍일 방통위원장이 사퇴하였으며,[4] 4일 이진숙 위원장의 지명 이후 국회의 인사청문회가 진행되었다.[5] 야당의 반발에도 불구하고 대통령은 31일 위원장과 상임위원 1명을 동시에 임명하였고 취임 당일 2인 의결로 MBC 대주주인 방송문화진흥회 등 공영 방송 이사진을 선임하자,[6] 8월 1일 야당은 본회

---

1 BigKinds 뉴스 검색 결과 총 37,519건(검색 기간: 2008.03.01.~2025.02.16., 검색키워드: 방송통신위원회, 주요일간지: 경향신문, 국민일보, 내일신문, 동아일보, 문화일보, 서울신문, 세계일보, 아시아투데이, 조선일보, 중앙일보, 한겨레, 한국일보).

2 https://www.hani.co.kr/arti/politics/politics_general/576393.html; https://n.news.naver.com/mnews/article/086/0002148181?sid=105; https://www.joongang.co.kr/article/11008404.

3 https://www.hankookilbo.com/News/Read/201303241763717270; https://n.news.naver.com/mnews/article/005/0000547940?sid=101.

4 https://www.hankookilbo.com/News/Read/A2024070209450005142; https://www.segye.com/newsView/20240702505198.

5 https://www.kmib.co.kr/article/view.asp?arcid=0020273142; https://www.asiatoday.co.kr/kn/view.php?key=20240725010015558.

6 https://www.donga.com/news/article/all/20240731/126243144/1; https://www.segye.com/newsView/20240731518117.

의에 방통위원장의 탄핵 소추안을 발의하고 다음 날 가결하여 업무를 정지시켰다.[7]

그림 5-1 전국 일간지 기사에 등장한 방송통신위원회 키워드 동향 (2008.03~2025.02)

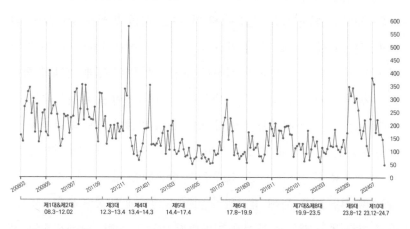

이러한 방통위를 둘러싼 일련의 논란들을 보면 방송 통신 규제 기관으로 공정성과 정치적 중립성을 확보해야 하는 조직임에도 불구하고 이에 대한 우려가 끊임없이 제기되고 있다. 정권이 바뀌면 방통위 위원장과 위원이 교체되고, 위원 수가 부족함에도 여러 중요한 의사 결정을 내리는 등 "논의와 합의라는 위원회제도의 본질은 사라지고, 다수의 힘으로 집권 여당이 일방적으로 방송 정책을 결정하는 형해화한 기구"라는 비판을 받기도 한다.[8] 그렇다면 이와 같은 논란은 어떠한 원인에서 비롯된 것일까? 본 연구에서는 규제 기관으로서 방통위가 지닌 제도적 특성에 주목하였다.

---

7 https://www.chosun.com/politics/assembly/2024/08/02/OFXHIBDBJRGZ
   PACYKMTXUOBQRE/?utm_source=naver&utm_medium=referral&utm_campaign=
   naver-news.

8 https://www.munhwa.com/news/view.html?no=2024070301073111000002.

규제 기관으로서 방통위는 법적으로 그 운영상의 독립성이 보장된 합의제 기관으로 존재하기에 상대적으로 다른 독임제 기관들에 비하여 독립성이 강하다고 평가된다(김희경, 2009; 이성엽, 2014). 그러나 대통령 직속 중앙 행정 기관이기에 업무 수행의 실질적인 독립성이 확보될 수 있는가에 대한 지적도 존재한다(조소영, 2009; 김소연, 2013c; 허진성, 2023). 이에 방통위의 규제 기관으로서의 특성을 알아보기 위하여, 본 연구는 독립 규제 기관의 제도적 특성을 바탕으로 방통위와 비교하고자 한다. 또한 독립성을 보장하기 위한 규제 기관의 제도적 특성이 이들의 문책성 메커니즘에 어떠한 영향을 주었는지 알아본다. 이를 위해 아래에서는 먼저 독립 규제 기관의 제도적 특성과 문책성에 대한 이론적 논의를 진행한다. 그리고 관련 법령과 기관의 백서, 통계자료 등 문헌 자료를 활용하여 방통위에 대한 단일 사례 연구를 수행한다. 이를 통해 방통위가 어떠한 맥락에서 설립되었는지, 그리고 이로 인한 제도적 특성은 어떠한지 미국의 독립규제위원회와 비교하여 정리하고 이러한 제도적 특성이 규제 기관의 문책성에 어떠한 영향을 미쳤는지 살펴보면서 글을 끝맺고자 한다.

Ⅱ 이론적 배경

1. 규제 기관의 제도적 설계

규제 패러다임의 전환은 제도적 맥락을 변화시키며, 정부의 규제 기관에도 큰 영향을 준다. 정부의 규제 기관은 상충되는 이해관계를 지닌 집단들 사이의 정치·경제적 상호 작용이 일어나는 무대로서 중요한 의미를 지닌다(최병선, 2006). 정치와 행정, 시장 간의 상호 작용이 규제 기관의 조직 특성에 영향을 미치는 것이다. 이로 인하여 규제 기관이 어떻게 설계되었는지 설명하기 위해서 제도적 접근에서는 규제 기관에 영향을 주는 요소들 중 정책 학습이나 제도적 동형화 이외에도 국가별로 서로 다른 규제의 환경적 맥락(예컨대 국가적 규제전통이나 구조, 정치적 리더십, 민영화나 신공공관리 등의 국가개혁)에 주목하였다(Thatcher, 2002). 예컨대 미국의 경우 19세기 후반부터 시작된 산업 변화와 함께 대통령 중심제와 권력 분립을 바탕으로 한 정치 세력들의 견제와 균형이라는 정치적 맥락 속에서 독립성을 바탕으로 전문성과 자율성을 확보한 독립 규제 기관(Independent Regulatory Agency, IRA)이 등장하였다. 미국 최초의 독립 규제 기관으로 여겨지는 주간통상위원회(Interstate Commerce Commission, ICC)는 급격히 복잡해진 경제 활동과 기술적 전문성의 필요성으로 인해 1887년 탄생하였다. ICC는 설립 2년 후 의회에 의해 행정부로부터 독립된 법적 지위를 갖춘 독립규제위원회로 전환되었는데 이는 대통령이 철도회사 변호사 출신이라는 점에서 철도회사의 이익에 영향을 받을 가능성을 차단하기 위함이었다(최진욱, 2014). 이처럼 미국에서 독립규제위원회는 집행부의 계층제 구조 밖에 설치되어 정치적 파당이나 사회 세력의 부당한 영향력으로부터 독립되어 중립적이고 공정하게 업무를 수행함으로써 전문성을 강화할 수 있었다. 그리고 의회는 입법 장치를 통해 독립규제위원회의 전문적 업무 수행에 필요한 상당한 수준의 결정권과 자율성을 보장해 주었다(Pildes & Sunstein, 1995). 즉, 독립규제위원회라는 조직 유형은 민주주의 원칙과 정치적 권력을 둘러싼 대통령과 의회 간의 대립과 견제, 그리고 규제 정책의 전문성 및 독립성을 통한 정책의 효율성 향상이라는 복잡한 맥락을 바탕으로 설계된 것이다(최진욱, 2014).

다른 한편으로 유럽에서는 1980년대에 접어들면서 규제 국가로의 전환 과정에서 전문적 역량을 바탕으로 시장 질서를 감시하며 협력과 조정 역할을 담당하는 독립 규제 기관이 확산되었다(Gilardi, 2002;

Majone, 1997a). 1980년대 이후 신자유주의와 시장자유주의의 부상과 함께 작은 정부로의 행정 개혁이 이루어졌다. 이와 함께 추진된 규제 개혁과 민영화는 정부의 시장 개입을 축소할 것으로 기대되었으나, 오히려 정부는 직접 개입 대신 표준 설정과 간접적 규제를 통해 시장 질서를 감시하는 새로운 역할을 담당하게 되었다. 국가로부터 시장을 독립시키는 과정에서 시장의 건전성 유지를 내세워 정부가 보다 정교한 규제 장치를 통해 경제와 사회를 관리하는 '규제 국가'가 등장하게 된 것이다(Majone, 1994b; 1997a; Moran, 2002). 이러한 과정에서 복잡하고 전문적인 영역의 규제 업무를 수행하기 위해 유럽에서도 영미식 독립규제위원회를 기반으로 독립성을 보장받음으로써 시장과 정치의 영향력으로부터 벗어나 전문성에 기반하여 규제 권한을 행사할 수 있는 독립 규제 기관이 다수 도입되었다(Gilardi, 2002; Majone, 1997a; Jordana & Levi-Faur, 2004).

이처럼 독립 규제 기관이 등장하게 된 맥락을 살펴볼 때, 가장 중요하게 여겨지는 가치 중 하나는 '독립성'이다. 일반적으로 독립 규제 기관은 '행정부로부터 분리되어, 선출직 공직자에 의해 운영되지 않는, 독자적인 권한과 책임을 지닌 기관'으로 정의된다(Thatcher, 2002). 즉, 제도적·조직적으로 일반적인 관료 체제에서 분리되어 있다는 특징을 지니며, 선출직 정치인으로부터 영향을 받지 않는다는 점에서 의사결정에 상당한 자율성을 누리는 특수화된 조직이다(Gilardi & Maggetti, 2011). 다음으로는 이러한 독립성이라는 가치를 중심으로 설립된 규제 기관이 어떠한 제도적 특성을 지니게 되는지 살펴본다.

2. 규제 기관의 제도적 특성

규제 기관의 제도적 특성에 있어서 가장 대표적인 것은 규제 기관의 독립성에 초점을 두고 이를 집행부 외부에 설치할 것인지 아니면 집행부 내부에 둘 것인지에 따른 지위적 구분이다. 독립형-부처형 기준에 따르면 규제 기관을 정부 조직도상에서 다른 행정 부처들과 별도로 설치하여 집행부 소속이 아닌 밖에 둔다면 독립적 지위를 지니고, 규제 기관을 행정부 소속으로 설치한다면 행정 부처의 하나로 자리한다(Meier, 1980). 집행부에 소속되면 행정부의 수반인 대통령의 영향에서 벗어날 수 없다. 반면에 독립된 조직으로 설치되는 경우 대통령의 감독과 통제를 비롯한 정치적 간섭에서 상대적으로 자유롭다. 전자가 전통적인 행정 조직에 해당하고 후자는 그 조직 유형과 운영에 있어서 차별성을 지닌다(최진욱, 2014).

이외에도 규제 기관은 의사결정 구조를 기준으로 다수 구성원의 합의를 통해 내려지는 위원회형(합의제형)과 한 명의 책임자에 의해 최종 결정을 내리는 독임제형으로 구분된다. 독임제 구조는 전통적인 계서제 행정 조직에서 활용되며, 최종 결정을 담당하는 한 명의 책임자, 주로 장관을 정점으로 하부에서 상부까지 각각의 공직자들이 임무를 맡아 주어진 업무 범위 안에서 결정을 내리고 처리하는 피라미드형에 해당한다(서승환, 2014). 따라서 기관장에게 의사결정 권한과 책임이 귀속되어 상대적으로 의사결정이 신속하고, 책임 소재가 명확하다. 반면 합의제 구조는 서로 동등한 입장에서 여러 위원이 함께 다수결을 통해 하나의 결정을 내리게 되는 수평적인 조정 형태를 지닌다. 또한, 여러 명의 위원으로 구성되어 이들을 상대로 독점적, 특권적 영향력을 행사하기가 상대적으로 어려워서 정치적 영향력으로부터의 독립성 보장이 용이하다(안정민, 2008). 이와 같은 두 가지 기준을 활용하면 규제 기관의 유형은 크게 독립규제위원회와 부처형 규제 기관(department regulatory agency, DRA)으로 구분된다(Meier, 1980: 2007).

먼저 미국의 독립규제위원회를 바탕으로 독립규제위원회의 특성을 설명하면 다음과 같다. 독립규제위원회는 집행부 외부에 설치되며 구조적 독립성을 지니기에 대통령이나 장관들의 감독과 통제에서 벗어나 부당한 외부로부터의 압력에 저항할 수 있다. 또한 규제 업무를 수행하기 위해 독립규제위원회는 입법부에 속하지 않지만, 의회의 입법을 통해서 국민의 권리와 의무에 영향을 미치는 법규 명령이나 규칙을 제정할 수 있는 준입법권을 위임받으며, 집행부에 속하지 않지만 이러한 규칙을 시행하여 규제를 집행한다.[9] 이외에도 전문성을 활용하여 분쟁이나 위반 사례를 심리하고 법적 구속력을 가진 판단을 내리는 준사법적 기능도 수행한다. 구조적 측면에서 독립규제위원회는 의사결정의 권한과 책임이 위원들 간에 분담되는 위원회 구조로 설계된다. 따라서 집단적인 의사결정을 통해 자의적 행정을 방지하고, 전문성을 갖춘 위원들의 다양한 경험과 관점을 반영할 수 있다. 주요 결정은 재적 위원 과반수의 출석과 출석 위원 과반수의 찬성으로 의결된다. 총 위원의 수는 주로 5명이나 7명 등의 홀수로 구성되며, 기관에 따라 각각 다르다.[10] 위원들은 의회의 자문이나 동의를 얻어 대통령이 지명하고, 상원의 인준을 받아 임명되고, 위원장은 대통령이 지명한다. 정치적 균형을 보장하기 위해 특정 정당 소속의 위원이 과반수를 초과하지 않도록 제한된다.[11] 위원들의 임기는 5-7년으로 대통령의 임기(4년)보다 길고, 연속성을 유지하기 위해 한꺼번에

---

9 이러한 독립규제위원회의 권한들은 의회의 입법권이나 대통령의 행정권보다는 특정 기술적, 전문적 영역에 집중하여 일정한 범위로 한정되어, 이에 준한다(quasi)는 의미에서 준입법권, 준사법권으로 표현된다(안정민, 2008).

10 미국의 연방통신위원회(Federal Communications Commission, FCC)는 설립 당시에는 7인의 위원으로 구성되었으나 현재는 5인의 상임위원으로 구성된다.

11 예를 들면 FCC의 경우 총 5인의 위원 중에서 동일한 정당에서 3인을 초과해서 임명할 수 없다(안정민, 2008).

끝나는 것이 아니라 순차적으로 끝나도록 중첩적으로 설정된다. 그리고 행정부로부터의 독립성을 위하여 위원들의 임기를 보장하며 다른 공무원과 달리 위원에 대한 해임에 법적 제한을 두는 등 공무원을 해임할 수 있는 대통령의 재량이 제한된다(김희경, 2009).[12] 즉 공식적으로 정당화되지 않은 해임은 불가능하며, "정당한 사유(causes)" 없이는 대통령이 해임할 수 없다. 따라서 임명이 되고 나면 법적으로 임기나 권한의 독립성이 보장된다. 마지막으로 위원의 자격 요건은 특정 산업 또는 분야에 전문성을 가진 자로서, 일정한 기준(해당 분야에 대한 전문 지식 혹은 경험)을 법률로 규정하고 있다.

부처형 규제 기관은 집행부 소속 기관(executive branch agency)으로서 기관장을 대통령이 임명하는 독임제 형태의 계서제 조직으로 구조화된다.[13] 따라서 대통령이나 소속 부처의 장관에게 직접적인 통제를 받는다. 일반적인 계서제 행정부 조직으로서 공무원들로 구성되어 있기에 규제 기관의 장을 임명하고 교체하는 것은 대통령의 고유한 권한이나, 미국의 경우 상원의 승인 절차를 거쳐야 한다. 규제 기관의 경우에만 특별히 임기가 보장된 것은 없으며, 국정 운영을 위해 교체 가능하다. 전문성에 있어서도 일반 행정직 공무원으로, 전문성보다는 행정 경험과 직책 수행 능력을 기반으로 임명된다. 부처형 규제 기관 역시 규제 업무를 수행하기 위해 주어진 행정권을 바탕으로 규제를 집행하며, 일반적인 행정 부처에서 행사하는 것과 마찬가지로 시행령

---

12 Humphrey v. U.S. 판결(295 U.S. 602, 1935)에서 미국 연방대법원은 '연방거래위원회(FTC)의 위원인 험프리는 법률에 의해 임기가 보장되는 독립규제위원회의 위원이며, 이러한 위원회는 준사법적 및 준입법적 기능도 수행하고 있기 때문에 순수한 집행적 기능의 행정공무원과는 경우가 다르며, 따라서 대통령은 법률에 규정된 상당한 사유가 있는 경우에만 위원을 파면할 수 있다'고 판시하였다(이환경, 2023).

13 부처형 규제 기관 유형을 좀 더 세분화하면, 행정 부처로 설립되는 경우 이외에도 행정 부처의 하부 보조 기관인 내부 조직형, 행정 부처에 소속된 산하의 독립위원회 형태의 독립 기관 등으로도 구분될 수 있다(Gujarati, 1984).

과 시행규칙 등의 행정입법권을 행사할 수 있다. 이 외에도 행정처분, 청문회 개최, 과태료 부과 등을 통해 규제 위반 사항에 대한 조사와 제재를 결정하는 준사법 기능을 수행하기도 한다. 이들은 독립규제위원회와 달리 집행부에 소속되어 다른 행정 부처들과의 협력 및 의견과 정책의 조정이 용이하다. 그리고 정책 고객의 지원과 해당 산업의 진흥을 정책 목표로 하는 행정 부처 소속으로서 다양한 비규제적 프로그램도 함께 수행한다(Meier, 1980). 그러나 독임제 구조로 인해 기관장이 독단적으로 결정을 내리는 경우 이에 대한 견제가 어렵고, 계층제 구조로 인해 상급자로부터의 부당한 압력에 취약하다.[14] 이로 인하여 독립규제위원회와 비교하였을 때 독립성과 전문성, 정치적 중립성이 상대적으로 약하다는 비판도 존재한다(서보국 외, 2012). 또한 소관 영역의 진흥과 규제를 동시에 담당하기 때문에, 서로 상충 가능성이 높은 정책목표와 업무들이 혼재되어 규제 기관이 이해관계자와 타협을 통해 산업의 진흥을 규제 업무보다 우선하게 될 가능성에 대한 우려도 존재한다(최병선, 2006).

그런데 규제 기관이 이처럼 특정한 제도적 특성을 지니게 되는 것에는 그만한 이유가 있다. 행정부와 입법부, 그리고 이익 집단과의 관계에서 규제 기관이 어떤 형태로 설계되었는가에 따라서 누가 어떤 방식으로 영향력을 행사할 수 있는지가 결정되기 때문이다(Wood & Bohte, 2004). 즉, 규제 기관 조직 유형의 결정에는 이들이 처한 정치적인 환경과 더불어 관련 법과 제도를 형성하는 대통령과 국회가 결정적인 영향을 준다(Gujarati, 1984). 규제 기관에 관여하는 정치적 주인들은 규제 기관의 독립성을 자신의 이해관계에 비추어 해석할 것

---

14 이를 보완하기 위하여 연방에너지부에 소속된 연방에너지규제위원회(Federal Energy Regulatory Commission, FERC)의 경우처럼 "에너지부 장관이나 부처의 다른 공무원의 의견에 종속되지 않는다"라고 규정함으로써 부처로부터 독립적인 행정 작용을 추가적으로 보장하기도 한다.

이며, 그 선호에 따라 규제 기관이 설립되는 과정에서 이들의 제도적 특성이 달라질 수 있는 것이다. 예컨대 의회는 자신들의 통제를 강화하여 규제 영역에서 권력의 균형을 실현할 수 있다는 점에서 집행부, 특히 대통령으로부터 독립성이 강화된 독립규제위원회를 선호한다 (Seidman, 1998). 반면 대통령은 조직 구성이나 운영에 직접 감독권을 행사하고 업무 수행을 통제할 수 있는 부처형 규제 기관을 선호한다. 의사결정 구조의 측면에서도 대통령은 직접 자신에게 책임을 지는 독임제 구조를 선호한다면, 국회는 위원을 선임하는 데 정당이 영향을 줄 수 있는 위원회 구조를 선호할 것이다(Gujarati, 1984).

이처럼 규제 기관에게 있어서 독립성이라는 가치는 이들 기관의 제도적 특성을 결정짓는 역할을 한다. 그런데 동시에 규제 기관은 독립성으로 인하여 국민의 대표들로 구성된 다수주의 정치 기관과의 거리두기로 민주적 정당성이 결여될 수 있다는 내재적 한계를 지닌다. 오늘날의 독립 규제 기관들은 정치적 영향력에서 단절된 동시에 유권자가 직접 책임을 묻지 않는 비다수주의 기관임에도 강력한 규제 권한을 위임받아 행사하기 때문이다(Majone, 1994b; Gilardi, 2002; Baldwin, Cave & Lodge, 2012). 대의 민주주의, 혹은 다수주의 관점에서 공공 행정 기구들은 위임과 통제를 받는 한, 즉 민주적으로 선출된 정치인에 의해 통제되거나 그들에게 책임을 지는 한도 내에서 민주적이라고 여겨져 왔다(Hupe & Edwards, 2012; Bertelli, 2021). 그러나 만약 규제 기관들을 대상으로 정치가들로부터의 위임과 통제가 제대로 작동하기 어렵다면, 이들 비다수주의 기관의 민주적 정당성은 어떻게 확보할 수 있는가? 이러한 질문에 답하기 위한 것이 바로 규제 기관의 문책성에 대한 논의이다.

3. 규제 기관의 문책성

1) 문책성의 중요성

규제 권한이 선출된 정치 권력과 거리를 두는 기관에 위임되면서 발생하는 문제들을 극복하기 위하여 연구자들은 독립 규제 기관의 문책성(accountability) 개념에 주목하였다(Majone, 1999; Scott, 2000; Maggetti, 2010; Koop, 2011; Verhoest, Molenveld & Willems, 2015). 독립성이 독립 규제 기관에게 자율성을 부여하였다면, 문책성은 독립 규제 기관으로 하여금 자신의 행위를 설명하고 정당화하도록 의무를 부여한다(송영주, 2023). 즉, 문책성은 민주적 정당성을 규제 기관에 제공하는 동시에 이들 기관과 다른 정치 권력들과의 견제와 균형을 유지하는 중요한 요소로 작용한다(Majone, 1999; Bovens, 2010; Koop, 2011; Koop & Hanretty, 2018). 이러한 맥락에서 여러 선행 연구는 규제 기관의 문책성 수준에 관심을 가지고, 이를 측정하기 위한 다양한 도구들을 개발하는 데 초점을 맞추어 왔다(Edwards & Waverman, 2006; Hanretty & Koop, 2012; Jordana, Fernández-i-Marín & Bianculli, 2018; Maman, 2022).

문책성의 개념을 어떻게 정의하는가는 이러한 문책성의 범위 및 정도를 측정하는 데 큰 영향을 미칠 수 있다. 규제 기관에게 문책성이란 광의로 보면 규제 기관에게 적절한 행동이 무엇인지 나타내는 일종의 가치이자 규범에 해당한다.[15] 그러나 광의의 개념은 이를 구성하는 다양한 개념들이 서로 중첩되어 구체적으로 규제 기관의 문책성 측정에 활용하기는 적합하지 않다. 반면 보다 협의로 접근할 경우, 책

---

15 문책성은 일종의 포괄적 개념(umbrella concept)으로서 투명성(transparency), 공정성(equity), 민주주의(democracy), 효율성(efficiency), 대응성(responsiveness), 책임(responsibility), 청렴성(integrity) 등 다양한 개념을 포함하여 광범위하게 정의되는 경우가 많다(Bovens, 2007).

무를 부담하는 행위자(actor, the accounter)와 책무를 요구하는 주체인 포럼(forum, the accountability holder) 간의 관계 중심으로 구체화할 수 있다(Bovens, 2007). 행위자는 의회나 법원, 시민 사회 등의 관련 이해관계자들로 구성된 포럼에 자신의 행동을 명확하게 설명하고 정당화할 책무를 부담한다. 그렇기에 포럼은 행위자에게 질문을 하고 판단을 내리며, 행위자는 그 결과에 직면하게 된다. 따라서 협의로 문책성 메커니즘을 파악하면, 책무를 부담하는 상대에게 특정한 방식으로 행동을 설명하거나 정당화하는 일종의 절차나 기준이 되고, 포럼은 이를 구체화함으로써 규제 기관이 위임받은 권한을 남용하거나 오용하는 것을 감지하고 예방할 수 있다(Bovens, 2010). 본 연구에서는 이러한 협의의 문책성 개념을 바탕으로 문책성 메커니즘이 어떻게 규제 기관에게 적용되고, 운영되는지 살펴보겠다.

문책성 측정에 앞서 기본이 되는 질문은 '누구에 대한 문책성인가 (accountable to whom)'와 '무엇에 대한 문책성인가(accountable for what)' 일 것이다(서승환, 2014). 이 두 가지가 먼저 구체화되어야 문책성을 어떻게 구현할 것인지 그 방식이 결정되기 때문이다. 전자는 문책성의 대상을 의미하며, 문책성의 포럼의 범위와 관련된다. 주로 입법부와 사법부, 행정부와 대통령뿐만 아니라 피규제자인 소관 산업, 소비자, 그리고 일반 대중과 시민 사회까지 포괄한다. 문책성의 관계는 그 대상인 포럼의 성격에 따라서 달라진다. 방향에 따라 크게 구분하면 먼저 정치적 주인(political principal)으로서 대통령이나 장관, 의회로부터의 통제에 기반한 상향적 문책성(upwards accountability)이 존재한다. 하향적 문책성(downwards accountability)은 규제 거버넌스 안의 문책성 포럼과의 상호 작용과 대화 메커니즘을 통한 참여에 기반한 것으로서 규제 대상이나 기타 이해관계자들과의 관계에서 부담하는 문책성을 의미한다. 무엇에 대한 문책성을 부담하는가의 측면에서는 예산이나 재정 활동과 관련된 재정적 문책성, 업무 수행 절차에 중점을 둔 절차적 문책성, 결과나 산출에 중점을 두는 산출적 문책성으로도 구분 가능하다(Bovens, 2007).

2) 문책성의 측정

규제 기관의 문책성을 측정한 선행 연구들은 문책성 메커니즘이 특정 정책 및 국가적 상황에 얼마나 적합한지, 그리고 얼마나 적절하게 작동하고 있는지에 초점을 두고 규제 기관이 누구에 대해, 어떠한 책임을 지는지 법이나 제도 등의 공식적인 문책성 메커니즘을 주로 분석한다. Fernández-i-Marín et al.(2015)은 115개국의 규제 기관의 법적 문책성 메커니즘을 분석하기 위해 규제 기관이 정치적 주인인 소관 부처, 행정부, 의회에 대한 상향적 문책성과 규제 대상과 이해관계자들에 대한 하향적 문책성을 구분하였다. 상향적 문책성의 경우 일방적 책임으로서 정보제공, 쌍방적 책임으로서의 보고서 승인과 다양한 통제 방식(연례 보고서 제출, 정보 제공) 등 공식적 절차를 통해 측정하였다. 하향적 문책성은 일방적 책임으로서 연례 보고서나 기관 결의 사항 및 이사회 회의록 등 기관 활동 정보의 온라인 공개, 쌍방적 책임으로서 이해관계자와의 상호 작용(공개 협의, 공청회 등)을 통해 측정하였다.

Koop(2015)는 유럽 국가를 포함한 21개 선진국 규제 기관을 대상으로 법적 문책성(mandatory accountability)을 재정, 성과, 공정성 등 세 가지 측면에서 측정하였다. 상향적 문책성은 각 기관이 정부와 의회에 대해 재정의 측면에서 품목별 예산과 재정 보고서를 정부와 의회에 제출하는지, 성과 측면에서 정부와 의회에 활동 계획과 활동 보고서 등을 제출하는지, 그리고 공정성 측면에서 위법 행위를 이유로 기관장, 이사 해임이 가능한지와 절차 규칙에 대한 승인 여부로 측정하였다. 그리고 하향적 문책성은 재정의 측면에서 예산과 재정 보고서의 공개, 성과의 측면에서 활동 계획, 연례 보고서, 규제 결정, 이사회 회의록, 자문 절차의 공개, 공정성의 측면에서 절차 규칙의 공개와 이해 상충 등록부의 공개로 평가하였다.

30개 OECD 국가를 대상으로 한 Koop과 Hanretty(2018)의 연구에서는 부처형 규제 기관을 제외한 독립규제위원회 관련 법적 조항을 분석하여 정부와 의회에 대한 형식적인 정치적 문책성(formal political accountability)을 구체적으로 살펴보았다. 구체적 문책성 측정 항목으로는 정보, 연간 계획, 품목별 예산, 연간 활동 보고서, 연간 재정 보고서의 제출 여부(혹은 승인 필요 여부)로 측정되었으며, 기관장에 대한 의회 청문회 개최 여부도 포함되었다. 이외에도 규제 기관의 문책성을 입법부와 집행부를 대상으로 사후적 보고(활동·결산 보고), 사전적 보고(계획 및 예산 제출), 임시적 보고(정보 요청 대응)로 분류하여 측정하기도 한다(Maman, 2022).

이러한 선행 연구들을 정리하면, 주로 구체적으로 측정이 가능한 법적으로 규정된 공식적 문책성의 측정이 이루어지고 있으며, 누구에 대한 문책성을 부담하는가에 있어서 상향적 문책성과 하향적 문책성을 구분하고 있다는 점을 알 수 있다. 구체적인 측정 항목들로는 재정적 측면에서 예산안과 결산 보고서의 제출, 그리고 성과의 측면에서 활동 계획과 활동 보고서의 제출의 경우 공통적으로 여러 연구에서 등장하고 있다. 이외에도 인사의 측면에서 위원장에 대한 청문회나 위원에 대한 위법 행위를 이유로 한 해임이 가능한지를 통해 문책성을 측정하는 연구도 있다. 이에 따라 본 연구에서는 누구에 대한 문책성인지(상향적 문책성의 대상이 되는 대통령과 국회 등 정치적 주인, 하향적 문책성의 대상이 되는 이해관계자와 대중)와 어떠한 측면을 통해 문책성을 묻는지 재정, 성과, 인사를 구분하여 규제 기관의 특성과 문책성을 살펴보겠다.

1. 제도적 설계

우리나라에서 독립 규제 기관과 관련된 논의는 신자유주의적 행정개혁과 함께 시작된 규제 국가로의 전환 과정에서 시작되었다. 미국이나 유럽의 경우와 달리, 우리나라는 여러 동아시아 국가들과 함께 국가의 광범위한 개입을 통해 강력한 경제 성장을 경험한 발전국가에서 신자유주의의 유입으로 인한 규제 국가 전환을 경험하였다(이연호 · 임유진 · 정석규, 2002). 1990년대 후반부터 2000년대 초반까지 IMF 경제 위기 등의 여파로 인해 신자유주의에 기반한 대규모 행정개혁과 탈규제 및 규제 개혁의 흐름 속에서 간접적 시장 감시 중심으로 정부 역할 변화가 시작되었다. 그러나 여전히 강력한 관료제적 전통을 바탕으로 정책 과정 전반을 정부가 지배하는 발전국가적 특성 또한 유지되었다(이연호 · 임유진 · 정석규, 2002). 우리나라는 국가 주도적 경제발전 과정에서 정부와 기업이 긴밀하게 협력하여 경제 성장을 추진하였기에 행정부에 속한 기관이 산업 진흥과 함께 규제를 병행하는 특성을 지니고 있었다(최진욱, 2014). 따라서 행정부뿐만 아니라 피규제대상 산업과의 독립을 보장함으로써 규제 과정에서의 전문성과 자율성을 보장받는 독립 규제 기관의 도입이 쉽지 않았다. 금융감독위원회의 설립 과정에서도 드러나듯이 일부 영역에서 규제 기관의 독립성을 강화하려는 시도가 있었으나 대통령과 행정부로부터 완전한 독립성을 보장하기는 어려웠다.[16] 따라서 일부 우리나라 규제 기관은

---

16 금융감독위원회 설립 당시 독립성 확보를 위해 대통령 직속의 중앙 행정 기관으로 설치할 경우 국무총리 소속보다 독립성 확보에 도움이 된다는 주장과 동시에 대통령의 권한이 지나치게 강화되는 것을 우려한 반대가 공존하였고, 국가행정기관이 아닌 독립된 법인격을 부여하는 경우 우리나라의 실정상 결국 이를 감독하는 관청에서 간섭

조직적으로는 대통령 혹은 국무총리 소속으로 유지되며, 합의제 구조와 독립적 운영을 통해 대통령의 지나친 영향력을 견제하고 독립성을 일부 확보하는 방식으로 설계되었다.

이러한 맥락을 바탕으로 우리나라의 방통위는 운영상의 독립성이 일부 보장된 합의제 중앙 행정 기관으로 2008년 설립되었다. 방통위의 전신인 방송위원회는 2000년 방송 규제가 정치 권력으로부터 자유로워야 한다는 공감대에 따라 방송의 자율성과 독립성을 보장하기 위한 목적에서 방송법의 제정과 함께 설립된 합의제 독립 중앙 행정 기관이었다. 그러나 문화관광부와 정보통신부와의 기능적 중첩으로 인해 완전한 독립성을 확보하지 못하였고, 특히 방송위원 추천 구조를 두고 정치적 논쟁과 갈등이 존재하였다(황근, 2000; 박석희 · 정진우, 2004; 고민수, 2005).[17] 또한 방송위원회의 사무처는 민간 기구로 구성되어 국가 기관으로서의 지위도 다소 불완전하였다. 이처럼 방송위원회는 독립성을 가진 위원회 조직으로서 방송 편성의 자유와 독립, 그리고 위원회와 방송위원의 직무상 독립을 법적으로 보장받았음에도 외부의 영향력으로부터 보호받지 못하면서, 오히려 정치와 피규제 산업에 휘둘려 왔다는 비판을 받았다(윤석민, 2008).

이후 기술의 발전과 함께 방송과 통신 영역의 융합이 이루어지면서, 방송 부문을 규제하던 방송위원회와 통신 부문을 규제하던 통신위원회, 그리고 정보통신윤리위원회의 규제 기능을 통합하여 방송과 통신 영역을 포괄하는 독립 규제 기관의 필요성이 제기되었다(황

할 수 있으므로 주도적인 업무 수행뿐 아니라 실질적인 독립성 확보가 어렵다는 의견이 있었다(홍준형, 2001).

17 방송법 제정 과정에서는 방송위원의 숫자를 두고 여야 간 갈등이 벌어졌다. 위원장 1인, 부위원장 1인, 상임위원 3인, 비상임위원 4인으로 총 9인으로 구성된 방송위원 중 대통령이 3인, 국회의장이 3인, 상임위원회가 3인을 추천하는 구조는 집권 정당이 절대 다수를 차지할 수 있도록 하여 정치적 안배만을 고려한 것으로 비판받기도 하였다(황근, 2000).

근, 2000; 주효진·박석희, 2005; 김성태, 2008).[18] 그러나 독립 규제 기관의 필요성에 공감하였음에도 정보통신부, 문화관광부, 방송위원회 등 관련 부처들은 각자의 이해관계로 인해 새로운 기관의 설립에 서로 다른 입장을 좁히지 못하였다(주효진·박석희, 2005). 이로 인하여 이명박 정부 집권 초 방송통신위원회가 설립되기까지 지속적인 논쟁이 진행되었다. 관련 쟁점은 크게 진흥 기능을 비롯한 정책 기능과 규제 기능을 통합할 것인지 혹은 분리할 것인지, 그리고 규제 기관의 유형을 독임제로 할 것인지 합의제로 할 것인지, 규제 기관을 행정 부처 소속으로 둘 것인지 아니면 독립위원회로 설립할 것인지로 나누어 볼 수 있다(황근, 2008). 먼저 방송위원회는 미국연방통신위원회(FCC) 모델을 바탕으로 정책 일반, 진흥, 규제 기능을 단일 기관에서 통합 수행하는 총괄기능 모델을 주장하였다(주효진·박석희, 2005). 방송 통신 분야의 사회적 의사소통 체계로서의 중요성과 융합 환경에 대응하기 위한 종합적·균형적 정책 수립의 필요성을 그 근거로 들었다. 그리고 방송의 독립성과 관련 행정 조직의 직무 독립성을 위해 합의제 독립 규제 기관으로서 대통령 소속으로 두고 직무상 독립을 확보하는 방안, 내지는 독립위원회로의 설립을 제시하였다(방송통신융합추진위원회, 2008). 반면 정보통신부는 정책 기능과 규제 기능의 분리를 강조하여 방송과 통신 관련 정책은 각각의 독임제 정부 부처에서, 규제만 합의제 구조의 행정위원회에서 담당하도록 역할을 분담할 것을 제안하였다(김희경, 2009). 이들은 정책을 담당하는 정부 부처에 규제 기관을 소속시킴으로써 정책 기관과 규제 기관 간 유기적 연계를 통해 시너지

---

18 1998년 방송개혁위원회의 정부개혁안에서 이미 향후에 방송과 통신의 융합에 따라 방송통신위원회로 전환할 필요성이 제시되었고, 이후 2002년 노무현 행정부의 선거 공약으로 방송통신구조위원회의 설치와 방송통신위원회 일원화 추진이 제시되었으며, 2006년 국무총리실 산하 방송통신구조개편위원회의 출범과 함께 본격적인 기구 개편 논의가 시작되었다(김희경, 2009).

를 높일 수 있기에 정책 기관과의 조정과 협력을 위해 대통령이나 총리 산하에 두고 직무상 독립을 보장하는 방안을 주장하였다. 그리고 추가로 공익성과 중립성을 확보하기 위해 내용심의를 담당하는 민간 위원회와 공영방송의 규제와 감독을 담당하는 독립기구를 설립할 것을 제시하였다(김태은, 2010). 문화관광부 역시 지원정책은 부처에서 담당하고, 합의제 규제 기관은 규제만을 전담하는 방안을 지지하였다. 이러한 입장의 차이는 통합 규제 기구의 조직 유형뿐 아니라 설립 방안을 담당하게 될 위원회 조직을 대통령 직속으로 할 것인지 아니면 국무총리 직속으로 할 것인지를 두고도 좁혀지지 않았다.[19]

2006년 7월 가까스로 설립된 방송통신융합추진위원회가 발표한 기구개편안에 따르면, 대통령 직속으로 합의제위원회를 만들되, 독임제적 성격을 부여하여 부처로서 권한과 책임을 갖도록 하고 있다.[20] 그러나 시민 단체들과 여당은 대통령이 상임위원 전원을 구성하는 최초의 안에 반대하였고, 이후 2007년 1월 정부의 수정을 통해 정부안으로 방송통신위원회 설치법안이 마침내 국회에 제출되었다. 국회 방송통신특별위원회에서 여야는 논의를 통해 독임제 행정 부처가 방송통신 진흥과 정책을 담당하고, 위원회 조직이 규제 집행을 담당하는 안에 합의하였다.[21] 그러나 방송위원회는 합의안에 적극적으로 반대하였고, 이익 집단도 대통령 직속이 아닌 독립위원회 형태를 주장하

---

19 https://n.news.naver.com/mnews/article/029/0000112557?sid=105.

20 "융추위는 '독임제적 요소가 강력하게 가미된 독립위원회'인 방송통신위원회를 새로운 융합거버넌스 조직으로 정부에 건의하였다. 이 위원회는 형식은 독립위원회로 출범하지만, 독임제 부처가 갖는 권한과 책임을 갖도록 한 것이다. 그래서 방송위원장은 다른 위원장과는 달리 임명과정에서 국회의 청문절차를 거치도록 했고, 법안 발의권을 인정했으며, 국무회의에 국무위원 자격으로 참석하도록 하였다. 독립위원회의 특징을 주어 합의제로 운영토록 하였고, 위원은 야당, 여당 그리고 대통령이 지명하도록 하였다."(안문석, 2017).

21 당시 여야 간 합의에 대해 정권 말기에 방통위 설치를 마무리하려는 정부와 여당, 그리고 대선을 앞둔 야당 간의 입장이 맞아떨어진 결과로 보기도 한다(김희경, 2009).

면서 잠정 합의안은 폐기되었다.

이후 2008년 이명박 대통령 인수위원회는 대통령 소속으로 정책과 규제를 통합적으로 관장하는 방송통신위원회 개편안을 발표하였고 이를 토대로 여당은 방송통신위원회 설치법안을 제출하였다. 여전히 언론 노조를 비롯한 방송 관련 이익 집단들은 방송과 통신 관련 정책과 규제 기능이 통합되면서 독립성이 더욱 강화되어야 한다는 이유로 대통령 직속으로 설치하는 것에 반대하였다. 그러나 여당과 야당 간의 합의를 거쳐 대통령 직속으로 설치하면서 대통령이 위원 2인을 구성하고 위원 3인은 여당에서 1인, 야당에서 2인이 추천하는 내용으로 최종 위원장안이 통과되면서 방송통신위원회가 출범하였다.[22] 최종적으로 제도화된 형태를 살펴보면, 방통위는 방송위원회를 중심으로 주장되어 사업자들로부터도 지지를 받았던 방송통신 정책과 규제기능을 총괄하는 미국 연방통신위원회 모델에 가깝다. 즉, 조직 설계 과정에서부터 집행 권력으로부터의 독립성을 확보하는 것에 우선순위가 주어지기보다 다른 부처들과의 관계를 고려하여 집행부 소속 중앙 행정 기관으로 두고 직무상으로만 독립성을 보완하게 된 것이다. 결과적으로 방통위는 행정부의 주도적 의견에 따라 관련 산업 진흥의 기능을 효율적으로 통합 추진하기 위해 독임제적 요소가 가미된 합의제 행정 기관이라는 절충적 형태로 대통령 소속하에 설치되었다(이원우, 2009). 그러나 이후 방통위의 설립 과정에서 드러난 부처 간 입장의 차이가 계속하여 유지되면서 결국 2013년 박근혜 정부 출범 이후 이루어진 정부 조직 개편으로 통신 관련 정책 기능 등 일부 업무가 신설된 미래창조과학부로 이관되었다.

---

22 이와 같은 기구 개편 결과를 두고 여야 간 대통령 직속으로 설치하는 대신 야당에 위원 추천권을 보장해 주는 식의 타협을 통해 정치적·권력적으로 이루어졌다는 비판도 존재한다(윤석민, 2008; 김태은, 2010).

2. 제도적 특성

방통위의 제도적 특성을 앞에서 살펴본 대표적인 규제 기관 유형인 미국의 독립규제위원회와 부처형 규제 기관과 비교하여 정리하면 아래와 같다. 먼저 법적 지위와 조직 유형의 측면에서 방통위는 대통령 직속 합의제 기구로서 정부조직법상으로 중앙 행정 기관으로 분류된다. 독립규제위원회는 행정부(executive branch)를 벗어나 설치됨으로써 법적 지위상으로 독립성이 가장 강하게 보장된다. 반면 방통위와 부처형 규제 기관의 경우 집행부의 정치적 영향력에서 완전히 자유롭기란 어렵다. 부처형 규제 기관의 경우 대통령으로부터의 정치적 영향력을 강하게 받고 독임제 장관의 지휘에 따라 규제 업무의 수행 역시 집행부의 통제 아래에서 이루어진다. 이와 비교하면 방통위는 합의제 기관으로서 정무직 공무원으로 위촉되어 정부위원의 지위를 지니는 5인의 위원으로 구성된 위원회에서 주요한 결정이 내려진다. 방통위원장은 국무위원은 아니지만, 필요한 경우 국무회의에 출석하여 발언할 수 있으며, 그 소관 사무에 관하여 국무총리에게 의안의 제출을 건의할 수 있다(방통위법 제6조 제2항).[23] 또한 방통위는 대통령 직속 중앙 행정 기관임에도 독립적 운영을 보장하고 일부 업무에 대하여 국무총리의 감독권을 배제함으로써 업무 수행상의 독립성을 법적으로 보장하여 부처형 규제 기관과 차별화된다.

부처형 규제 기관은 주로 일반행정직 공무원으로 구성된 계서제 조직으로서 독임제 장관이 결정과 책임을 담당하는 구조로 되어있으며, 기관장에 대한 인사나 조직의 구성은 대통령이나 소속 부처의 장

---

23 방통위원장은 헌법 제87조와 제94조, 정부조직법 제26조에 따르면 국무위원은 아니며, 정부조직법 제13조와 방통위법 제6조에 따라 필요한 경우 국무회의에 출석해 발언할 수 있는 일종의 '배석자'로 해석된다. 따라서 방통위원장과 행정부와의 관계 및 사안에 따라 국무회의 참석 대상이 아니라고 배제되는 예도 있다.

관에 의해 자유롭게 이루어질 수 있다. 반면 방통위는 독립규제위원회와 마찬가지로 전문성을 갖춘 위원들로 구성되며, 이들 간 조정과 협의를 거쳐서 주요 의사결정이 내려지는 합의제 위원회 조직이다. 따라서 위원회 의사결정의 공정성과 중립성을 보장하기 위해 임명 방식과 위원장의 선출, 임기, 신분 보장과 관련된 제약을 두고 있다. 위원장과 위원은 방송 및 정보 통신 분야의 전문성을 고려하여 대통령이 임명하며 위원장은 국회에서 인사 청문을 거쳐야 한다. 위원장을 포함한 2인은 대통령이 지명하며, 나머지 3인은 국회의 추천을 받아 임명하게 되는데 여당이 1인을 추천하며 그 외 교섭 단체가 2인을 추천한다. 임기는 3년으로 1회에 걸쳐 연임이 가능하며 위원의 신분은 법적으로 보장되어 정당한 사유 없이 해임될 수 없다. 그러나 위원장의 경우 직무를 집행하면서 헌법이나 법률을 위배한 때에는 국회로부터 탄핵 소추될 수 있다. 추가로 방통위의 사무를 처리하기 위하여 위원회에 필요한 사무 조직을 두고 방송·통신 직렬의 일반직 공무원들로 구성한다.

이처럼 제도적 특성에 있어서 방통위는 복수의 위원으로 구성된 합의제 위원회로서 위원 임명에 여야의 추천을 받는다는 점, 임기와 신분 보장을 통해 정치적 영향력이 개입하는 것으로부터 위원들을 보호한다는 점에서 독립규제위원회와 유사한 점이 있다고 평가된다(이성엽, 2014; 최진욱, 2014). 그러나 설립 과정에서 알 수 있듯이 집행 권력으로부터의 독립성 확보보다는 행정부의 주도하에 방송 통신 정책 및 규제 기능을 원활하고 효율적으로 수행하는 것을 목적으로 설계되었다. 따라서 방통위는 대통령 직속의 중앙 행정 기관으로서 집행부, 특히 대통령으로부터의 독립성에 의문이 제기될 수밖에 없다(이성엽, 2014). 대통령은 위원회의 구성에 실질적으로 큰 영향력을 행사할 수 있다. 위원회를 구성할 때 일부 국회의 추천을 받지만, 위원장과 위원을 임명하는 것은 대통령이기 때문에 야당이 추천한 위원을 임명하지 않는 경우 이를 강제할 방법이 없다. 위원장에 대한 국회의 청문회 결과가 부적격하다고 나오거나 국회에서 지명 철회를 요구하더라도 이를 대통령이 반드시 반영해야 하는 것도 아니다. 또한 위원은 정무직 공무원으로서 정부위원이고, 임기도 3년으로 대통령의 임기보다 짧아서 위원회 구성 단계부터 충분히 대통령이 영향력을 행사할 수 있다(유진식, 2009).

또한 방통위는 업무 수행 과정에서 대통령 혹은 행정부의 감독과 통제로부터의 독립성에 있어서도 제한될 수밖에 없다. 집행부에 소속된 기관이라면 독립 기관이라고 하더라도 대통령과의 소통과 지침(communication and guidance)을 위한 창구가 임명 방식 내지는 결산 보고, 정책 방향 설정 등 어떤 형태로든 존재하기 마련이다(Strauss, 1984). 우리나라 정부조직법 제11조는 제1항에 '대통령은 정부의 수반으로서 법령에 따라 모든 중앙행정기관의 장을 지휘·감독한다', 제2항에 '국무총리와 중앙행정기관의 장의 명령이나 처분이 위법 또는 부당하다고 인정하면 이를 중지 또는 취소할 수 있다'고 대통령의 감독권을 명시하고 있다. 즉, '운영'에 있어서는 방통위의 독립을 법으로 보장하지만, 정부조직법에 따라 위원회의 업무 수행에 대해 여전히 대통령은 감독권을 행사할 수 있는 것이다. 방통위법 제12조에 따르면 입법과 관련된 소관 법령 및 위원회 규칙의 제정·개정 및 폐지에 관한 사항(제27호), 재정과 관련된 방송·통신 관련 기금의 조성 및 관리·운용에 관한 사항(제26호), 위원회의 예산 및 편성에 관한 사항(제28호)은 방통위법 제3조 제2항의 범위에서 제외되어 여전히 국무총리의 감독을 받는다. 물론 운영상의 독립성이 보장되기 때문에 직접적으로 개별 사안 등에서 지휘나 감독 등을 통해 방통위를 행정 권력에 종속시키는 것은 자제되어야 할 것이다. 그러나 대통령이 중앙 행정 기관인 방통위에 대한 인사권과 예산권을 가지고 있는 한 간접적인 통제를 받고 있다고 보는 것이 타당하다(김소연, 2013c). 이외에도 업무 수행 과정에서 방통위원장이 독임제 장관으로서의 역할을 수행할 수 있고 관료로 구성된 사무 조직을 두고 있다는 점에서 '실질적으로 독임제적으로 운영된다는 비판도 존재한다(황근, 2008).

이러한 방통위의 특성을 살펴보면 실질적으로 방통위의 소관 업무 영역의 특성상 독립성을 보장하기 위한 규제 기관으로서의 설계를 염두에 두고 있었음에도, 설립 과정에서 효율성의 논리에 밀려 독립성을 보장하기에 충분한 제도적 특성을 갖추지 못하였다는 점을 알 수 있다. 이로 인해 우리나라의 방통위는 규제 기관 관련 논의에서 주를 이루는 미국의 독립규제위원회, 혹은 부처형 규제 기관의 특성과도 구별되는 독특한 특성을 지닌 조직으로서 형식적, 실질적으로 독립성이 제한되어 있다는 점을 알 수 있다. 그렇다면 독립성의 강화로 인해 문책성 메커니즘이 강조되는 독립 규제 기관들과 비교하여 이러한 방통위의 제도적 특성은 문책성 메커니즘에 어떠한 영향을 미치는가? 아래에서 먼저 제도상으로 방통위의 문책성 메커니즘이 어떻게 보장되고 있는시 알아보도록 하겠다.

3. 문책성 기제

1) 상향적 문책성

방통위의 재정적 문책성의 경우 다른 중앙 행정 기관과 크게 다르지 않다. 상향적 문책성을 대통령/상급 기관과 국회로 나누어 살펴보면, 먼저 방통위원장은 중앙관서의 장으로서 국가재정법에 따라 기재부 장관의 예산안편성지침에 따라 그 소관에 속하는 예산 요구서를 편성하여 기재부 장관에게 제출하여야 한다(국가재정법 제31조). 기재부 장관은 제출된 예산 요구서가 예산안 편성 지침에 부합하지 아니하는 때에는 기한을 정하여 이를 수정 또는 보완하도록 요구할 수 있다. 제출된 예산 요구서를 바탕으로 정부 예산안을 편성하며, 국무회의의 심의와 대통령의 승인을 거쳐 국회에 제출된다(국가재정법 제32조). 집행이 완료된 이후에는 작성한 결산 보고서를 기재부 장관에게 제출하여야 한다(국가재정법 제58조). 기재부 장관은 국가 결산 보고서를 작성하여 대통령의 승인을 받아 감사원에 제출하고, 감사원의 결산 검사를 거쳐 국회에 최종 제출한다.

국회에 대하여 부담하는 재정적인 문책성은 예산안의 제출(국가재정법 제33조), 예산안의 심의(헌법 & 국회법), 그리고 결산안의 제출(국가재정법 제61조)과 심의이며, 이 역시 다른 행정 부처들과 유사한 수준에 해당한다. 방통위의 예산은 정부예산안의 일부로 국회에 제출되고 소관 상임위인 과학기술정보방송통신위원회와 예산결산특별위원회의 심의를 거쳐 본회의 의결로 확정된다. 이 과정에서 국회는 방통위의 예산을 삭감하거나 증액할 수 있으며, 필요한 경우 방통위를 대상으로 질의를 할 수 있다. 결산안도 예산안과 마찬가지로 국회의 심의를 거치게 되며, 재정적인 측면에서의 문책성 메커니즘으로 작동한다. 다른 중앙관서와 달리 방통위의 재정적 자율성을 더욱 보장해 준다거나, 추가로 문책성 메커니즘을 강화하여 통제하는 등 개별적인 규정은 없다.

성과의 측면에서 문책성은 크게 업무 계획의 제출과 연차 보고서의 제출로 측정할 수 있다. 규제와 관련된 권한을 위임받아 행사하기 때문에, 기관의 활동에 대한 계획을 발표하거나 연차 보고서를 제출하는 방식으로 문책성의 메커니즘이 작동하는 것이다. 성과에 대한 문책성은 주로 투명성의 측면에서 활동 정보에 대한 공개에 가까우며, 이를 통한 문책성의 통제가 규제 기관의 결정에 대한 직접적인 개입이나 간섭으로 이어지는 것은 아니다(송영주, 2023). 방통위의 경우 매년 업무계획을 발표하고 있으며, 다른 행정 부처들과 마찬가지로 대통령 주재로 업무 보고회를 개최하여 대면 혹은 서면으로 보고를 한다.[24] 주요 업무 추진 계획에는 업무 추진 여건 및 방향, 핵심 추진 과제 등을 담고 있다. 또한 다른 중앙 행정 기관들과 함께 정부 업무 평가의 대상이 된다.[25] 이 결과는 국무회의에 보고되며, 개선·보완 필요 사항은 소관 기관에 전달되고, 정부업무평가위원회 홈페이지 등에 공개된다. 중앙 행정 기관의 장은 개선과 보완이 필요한 사항에 대한 조치 계획을 수립·이행해야 하며, 국무조정실은 부처별로 이행 상황을 점검하여 다음 해 평가에 반영한다.

방통위의 업무 계획은 별도로 국회에 보고되지는 않으나 국정감사 등을 앞두고 소관상임위에 매년 일반 현황, 주요 정책 과제, 입법 계획 및 예산 개요 등을 담은 업무 현황 보고 자료를 제출한다. 반면 연차 보고서의 경우 국회에 제출하는 것이 방통위법으로 규정되어 있다 (방통위법 제16조). 연차 보고서에는 방송 통신 정책 환경, 현황 및 정책 목표, 방송 통신 정책 성과 등의 내용을 담고 있다. 그러나 이 보고서에 대하여 국회 상임위에서 공개적으로 보고하거나, 이에 대한 국회의 심의 대상이 되는 깃은 아니므로 사실상 이것이 의회의 통제로 이어진다고 보기는 어렵다. 이외에도 위원장은 국회에 출석하여 위원회의 소관 사무에 관하여 의견을 진술할 수 있으며, 국회의 요구가 있을 때

---

24 2023년에는 전임 정부에서 임명된 방통위원장을 '패싱'하면서 업무 계획을 서면으로 보고하였으며, 2025년도 업무 계획은 최상목 대통령 권한대행 경제부총리에게 보고되었다.

25 정부 업무 평가는 국정 운영의 능률성·효과성 및 책임성을 확보하기 위해 중앙 행정 기관 등이 행하는 정책 등을 평가하는 제도로서 국무총리가 주요 사업과 현안 시책 등을 평가하는 특정 평가와 통합 실시가 곤란한 경우 수행하는 개별 평가, 기관이 스스로 소관 정책을 평가하는 자체 평가로 구성된다. 2023년의 특정 평가는 주요 정책, 규제 혁신, 정부 혁신, 정책 소통 항목으로 실시되었으며 방통위는 45개 중앙 행정 기관 중 최하위 C등급을 받았다.

출석하여 보고하거나 답변하여야 한다(방통위법 제6조 제3항). 그리고 일반적으로 중앙 행정 기관은 국회의 국정감사 및 국정조사의 대상이 된다(국정감사및조사에관한법 제2조, 제3조). 상임위원회는 방통위에 대해 의결을 통해 감사원의 감사를 요구할 수도 있다(국회법 제127조의2).

또한 대통령과 국회는 위원회의 위원장과 위원을 상대로 인사의 측면에서 문책할 수 있다. 구성원의 임명은 규제 기관에 대하여 가장 가시적으로 드러나는 동시에 효과적인 정치적 통제 수단이다 (Thatcher, 2002). 방통위의 경우 앞서 살펴본 바와 같이 대통령이 위원장과 위원을 임명하지만, 면직이나 해임의 경우 법으로 정해진 신분 보장에 따라 제한적인 경우에만 가능하다(방통위법 제8조 제1항). 만약 방통위법 제8조 제1항에 규정된 면직 사유에 해당한다면, 방통위법과 국가공무원법에 따라 인사혁신처는 면직 절차를 진행하여 대통령에게 면직안을 제청하고 대통령은 징계 면직 여부를 결정함으로써 책임을 물을 수 있다.

국회는 위원장의 임명에 앞서 전문성이나 자질 등 자격 요건을 두고 후보자를 상대로 인사청문회를 진행한다. 그러나 이는 임명에 앞서 거쳐야 하는 절차적 요건으로서의 통제에 불과하며, 제도적으로 청문회의 결과가 반드시 임명에 반영되는 것은 아니다. 실제로 인사 청문회 결과 청문 보고서가 채택되지 않거나, 전문성이나 도덕성 등의 자질 부족으로 반대하더라도 대통령은 방통위원장 임명을 강행할 수 있으며, 제도상 이를 막을 방법은 없다(안정민, 2008). 이외에도 위원 5명 중 3명은 국회의 추천을 받게 되어 있으며, 여당이 1명, 야당이 2명을 각각 추천하게 되어 있다. 따라서 대통령이 위원장을 포함 2명을 임명한다는 점을 생각하면 집권 여당은 총 5명의 위원 중 과반수에 해당하는 3명의 임명을 결정함으로써 위원회의 구성에 큰 영향력을 행사한다. 야당은 2명의 위원을 추천함으로써 견제권을 일부 행사할 수 있으나, 대통령이 임명을 지연하거나 거부하는 방식으로 실질적인 거부권을 행사할 여지도 있다. 임명 이후에는 위원에 대해서 국회에서 개별적으로 문책성을 묻기는 어려우나, 위원장의 경우 직무를 집행하면서 헌법이나 법률을 위배한 때에 탄핵 소추할 수 있다(방통위법 제6조 제5항). 방통위원장에 대한 탄핵 소추가 본회의에서 가결되는 경우 직무가 정지되며, 헌법재판소에서 탄핵이 인용되면 즉시 파면된다. 그러나 국회의 탄핵 소추권 행사를 위해서는 이를 위한 요건이 충족되어야 하므로 매우 제한적인 경우에만 가능하다.

2) 하향적 문책성

하향적 문책성의 경우 관련 규제 대상을 비롯한 이익 집단이나 시민 사회, 일반 국민과의 관계에서 부담하는 방통위의 문책성에 해당한다. 재정적 측면에서 예산안과 결산 보고서 공개는 재정에 관련된 정보를 확보하게 해 줌으로써 규제 기관의 예산 사용이 잘못되지 않도록 통제하고 예산 운영의 성과에 대한 책임을 물을 수 있게 한다. 우리나라는 중앙관서의 장의 경우 해당 중앙관서의 세입 및 세출 예산 운용 상황, 그리고 기금 관리 주체의 경우 기금의 운용 상황에 해당하는 재정 정보를 인터넷 홈페이지에 공개할 의무가 있다(국가재정법 제9조). 이외에도 매년 방통위는 업무 계획을 발표하고 보도 자료를 내며, 홈페이지에 이를 올려 공개한다. 또한 매년 업무 수행에 관한 연차 보고서를 공표할 의무를 지닌다(방통위법 제16조 제2항). 위원회의 회의는 공개하는 것이 원칙이며, 의결로 비공개할 수도 있다.

이외에도 방통위의 홈페이지를 보면 정보 공개, 민원 참여, 정책/정보 센터 등의 항목을 두고 여러 가지 정보를 공개하고 있다. '정보 공개' 항목의 자료에는 세입 및 세출 예산 운용 상황을 비롯하여 감사 결과와 반부패 청렴 자료, 부패 행위자 정보 공개, 업무 추진비 등의 자료가 공개되어 있다. 그리고 국회 관련 주요 자료를 별도의 범주로 두고 국정감사 시 업무 현황 보고 자료 등 국회에 제출한 주요 정책 자료를 올리고 있다. '민원 참여' 항목에는 민원 신청과 신고 센터, 참여 마당 등으로 구성되어 있는데, 단순히 정보 공개 이외에도 민원 제기, 각종 신고 및 의견 수렴을 위한 창구들이 확보되어 있다. 정책/정보 센터 항목에는 크게 '위원회 회의'와 '정책 과제', '예산 정보', '법령 정보', '정책 연구 과제' 등이 있는데 위원회의 회의와 관련하여 의사 일정, 회의록, 속기록을 공개하는 페이지와 심결 정보, 방청 안내, 국민의견 접수 항목이 있다. 그리고 정책 과제에는 국정 과제와 연도별 업무 계획, 방송 정책이 공개되며, 예산 정보에는 예산 및 기금 사업 설명 자료, 세입 및 세출 현황 자료들이 있다. 일반적으로 다른 부처의 홈페이지와 비교하였을 때 국회 관련 자료를 공개하는 자료실이 있는 것과 위원회의 주요한 결정이 담겨 있는 회의록이나 심결 정보 등의 내용을 공개하는 점이 차이가 있다. 합의제 규제위원회인 공정거래위원회와 금융위원회의 경우에는 방통위와 마찬가지로 이를 공개하고 있다. 위에서 살펴본 방통위의 법과 제도로 보장된 문책성 메커니즘을 정리하면 다음의 〈표 5-1〉과 같다.

표 5-1   방송통신위원회의 법·제도적 문책성 기제

	상향적 문책성		하향적 문책성
	대통령/상급 기관	국회	규제 대상이나 국민, 기타 이해관계자
재정	• 예산안 제출: 기재부에 예산 요구 제출 의무(국가재정법 제31조) • 결산 보고서 제출: 기재부에 결산 보고서 제출 의무(국가재정법 제58조)	• 예산안 제출: 국회에 정부 예산안 제출(헌법 제54조 & 국가재정법 제33조) • 결산 보고서 제출: 국회에 정부 결산 보고서 제출(국가재정법 제59조)	• 예산안 공개: 홈페이지에 중앙관서의 세입·세출 예산 운용 상황 공개 의무(국가재정법 제9조) • 결산보고서 공개
성과	• 업무 계획 제출 • 연차 보고서 제출 • 정부 업무 평가: 방통위가 행하는 정책 등을 평가(정부업무평가기본법)	• 업무보고 • 연차 보고서 제출: 매년 업무 수행에 관한 보고서 제출 의무(방통위법 제16조 제1항) • 국정 감사, 국정 조사(국정감사및국정조사에관한법 제2조, 제3조) • 감사원 감사 요청(국회법 제127조의 2)	• 업무 계획 공개 • 연차 보고서 공개: 매년 업무 수행에 관한 보고서 공표 의무(방통위법 제16조 제2항) • 위원회 회의록 공개(방통위법 제13조) • 심결 정보 공개
인사	• 위원장 및 위원 면직: 법률에 따른 직무상 의무 위반, 위원회 소관 직무와 관련해 부당한 이득을 취한 경우(방통위법 제8조 제1항)	• 기관장 인사청문회(방통위법 제5조 제1항) • 기관장 위법 행위 시 탄핵 소추(방통위법 제6조 제5항)	

이처럼 방통위의 문책성을 정리해 보면, 일반적인 행정 기관의 그것과 크게 다르지 않은 것을 알 수 있다. 합의제 위원회 조직으로서 위원

회의 회의록이나 심결 정보를 공개하는 등 하향적 문책성이 좀 더 강화된 측면은 눈에 띄지만, 정치적 주인에 해당하는 대통령이나 상급 기관, 국회가 책임을 묻는 메커니즘으로서 재정과 성과는 크게 다르지 않다. 인사의 경우 오히려 인사청문회를 두고 여야가 공방을 벌이거나, 탄핵 소추를 통해 위원장에게 압박을 가하는 방식으로 정치적 영향력을 행사하는 수단이 되어 왔다. 신분 보장 조항에도 불구하고 대통령이 바뀔 때마다 위원장과 위원이 교체되어 왔으며 법률상 직무 위반에 따른 면직 조항 역시 사퇴에 압박을 가하기 위한 수단으로 전용되었다. 일반적으로 독립규제위원회의 문책성 메커니즘이 이들에게 먼저 주어진 독립성과 자율성의 행사에 대한 견제의 수단으로 기능할 것이 기대된다. 반면 방통위의 경우 독립성이 제약되는 제도적 특성으로 인해 행정부의 통제와 감독으로부터 자유롭지 않았고, 문책성 메커니즘을 통해 독립성을 견제할 필요성이 적었다. 따라서 문책성 메커니즘 역시 민주적 정당성 확보를 위해 더욱 강화되었다고 보기 어려우며, 오히려 방통위에 정치적 영향력을 행사하기 위한 수단으로 전용되고 있다.

Ⅳ │ 정리하는 글

방통위는 설립 과정에서 실질적으로 행정부 주도하에 관련 정책 일반, 진흥, 규제 기능을 통합하는 총괄 기구로서 효율성 측면에 초점을 두고 설계되었다. 즉, 방송·통신 관련 규제 기능 못지않게 산업진흥을 위한 정책 추진이 중요함을 내세워 다른 부처들과의 협력이나 의견 조정의 어려움 등을 들어 대통령 직속의 중앙 행정 기관으로 설치되었다. 이처럼 방통위는 행정부 바깥에 설치하여 정치적 영향력으로부터 독립성을 보장하기보다 대통령 직속으로 설치되면서, 독립 규제 기관과는 다른 제도적 특성을 가진다. 방통위의 제도적 특성을 독립규제위원회와 부처형 규제 기관과 비교한 결과에서도 이러한 제도적 맥락이 영향을 미친다는 점을 알 수 있다. 외형적으로 일부 조직의 구성이나 운영에 있어서 미국의 독립규제위원회를 벤치마킹하여 전통적인 계서제 조직이 아닌 합의제 위원회를 구성한 점이나 위원장과 위원의 추천과 임명, 임기, 신분 보장 관련 규정 등을 두기도 하였다. 그리고 업무상 독립성을 보장하는 조문을 별도로 두어 중앙 행정 기관으로서 지닐 수밖에 없는 업무 수행 과정에서의 독립성을 보충하려는 노력도 있었다. 그러나 동시에 중앙 행정 기관으로서 방통위는 실제 업무 수행 과정에서 이러한 독립성 보장이 무력화될 수 있는 강력한 한계를 지니고 있다. 중앙 행정 기관으로서 다른 행정 부처들과 마찬가지로 대통령의 행정감독권 아래에 놓여 있으며, 실제 인사와 운영의 측면에서 대통령이 강력한 권한을 행사할 수 있는 것이다.[26] 실질적으로 이후 방통위의 통신 관련 업무가 다른 행정 부처로 이관되거나, 서론에서 언급한 바와 같이 인사와 업무 수행 등에 정권의 의사가 강하게 개입되는 등 행정부의 영향력에서 벗어나지 못한 한계를 보였다.[27]

때문에 독립 규제 기관의 문책성이 강력한 독립성과 자율적인 업무 수행에서 비롯된 민주적 정당성의 부족을 해소하기 위한 점에서 주목받아 온 것과는 달리, 방통위의 문책성 메커니즘은 상대적으로 주목받지 못하는 구조일 수밖에 없다. 독립 규제 기관은 독립적인 권위를 바탕으로 국가 행정 계층 외부에서 설립·운영되며 사전적으로 부여받

---

26 최근 방통위를 둘러싸고 이어진 전임 정권에서 임명한 방통위원장의 패싱과 야당 추천 위원의 임명 거부, 국회 인사청문 결과를 배제한 방통위원장의 선임, 방통위원장과 부위원장 2인 체제로 의결을 처리한 점 등 일련의 사태를 보면 대통령의 의사에 따라 위원회의 구성이 좌우될 수 있다는 것을 알 수 있다.

27 심동철(2023)의 연구에서는 독립행정기관에 근무하는 공무원과의 인터뷰를 통해 정권이 바뀌는 경우 대통령과 행정관청이 예산권과 조직권을 활용하여 독립행정기관의 운영에 대한 자의적인 결정을 내릴 가능성이 있다고 언급하였다.

은 강력한 정치적 독립성을 바탕으로 전문성을 강화하고 자율성을 행사하는 구조로 설계되었다. 이처럼 선천적으로 민주적 결핍이 배태되어 있다는 한계로 인하여 이들로부터 국민과 다수주의 정치 기관에 대한 문책성을 어떻게 확보할 것인지에 대한 논의가 이루어지게 된 것이다. 즉, 독립 규제 기관의 문책성이란 "아무도 이들 기관을 통제하지 않지만, 그 기관은 통제 아래에 놓여 있는(no one controls the independent agency, yet the agency is under control)" 방식으로 작동하는 메커니즘이다 (서승환, 2014). 그러나 우리나라의 경우 앞서 살펴본 바와 같이 진정한 의미의 독립 규제 기관으로 보기 어렵다. 애초에 규제 기관의 설립부터 일부 업무 수행 및 운영과 관련하여서만 독립성이 한정적으로 보장되며, 예산이나 인사 등에 있어 대통령의 행정감독권의 대상이 되었다. 이처럼 집행 권력이 감독과 통제 권한을 충분히 행사할 수 있기 때문에 방통위에 대한 문책성 관련 메커니즘은 중요하게 여겨지거나 강화될 필요가 없었다. 실제 방통위의 법적 문책성을 분석한 결과를 보아도 독립규제위원회의 그것처럼 강화된 것이 아니라 일반 행정 부처와 크게 다르지 않다는 점을 알 수 있다. 오히려 인사적 측면에서의 문책성 메커니즘은 오히려 최근에는 대통령과 국회가 자신들의 정치적 영향력을 행사하는 수단에 가깝다. 하향적 문책성의 경우에는 일반 부처보다 다소 강화된 형태로 정보 공표 의무 및 위원회 회의록 공개 등이 규정되어 있기는 하지만 그 실효성에 대해서는 의문이 남는다.

근본적으로 독립 규제 기관의 독립성을 중요하게 생각하고 보장하는 이유는 전문적이고 비당파적인 규제 정책의 결정과 집행을 위한 것이다. 이 점을 고려할 때 적어도 독립성을 지향하는 규제 기관으로서 방통위 역시 업무 수행에 공정성과 정치적 중립성을 기할 수 있는 최소한의 독립성을 확보할 수 있는 방향으로 바뀌어야 한다. 그리고 정치적 영향력에 의해 좌우되기보다 문책성 메커니즘을 통해 스스로 기관의 민주적 정당성을 확보하는 방향으로 나아가는 것이 바람직할 것이다. 최근 논란이 되고 있는 방통위의 인사와 관련해서도 위원들의 위법한 행동에 책임을 묻는 것은 중요하지만, 궁극적으로 이것이 기관 업무 수행의 독립성을 훼손할 정도의 정치적 영향력을 행사하는 수단으로 전용되는 것은 지양되어야 한다.

이러한 지점에서 함께 고민해 보아야 하는 것이 바로 국회의 참여를 통한 문책성 메커니즘의 강화이다. 문책성의 근원이 비다수주의 기관에 대한 민주적 정당성을 확보하는 것에 있다는 점을 고려하면, 국민을 대표하는 국회에 의한 감시와 통제의 강화는 대통령과 행정부의 지나친 정치적 개입을 견제함으로써 실질적인 권력 분립 원칙의 의의를 효과적으로 실현할 수 있다. 또한 동시에 규제 기관으로 하여금 행정부의 개입에서 벗어나 독립성에 기반한 자율적이고 전문적인 의사결정을 내릴 수 있도록 통제하는 수단이 될 수 있다. 하향적 문책성을 통한 메커니즘 또한 강화되어야 할 것이지만, 업무의 전문성 등을 고려할 때 방통위의 업무 수행 등에 관심을 가지고 지속적으로 규제 대상이나 시민 사회에서 직접 책임을 묻기란 쉽지 않다. 국회는 지금도 제도적으로는 상향적 문책성의 대상으로서 방통위에 대한 일반적인 문책성 메커니즘을 행사할 수 있으며, 입법 등을 통해서도 영향력을 미칠 수 있다. 그러나 대통령이 인사나 예산의 측면에서 실질적인 영향력을 행사하는 것과 비교하여 이들을 견제할 수 있는 입법부의 권한이나 영향력은 절차적인 측면에서 상대적으로 약하다(박상인, 2011). 따라서 위원 임명 등 인사에 있어서 민주성과 투명성을 제고하고, 위원 추천 및 인사청문과 관련된 국회의 의견이 무시되지 않고 실질적으로 반영될 수 있는 보다 세밀한 문책성 확보 수단이 마련되어야 한다. 그리고 국회 역시 일반 행정 부처와는 달리 이들 규제 기관에 대한 보다 포괄적이고 상세한 사후 모니터링 기능을 강화하여 문책성 메커니즘이 실효성을 갖출 수 있도록 노력해야 할 것이다.

제6장	비다수주의 기관의 전문성과 독립성: 통계청 사례

조인영 |

I │ 서론

지난 2018년에 있었던 통계청의 가계동향조사 발표는 상당한 화제를 낳았다. 2018년 1분기(1~3월)와 2분기(4~6월) 가계동향조사 결과를 전년도 결과와 비교하면, 저소득층(1분위)의 가계소득증가율이 전년도 1분기보다 8%, 2분기보다 7.6% 줄어든 것으로 나타났으며, 고소득층과 저소득층의 소득 격차가 사상 최대치를 기록한 것으로 해석될 수 있었기 때문이다. 이후 이는 문재인 정부의 소득주도성장 정책이 실패한 것을 보여 주는 것이 아니냐는 비판이 증가하자, 통계청은 이례적으로 보도자료를 배포하였다.[1] 핵심 요지는 패널의 대규모 교체로 인해 이 데이터를 전년도 데이터와 연속 시점으로 비교·분석하는 것은 적절하지 않다는 것이었다. 통계청이 폐지하려던 가계동향조사를 정부와 학계의 요구로 다시 되살리는 과정에서 기존 샘플을 유지하지 못했고, 이

---

1 https://www.mediatoday.co.kr/news/articleView.html?idxno=144239; https://www.hani.co.kr/arti/economy/economy_general/859848.html; https://imnews.imbc.com/replay/2018/nwdesk/article/4795282_30181.html.

를 신규 샘플로 대체하여 조사하다보니 전년도와의 연속 비교는 사실상 어렵다는 이야기로, 통계치 해석을 돕는 설명이기는 했으나 아이러니하게도 통계청 스스로 자체 생산한 통계의 질에 대해 비판하는 셈이었다.

추세 비교가 어려워졌기에 학계에서는 한정된 방식으로 다양한 분석 결과를 발표하였고, 한 양적 통계 방법론 학자의 블로그에서는 방법론 적용 및 분석 결과 해석과 관련하여 통계청 현직자와의 논쟁이 이어지기도 하였다.[2] 통계청에서 패널 교체 및 통계의 신뢰성과 관련한 설득력 있는 결론을 제시하지는 못하였으나, 이 논쟁을 관심 있게 지켜보던 학계의 여러 관전자에게 적어도 하나의 메시지는 확실히 전달되었다. 통계청이 데이터를 둘러싼 논쟁에 대단히 폐쇄적이며, 국가 통계의 질에 큰 영향을 미칠 수 있는 패널의 대규모 교체와 같은 결정들이 생각보다 쉽게 일어날 수 있다는 점이었다. 이후 이어진 통계청장 경질은 정권에 유리하지 못한 통계 결과를 발표한 탓이 아닌지 의심받았으며,[3] 결국 감사원 감사 및 검찰 수사, 일부 기소로 이어졌다.[4] 다만, 과거 정권에 대한 무리한 정치 감사라는 반발도 상당하기에, 법원의 최종 결론이 나오기까지는 상당한 논란이 지속될 것으로 예상된다.

이러한 논쟁적 상황은 비단 가계동향조사에서만 발생한 것은 아니다. 이명박 정부 지니계수 누락 의혹 및 김대기 통계청장 조기 교체, 박근혜 정부 고용 지표 및 청년 실업 통계의 부정확성 논란 등 통계청을 둘러싼 논란은 정권을 막론하고 심심치 않게 발생하였다. 통계청의 독립성과 전문성이 의심받는 상황에서 우리는 국가 통계를 믿을

---

2 가계동향조사를 둘러싼 사회학자와 통계청 재직자와의 논쟁은 https://sovidence. tistory.com/968 참조.

3 https://www.khan.co.kr/article/201809011504001; https://www.edaily.co.kr/ News/Read?newsId=03860566619311584&mediaCodeNo=257.

4 https://www.yna.co.kr/view/AKR20240314128300022.

수 있을까? 대체 국가 통계는 어떠한 검토 과정을 거쳐 생산되며, 그 질적 수준은 어떻게 관리되는가?

이는 단순히 국가 통계의 질적 관리 차원에서 제기되는 평이한 의문으로 들릴 수도 있으나, 사실 매우 중요한 정치적, 행정적 함의를 바탕으로 한다. 한국은 최근 더욱 꾸준히 악화되는 정치적 양극화와 정치 갈등 속에서 행정의 질적 악화(deterioration in administrative quality)를 경험하고 있다. 최근의 계엄 사태 이후 지속되는 국가적 혼란의 뒤에는 가짜 뉴스(fake news)의 확대와 정보의 왜곡(deliberate distortion)이라는 묵과할 수 없는 현상이 존재한다. 국가 통계의 중요성은 바로 이 지점에 있다. 통계청을 비롯한 전문행정기관은 국가 기능의 유지에 필요한 공공재 성격의 정보재(information goods as public goods)를 수집하고 생산하는 공적 기관으로서의 기능을 충실히 수행해야 한다. 사실에 가장 가까운 정보를 생산하고 수집해야 하는 기관인 통계청은 어쩌면 이 극적인 가짜 뉴스의 시대에 가장 필수적인, 중립적인 전문적 거버넌스(professional governance)를 위한 최후의 보루일 수 있다. 그러나 정치적 중립성과 독립성을 강조하며 설립된 한국의 행정 기관이 대부분 합의제 행정 기관이며(김두래, 2020; 심동철, 2023) 당파성의 영향에서 사실상 독립적이기 어렵고, 정책 수립의 준거가 되는 핵심 정보를 생산하는 전문행정기관들이 대부분 계층적 통제를 받는 행정부 산하 기관으로 운영된다는 사실은 투명하고 객관적인 정보의 생산과 수집을 방해하는 요인일 수 있다.

본 연구에서 전문행정기관은 비다수주의 기관(non-majoritarian institutions)의 한 예이면서도 독립행정기관과는 직제상 구별되는 한국 통계청의 특성을 서술하기 위해 사용되었다. 전문행정기관이란 특정 영역에 대한 상당한 전문적 지식을 기반으로 행정 기능을 수행하는 기관으로, 특정 영역에서 강한 전문성이 요구되는 정보의 수집과 분석을 담당하며, 해당 분야의 지식을 보유한 것으로 믿어지는 전문 관료에 의해 운영되는 것을 특징으로 하지만, 독립행정기관과는 다르게 직제상으로는 독립되어 있지 않다(조인영, 2023). 이들 기관은 무엇보다 과학적 자료와 근거를 수집하여 전문적 판단을 바탕으로 공공의 이익을 증진하는 데 중점을 둔다. 예를 들어, 통계청, 질병관리청, 식품의약품안전처 등과 같이 특정 분야에서 전문성(professionalism)에 바탕을 둔 기관들이 이에 해당할 수 있다. 즉, 일반 행정 기관이 수행하기 어려운 전문 영역의 정보를 수집하고 해석하는 일을 수행해야 하는 기관들인데, 극단적 정치적 대립이 격화되면서 행정부의 안정성이 흔들리는 상황에서 좌고우면하지 않고 정치적 통제가 아닌 전문가적 통제를 바탕으로 행동해야 하는 기관들이라 할 수 있다. 언급한 전문행정기관은 가치(value)의 정책적 실현보다는 사실(fact)을 수집하여 정책의 기초가 되는 정보를 쌓아 올린다는 측면에서 본질적인 기능을 수행한다고 볼 수 있다.

우리의 통계청은 과연 증거 기반 정책의 핵심이 되는, 최대 한도의 사실에 부합하는 객관적이고 신뢰할 수 있는 자료들을 생산하고 수집하고 있는가? 본 장에서는 전문성과 독립성의 관점에서 통계청의 현 위치를 엄밀히 검토하는 것을 일차 목표로 하며, 분석 결과에 근거하여 통계청이 중앙통계기관으로서 갖추어야 할 역량과 기능 강화를 위한 개선 방향을 논한다. 이를 위해 통계청의 전문성과 독립성 관련, 웹 자료, 신문 기사, 학술 논문, 서적 및 공식 보고서 등 다양한 출처의 관련 자료를 수집하고 분석하였다. 또한, 공식적으로 수집하기 어려운 자료가 많다는 한계 때문에, 추가로 7인의 전문가(학계와 통계청 재직·퇴직자) 인터뷰를 실시하여 내용을 보완하였다. 본문에서는 통계청의 전문성과 독립성을 각 측면의 구성 요소별로 관련 자료를 제시하여 실태를 분석하며 결론에서는 분석 결과를 바탕으로 개선책을 논한다.

Ⅱ 선행 연구

1. 비다수주의 기관으로서의 통계 기관

규제 기관이나 공익을 위한 감시 기관과 달리 통계청은 중앙은행처럼 서비스를 제공하는 비다수주의 기관으로 분류할 수 있다. 여기서 비다수주의 기관이란 공식적인 권한을 가진 비선출 기관(unelected bodies)으로 "국민에 의해 직접 선출되거나 선출직 공무원이 직접 관리하지 않는 공적 권한을 부여받은 정부 기관"이라는 일반적 정의를 따른다(Majone, 1994a; Vibert, 2007). 비다수주의 기관의 성격을 갖는 독립행정기관은 선출 권력으로부터 독립적으로 정책을 결정하는 기관으로, 전문 지식에 근거한 의사결정을 통해 민주적 거버넌스에 기여한다. 이들은 정파적 이해관계나 단기적 선거 압력에서 비교적 자유로워, 정책의 지속성과 전문성을 보장함으로써 민주주의의 문책성(accountability)과 신뢰성을 높인다. Vibert(2007)는 현대 민주국가에서 선출되지 않은 독립 기관들의 증가는 민주주의에 대한 위협이 아니라 오히려 새로운 "권력 분립"을 통해 민주 체제를 더욱 강화할 수 있다고 주장한다. 그는 전통적 삼권 분립(입법·행정·사법)에 더해 비선출 기관을 제4의 권력으로 인식함으로써, 전문적 사실 판단(비선출 기관)과 가치에 근거한 결정(다수주의 기관)이 조화를 이루는 새로운 민주주의 모델을 제시한다. 이러한 견해에 따르면 독립행정기관은 대표성의 결여를 전문성과 중립성으로 보완하며, 장기적으로는 국민 이익을 대변하고 정책 성과에 대한 신뢰를 높여 민주주의에 기여한다.

독립행정기관의 존재는 민주적 통제 측면에서 새로운 책임성 확보 메커니즘을 요구한다. 비록 이들이 직접적인 선거적 통제를 받지는 않지만, 의회나 사법부의 감독, 투명한 절차, 성과에 대한 평가 등을 통해 간접적으로 책임성을 담보할 수 있다. 본 연구에서 다루는 공식 통계 기관과 같은 독립 기관의 경우, 정치적 영향으로부터 자유로운 통계 생산이 민주 사회의 정보 기반을 지키는 데 핵심적이다. 통계 수치가 정부 입장에 따라 왜곡되지 않을 것이라는 신뢰가 뒷받침되어야만 국민과 시장이 정책을 믿고 따를 수 있다. 국제 사회도 이러한 맥락을 강조하는데, UN 통계위원회는 공식 통계의 신뢰 구축을 위해 통계 생산의 전문적 판단과 윤리에 따른 자율성이 보장되어야 한다고 명시하고 있다. 실제로 "공식 통계에 대한 대중의 신뢰는 통계 생산자의 전문적 독립성과 공정성에 뿌리를 둔다"라고 강조한다(United Nations Statistics Division, 1994). 따라서 통계 기관은 독립성을 기반으로 국민에게 신뢰받는 데이터를 제공함으로써, 정보에 입각한 민주적 의사결정을 가능케 하고 정부에 대한 신뢰를 높이는 민주주의의 인프라로 기능해야 할 것이 요구된다.

2. 독립행정기관의 전문성과 독립성

비다수주의 기관으로서 독립행정기관은 정부로부터 일정 정도 자율성을 부여받아 전문적 정책 수립과 집행을 담당한다. 이들은 규제 기관, 중앙은행처럼 고도의 전문성이 요구되는 영역에서 설립되며, 정권 교체나 정파적 압력에 흔들리지 않는 독립성을 통해 일관되고 신뢰도 높은 정책 수행을 목표로 한다. 이론적으로, 정부가 이러한 기관에 권한을 위임하는 이유는 두 가지 핵심 요소로 하나는 전문성에 기반한 효율적 정책 결정이고, 다른 하나는 정치로부터의 거리두기를 통한 정책의 신뢰성 확보이다(Gilardi, 2002). 특히 Majone(1994a; 1996; 1997b)는 정부가 정책의 장기적 신뢰성(credibility)을 높이기 위해 독립된 전문가에게 권한을 위임한다고 설명한다. 선출직 정치인들이 수행하기 어려운 복잡한 규제 정책을 독립 기관에 맡김으로써, 단기적 선거 주기에 구애받지 않는 정책 일관성과 전문적 판단을 확보한다는 것이다.

이러한 신뢰성 가설(credibility hypothesis)은 다양한 경험적 연구를 통해 뒷받침된다. 예를 들어, Gilardi(2002)의 비교 연구는 서구 여러 국가의 규제 기관 독립성을 지수화하여 분석한 결과, 정부의 정책 신뢰성 확보 동기가 독립 기관 설립 여부와 상당한 상관관계를 보인다고 밝힌 바 있다. 즉, 규제 정책의 경제적 중요성과 국내 제도(거부권자의 존재 등)에 따라 차이는 있지만, 전반적으로 정치적 간섭을 배제함으로써 정책에 대한 신뢰를 높이려는 요구가 독립 기관 설립을 촉진했다는 것이다. 한편, 독립 기관의 전문성은 정책 성과 향상의 근거로 제시된다. Carpenter(2014)의 연구는 기관이 축적한 전문 지식과 평판(reputation)이 곧 그 기관 권한의 기반이 되며, 정치로부터 독립된 권위를 획득하는 데 기여함을 보여 준다. 특히 그는 미국 식품의약국(FDA)의 사례를 통해, 규제 기관이 자신의 평판을 강화하고 전문성을 입증함으로써 대중과 의회로부터 신뢰를 얻고 자율적 권한을 유지했다고 분석한다. 이처럼 전문성(지식과 역량)과 독립성(정치적 중립성)은 상호 보완적으로 작용하여, 독립행정기관의 정책 효과성과 정당성을 뒷받침하는 양 기둥이라고 볼 수 있다. 다만, 이러한 기관들이 민주 사회에서 지속적으로 정당성(legitimacy)을 확보하기 위해서는 투명한 의사결정, 성과에 대한 공개와 평가, 그리고 필요한 경우 외부 견제 장치를 통한 책임성 확보가 병행되어야 한다는 지적도 있다.

정부의 공식 통계 기관의 경우는 독립성과 전문성 논의가 특히 중요하게 적용되는 분야이다. Howard(2021)의 비교 연구에 따르면, 미국·영국·스웨덴·캐나다·호주 등 자유 민주주의 국가들의 통계 기관은 대체로 직접적인 정치 간섭으로부터 보호되어왔지만, 그 과정에서 미묘한 압력과 긴장이 상존한다고 분석한 바 있다. 이는 통계 생산자들이 전문적 정확성을 유지하려는 노력과 정부가 정책상 필요로 하는 숫자에 대한 압력 사이에서 균형을 모색해야 함을 의미한다. 각 나라별로 통계 생산에 대한 권한 배분이 상이한데, 이러한 차이는 '정부(정치권)와 통계 전문가가 직면한 신뢰성에 대한 압력의 정도와 국가별 제도적 환경의 차이'에서 비롯된다. 다시 말해, 정책 결정의 근거가 되는 데이터의 신뢰성을 지키기 위해 통계 기관들은 독립성과 전문성을 유지하려는 공통된 노력 속에서도 각국의 제도적 맥락에 따라다양한 대응 전략을 전개해 왔다는 것이다. 이 같은 연구들은 결국 전문성과 독립성이 공식 통계의 신뢰도와 직결됨을 이론적으로 뒷받침하며, 다음 절에서는 이러한 요소들이 한국을 비롯한 각국의 통계 생산 기관에서 어떻게 나타나고 있는지 살펴본 연구를 확인한다.

3. 통계 기관의 전문성과 독립성 비교

국가 통계 생산 기관들이 제도적으로 독립성과 전문성을 확보하는 방식은 나라마다 다르게 발전해 왔다. 특히 법적 지위와 운영 방식 측면에서, 일부 국가는 통계 기관의 법적 독립성을 보장하는 반면 다른 국가는 정부 부처 산하에 두되 전문적 자율성을 존중하는 방식을 택한다. 주요 국가들의 통계 기관을 살펴보면, 독립적 기구로 운영되는 경우와 정부 내 부처로 존재하면서도 전문성을 보장받는 경우로 나뉜다. 영국은 2007년 통계등록서비스법을 제정하여 통계청(ONS: Office for National Statistics)을 총리나 장관이 아닌 의회에 직접 책임지는 UK 통계청 감독위원회(UK Statistics Authority) 산하에 두었다. 이를 통해 통계 생산과 발표에서 정치권으로부터의 엄격한 독립을 제도화하였으며, 통계 품질에 관한 행동강령(Code of Practice) 준수를 법적으로 뒷받침하고 있다(European Commission, 2011). 미국은 중앙통계청은 없지만 인구조사국(U.S. Census Bureau), 노동통계국(U.S. Bureau of Labor

Statistics) 등 여러 기관이 연방 통계 체계를 구성하고 있다. 이들 기관은 법률과 행정 지침에 따라 전문적 판단의 자율성을 보장받고 있으며, 2002년 제정된 통계기밀보호법(CIPSEA: Confidential Information Protection and Statistical Efficiency Act)과 2018년 증거기반정책결정법(Evidence-Based Policymaking Act) 등을 통해 객관성, 신뢰성, 비밀 보호 등의 기본 책무가 성문화되었다. 예컨대 미국 행정관리예산실(OMB)은 통계정책지침을 통해 연방통계기관은 정확하고 신뢰할 수 있는 통계 생산 및 정책으로부터의 객관성 유지 등을 핵심 책무로 이행할 것을 규정하고 있다(CRS, 2025). 프랑스는 경제재정부 산하의 국립통계경제연구소(INSEE)가 중앙통계기관 역할을 하지만, 2008년 통계당국의 지위와 책무를 강화하는 법 개정을 통해 통계의 전문적 독립성과 투명성을 제고하였다. 아울러 통계품질당국(Autorité de la statistique publique)을 설치하여 통계 생산의 윤리와 품질에 대한 외부 감시를 수행토록 하고 있다. 캐나다는 연방 부처로서 통계청(Statistics Canada)을 운영하지만, 통계법을 통해 통계청장(Chief Statistician)의 임기 보장 및 통계 작성 방법상의 자율권을 규정하고 있다. 2010년 보수 정부의 인구센서스 장기조사 표본 폐지 결정에 당시 통계청장이 항의 사임한 사건은 통계 기관의 전문적 판단과 정부 정책 간 갈등을 부각시켰으며,[5] 이후 캐나다 정부는 통계청장의 법적 권한을 강화하고 독립성을 재확인하는 조치를 취한 바 있다. 일본은 내각부 산하에 총무성 통계국을 두어 정부 부처 내 조직으로 운영하고 있지만, 통계법과 행정 지침을 통해 통계 작성 시 과학적 기준 준수와 중립성 확보를 강조하고 있다. 다만 통계조정위원회 등을 통한 부처 간 조정에 머무르고 있어, 통계청의 독립성에 관한 제도적 장치는 서구 일부 국가에 비해 약

---

5 https://www.pewresearch.org/social-trends/2010/07/22/canadas-chief-
   statistician-quits-over-census-changes/.

하다는 평가가 있다. 요컨대, 각국의 공식통계기관에 대한 기존 문헌들은 법적 지위, 운영적 자율성, 전문 인력 확충 등이 어떻게 통계 생산의 신뢰성과 품질로 이어지는지를 탐구하고 있으며, 종합적으로 볼 때 전문성과 독립성의 균형을 갖춘 통계 기관일수록 국민과 국제 사회로부터 더 높은 신뢰를 얻는다는 점을 시사한다.

Ⅲ ┃ 분석틀 및 지표

본 연구는 전문성과 독립성 두 가지 차원에서 통계청의 현 위치를 검토한다. 본 연구에서 설정한 평가 지표는 Gilardi(2002)를 참고하여 구성한 것으로 두 범주로 나뉜다. 전문성은 통계를 생산하는 조직과 인력이 얼마나 전문적인 역량과 과학적 방법론을 갖추고 있는지를 의미하며, 독립성은 통계 생산 과정이 정치적·행정적 영향으로부터 얼마나 자유롭고 중립적으로 이루어지는지를 뜻한다. 이러한 세부 지표들은 국제 기구와 선진국 사례에서 강조되는 공식 통계 기관의 핵심 원칙들을 반영한 것으로, 예를 들어 UN의 공식 통계 기본 원칙이나 OECD의 통계의 질에 관한 권고 등이 제시하는 과학성과 중립성 요건과 맥락을 같이 한다.[6] 전문성과 독립성을 각각 평가하는 지표의 구체적 내용은 다음과 같다.

전문성 평가 지표는 세 가지 하위 요소로 구성된다. 첫째는 기관장 및 고위직의 전문 배경, 임기 및 인사 연속성이다. 여기서는 통계청장의 전문 분야 경력, 임기의 안정성, 정권 교체 등에 따른 인사 변화 추이를 살펴본다. 둘째는 조직 내 전문 인력 구성 및 역량이다. 여기서

---

6 https://kostat.go.kr/menu.es?mid=a10602000000.

는 통계청 소속 직원들의 규모와 전문 인력 비중, 통계·분석 분야 교육훈련 체계, 연구 개발 역량 등을 검토한다. 셋째는 통계 작성 및 품질 관리의 과학적 방법 적용이다. 여기서는 통계 생산에 사용되는 방법론의 과학적 타당성, 통계 품질 관리 제도의 운영 여부(예: 통계품질진단, 품질 관리 전담 부서 등)를 평가한다. 통계 작성 과정에 객관적이고 과학적인 방법이 적용되는지, 국제 기준을 준수하는지 등이다.

독립성 평가 지표는 다섯 가지 하위 요소로 구성된다. 첫째는 법적 지위 및 소속이다. 여기서는 정부 조직 내 통계청의 위치(예: 부처 소속 또는 독립 기관 여부)와 법률상 지위 등을 검토한다. 둘째는 기관장 임용, 임기 및 해임 규정이다. 여기서는 통계청장 임명 권한과 절차(임명 주체, 인사청문 여부 등), 임기의 유무 및 보장, 해임 요건 등을 분석한다. 셋째는 예산 및 재정 자율성이다. 여기서는 통계청 예산의 편성 및 집행 권한, 재정 지원의 안정성, 타 부처 예산에 대한 영향력 등을 살핀다. 넷째는 업무 과정 공개 및 외부 견제 메커니즘이다. 여기서는 통계 작성 및 발표 과정의 투명성(예: 통계 공표 사전 일정 공개, 무조건적 통계 공표), 외부 감시 장치(국회나 감사원 감사, 통계 관련 위원회 구성 등), 학계와의 소통 등을 점검한다. 다섯째는 통계 작성 과정의 자율성과 정치적 중립성이다. 여기서는 실제 통계 생산 과정에서 정치권 또는 상급 기관의 간섭 없이 자율적·전문적으로 의사결정이 이루어지는지 평가한다. 조사 방법이나 결과 발표 시기 조정 등이 외부 영향 없이 이루어지는지, 법적·제도적으로 이를 보장하는 장치가 있는지 살펴본다.

이상의 지표와 구성 요소들을 중심으로, 다음 절에서는 통계청의 전문성과 독립성 현황을 세부적으로 분석한다. 각 지표에 대해 수집된 자료와 평가 지표에 따른 평가 내용을 제시하였다. 또한 공개 자료가 부족한 경우, 각 항목에 해당하는 전문가 인터뷰 내용을 부연하였다. 이는 기존 문헌만으로는 통계청의 상황 및 국가 통계 생산 프로세

스에 대한 심층적인 정보를 얻기 어려웠기 때문에 전문가 총 7인을 대상으로 하는 추가적인 심층 인터뷰를 실시한 것이다. 통계청 및 국가 통계의 생산 과정에 대해 잘 알고 있는 학계의 조사 통계 전문가와 통계청 근무자들을 고르게 인터뷰하였다. 7인 중 4인은 조사통계학계 및 유관 연구기관의 전문가들로 국가 통계 생산에 직접적으로 참여한 경험이 있는 박사급 연구자들이며(학계 응답자 A, B, C, D로 지칭), 나머지 3인은 관료로 국가 통계 업무 수행 경험이 있는 통계청 및 기타 기관 소속의 전현직자이다(관료 응답자 E, F, G로 지칭). 이들은 질적 연구의 특성상 눈덩이 표집(snowball sampling) 방식으로 선정되었으며, 지난 2024년 6월부터 12월까지 총 7개월에 걸쳐 응답자의 근무지에 따라 서울, 대전, 원주 등에서 직접 대면 및 비대면(Zoom) 방식으로 진행되었다. 응답자들은 각각 1~2회 정도 면담하였으며, 각 응답자 인터뷰 시간은 평균적으로 두 시간 정도가 소요되었다. 이들의 연령대는 40~60대이며, 성별은 남성 6인, 여성 2인이었다(학계 응답자 D와 관료 응답자 F는 여성이며, 나머지는 남성). 관료의 경우는 인터뷰 대상자들의 요청에 따라 근무 기관을 특정할 수 있는 정보나 개인 정보를 유추할 수 있는 세부 내용은 최대한 보고하지 않았다.

Ⅳ ｜ 통계청의 전문성과 독립성

1. 전문성 분석

1) 기관장 및 고위직의 전문적 배경, 임기 및 인사 연속성

한국 통계청장은 정부조직법 및 통계법에 따라 대통령이 임명하며 차관급 정무직으로 보한다. 즉, 통계청장은 경력직 공무원이 아니라 임명직으로, 그 임기 및 해임에 관한 사항 역시 별도로 정해져 있지 않다. 이러한 구조로 인해 역대 통계청장의 임기는 정권의 인사 방향에 따라 비교적 잦은 교체를 보여 왔다. 〈표 6-1〉은 역대 통계청장의 임기와 출신, 학위에 대한 정보이다. 1990년 통계청 출범 이후 현재까지 통계청장을 지낸 20명 중 14명이 기획재정부(과거 경제기획원 및 재정경제부 포함) 출신 관료였으며 전체의 70%에 달한다. 통계학에 대한 전문성을 가졌다고 볼 수 있는 역대 청장의 수는 지극히 드물며,[7] 상당수는 경제학 박사 학위를 가지고 있었다. 청장 중 1인만이 경제 통계 전공자로 통계학자로 분류 가능하여, 통계청 수장이 통계 전문성보다는 경제 관료 출신으로 채워지는 경향이 강함을 보여 준다. 또한, 역대 청장 중 통계 행정 전반에 밝은 통계청 내부 출신은 극히 드물다. 알려진 경력으로 분석할 때, 내부에서 승진한 청장은 1명인 것으로 파악된다. 2000년대 후반에 이르러서야 학자 출신 청장이 임명되기 시작하였으며 이들의 전공은 대부분 계량경제학 전공이나 다소의 예외도 있다. 아울러 통계청장 평균 재임 기간은 약 1년 8개월에 불과하여(이 중 극도로 임기가 짧았던 관료 출신 초기 통계청장 2인을 제외하여도 평균 재임 기간은 약 1년 9개월이다), 전문성 축적과 정책의 연속성, 정치적 중립성이 훼손될 수 있다는 지적이 가능하다. 2018년 통계청장 경질 논란 당시 청장은 임기를 13개월밖에 채우지 못하였는데, 정치권에서는 해당 경질을 통계의 정치적 중립성 훼손으로 비판한 바 있으며,[8] 야당과 통계청 내부 노동조합도 통계청장 교체가 "통계의 공정성과 중립성을 무너뜨리는 조치"라며 반발하는 등, 통계청장 인사의 안정성과 정치적 독립성이 부족함을 보인 바 있다.[9]

---

7 https://www.ajunews.com/view/20141013101123692.

8 https://monthly.chosun.com/client/mdaily/daily_view.asp?idx=4898&Newsnumb=2018084898.

9 https://www.segye.com/newsView/20180829005530.

표 6-1 역대 통계청장 임기 및 배경

역대 청장	임기	재임 기간	출신	학위(석박사)
이형일	재임 중 (20개월차)	2023. 7. 6. ~ 현재	관료	경제학박사
한훈	14개월	2022. 5. 13. ~ 2023. 7. 2.	관료	경제학박사
류근관	17개월	2020. 12. 25. ~ 2022. 5. 12.	학자	경제학박사 (경제통계전공)
강신욱	28개월	2018. 8. 27. ~ 2020. 12. 24.	학자	경제학박사
황수경	13개월	2017. 7. 12. ~ 2018. 8. 26.	학자	경제학박사
유경준	26개월	2015. 5. 26. ~ 2017. 7. 11.	학자	경제학박사
박형수	26개월	2013. 3. 18. ~ 2015. 5. 25.	학자	경제학박사
우기종	20개월	2011. 7. 22. ~ 2013. 3. 17.	관료	경영학석사
이인실	26개월	2009. 5. 11. ~ 2011. 7. 21.	학자	경제학박사
김대기	14개월	2008. 3. 7. ~ 2009. 4. 27.	관료	경제학박사
이창호	7개월	2007. 8. 9. ~ 2008. 3. 6.	관료	경제학박사
김대유	12개월	2006. 8. 9. ~ 2007. 8. 8.	관료	–
오갑원	22개월	2004. 10. 15. ~ 2006. 8. 8.	관료	–
오종남	31개월	2002. 2. 19. ~ 2004. 9. 13.	관료	경제학박사
윤영대	47개월	1998. 3. 23. ~ 2002. 2. 4.	관료	경제학석사
김병일	14개월	1997. 1. 16. ~ 1998. 3. 16.	관료	행정학석사
장승우	3개월	1996. 9. 24. ~ 1996. 12. 23.	관료	경영학석사
정재룡	3개월	1996. 6. 4. ~ 1996. 9. 23.	관료	행정학석사
이강우	21개월	1994. 9. 5. ~ 1996. 6. 3.	관료	행정학석사
민태형	44개월	1990. 12. 31. ~ 1994. 8. 30.	관료	–

반면 선진국의 사례를 보면, 통계청장의 임기는 법으로 보장되며, 특히 정권 교체와 무관한 임기제 도입으로 장기간 안정적으로 근무하는 경우가 많다. 가령 프랑스 국립통계경제연구소의 청장은 평균 8년간 재임하며 어떤 정권에서도 교체되지 않는다. 미국, 영국, 캐나다, 호주 등도 통계청장의 임기는 법으로 보장하고 있으며, 이 밖에도 다양한 독립성 확보 장치(임기 보장, 의회 인사청문 등)를 마련해 두고 있다 (Howard, 2021). 한국 통계청의 인사 구조 및 청장 임기의 불안정성은 정책적 연속성과 전문성 축적을 어렵게 하고, 정권에 따른 통계 해석 차이가 발생할 소지가 있다는 근본적 약점을 지닌다.

2) 조직 내 전문 인력 구성 및 역량

전문성은 조직 전체가 보유한 전문성 있는 인적 자원의 능력에 비례한다. 2024년 9월 기준 통계청 본청은 1관 5국 체제이며 소속 기관으로 2개 연구원(통계교육원, 통계개발원)과 5개의 지방통계청을 두고 있다. 한국 통계 시스템은 분산형 통계 제도이기에 중앙통계기관인 통계청 외에도 각 부처와 지방 자치 단체, 공공 기관 등 총 375개 기관이 자체 통계를 생산하고 있다. 이러한 분산된 환경에서 통계청이 전문 허브 기관으로서 역할을 다하기 위해서는 내부 전문 인력의 역량 강화와 함께 다른 기관들이 생산하는 통계에 대한 조정과 품질 관리 능력이 요구된다.

통계 조직 및 인력 현황과 관련하여 가장 최근 조사인 '통계인력 및 예산조사'는[10] 2022년 7월 1일 기준으로 통계청 및 중앙 행정 기관, 지방 자치 단체, 지방 사무소 근무 인력을 합하여 5,348명의 통계 인력 규모를 보고하였으나, 이 중 통계청 및 유관 기관, 조사원 근

---

10 https://kostat.go.kr/statDesc.es?act=view&mid=a10501010000&sttr_
cd=S013001.

무 인력의 수는 3,796명으로 선진국의 통계 인력 규모에 비해 대단히 작고, 이 중 많은 수가 지방 사무소에 재직하는 상근직 전문조사원(조사 현장에서 직접 조사를 담당하는 인력)으로 조사되었다. 타 중앙 행정 기관, 지방 자치 단체, 지정 기관에 종사하는 통계 인력의 총 수는 1,552명으로, 조사원 수를 제외한 통계청 본청 및 산하 기관 재직자 수와 그다지 큰 차이가 없다. 통계청 인력 현황은 본청 698명, 통계교육원 29명, 통계개발원 54명, 지방청 1,393명으로 2024년 10월 기준 총 2,174명의 공무원이 재직 중이다.[11] 2008년의 3,221명에 비하여 통계청 총 근무 인력 규모는 현재 약 500명 정도 증가한 것으로 보고되었으나 이 중 본청 및 통계개발원, 통계교육원 규모는 큰 변동은 없다.

　내부 전문 인력 양성을 위해, 2005년 통계청은 통계청 직원을 체계적으로 교육·훈련하고 통계 전문가를 육성하겠다는 목표하에 통계교육원을 신설하였다. 통계교육원은 교육 기획과 운영을 담당하는 2개 과로 구성되어 있으며, 신규 채용자 교육부터 재직자 보수 교육, 전문관 양성 과정 등 여러 프로그램을 운영하고 있다. 내부 훈련에만 초점을 두고 있는 것은 아니고 일반인이나 학생을 대상으로 교육 과정 수요에 대응하는 역할도 상당하다. 또한 2006년에는 새로운 통계 개발과 연구를 전담하는 기관인 통계개발원을 설립하여, 통계 기법 연구, 통계 개선 및 혁신 과제 수행, 국제 통계 협력 연구 등을 수행하고 있다. 이처럼 별도의 교육·연구 조직을 두고 전문성 향상을 도모하는 것은 선진 통계 기관에서 흔히 볼 수 있는 구조로, 통계청 역시 이러한 기반을 마련한 것으로 볼 수 있다. 그러나 이들의 기능은 상당히 제한적이며, 본청과 대등한 구조로 전문적 역량 강화를 위한 실질적 역할을 충분히 다하고 있는지에 대해서는 부정적인 평가가 많았다.

11　https://kostat.go.kr/menu.es?mid=a10605010000.

"통계개발원은 연구 기관의 역할을 해야 하지만, 현재는 통계청이 하는 일을 서포트하는 기관으로 격하된 셈이다. 인력과 조직 규모가 제한적이어서 본청의 부속 기관으로 종속성이 강하다." (학계 응답자 A)

통계청이 작성하는 국가 승인 통계의 수와 분야가 지속적으로 확대됨에 따라, 조직 인력의 업무 부담이 증가하고 있다는 평가도 있다. 실제로 2020년대 들어 통계청은 데이터 사이언스 역량 강화를 위해 빅데이터 통계과, 마이크로데이터과 신설 등 조직을 개편하고 관련 전문 인력을 충원하고 있다. 이는 통계 환경 변화에 따른 전문성 요구에 부응하려는 움직임으로 볼 수 있으나, 이를 담당하기에 충분한 전문 인력이 갖춰진 상태라고 보기는 어렵다.

"좋은 직원을 뽑으려면 공채 위주보다는 특별 채용을 좀 더 확대하는 추세니까, 전문 인력을 늘리는 것도 괜찮을 것 같다. 그런데 인사나 예산에서 자율권을 주는 게 필요하다. 정원이 너무 작고, 안 늘어나고 있다. 기능은 계속 늘어나는데 그만큼의 인력 확보는 안 되는 상황이다." (관료 응답자 F)

조직 구성원의 학력과 전문성 측면을 보면, 통계청은 행정고시(재경직 등)를 합격한 행정 관료뿐 아니라 통계 직렬 공무원, 전산직 및 조사직 인력 등 다양한 배경의 직원들이 근무하고 있다. 통계학, 경제학 등을 전공한 직원들이 많으며, 박사급 고급 인력도 통계개발원 연구직 등을 중심으로 일부 재직 중이다. 다만 전체 인력 대비 이러한 전문 연구 인력의 비중은 높지 않기에, 통계청 노조 등에서는 전문직 공무원 제도 도입 등을 통한 전문 인력 확충을 요구하기도 하였다. 통계청 공무원은 국가직으로 선발하며, 타 국가직과 동일하게 학력, 경력 제한은 없다. 5급, 7급, 9급 국가직으로 입직하며, 통계공무원으로 입직하게 되면 통계청 본청, 지방통계청, 통계교육원, 통계개발원 등에서 근무하게 된다. 7급 통계직 공무원은 주로 본청으로, 9급 통계직 공무원은 주로 지방청으로 발령되는 구조이다. 9급 및 7급 시험 과목 중 통계 관련 과목은 통계학 한 과목이며, 경제학도 시험 과목에 있으나 다른 과목은 일반직과 동일하다. 가산 대상 자격증은 사회조사분석사 1, 2급으로 가산 비율은 3%에서 5%이다. 7급 통계학 필기 시험의 수준은 중급 통계학 정도로 파악되며, 이는 대학의 통계학과나 경제학과에서 배울 수 있는 통계학(기초통계, 확률통계, 수리통계)의 수준으로 객관식 20개 문항으로 구성되어 있다. 2010년도까지는 통계청 주관하에 출제된 통계 필기 시험과 면접을 통과하는 특채가 주였으나, 2011년부터는 일반 국가직 시험으로 변경되었다. 통계학과 전공자라면 통계학 과목은 비교적 무난하게 통과할 수 있겠지만, 이러한 일반 지식이 통계청에서 요구하는 전문성의 수준에 충분할 것으로 보이지는 않는 측면이 있다. 특히 조사 통계 비중이 적으며, 전부 객관식 시험이기에 통계적 전문성을 측정하기에 충분한지는 의문이다.

"요즘엔 학위가 있는 사람도 꽤 있다. 그러나 현재는 자기 개발을 할 수 있는 인센티브가 없고, 공식적인 보상 체계도 없다. 학위를 대충 따오는 사람도 있어서, 진짜 전문성은 어떻게 평가해야 하는지 모호하다." (관료 응답자 G)

"통계 담당 인력도 문제다. 국가 승인 통계까지 포함해서 전체적으로 보면 담당자가 너무 적다. 순환 보직 때문에 통계 업무를 한 번도 해본 적 없는 사람이 담당하는 경우도 있다." (관료 응답자 E)

"선진국에서는 서베이 통계를 포함해 환경, 농업, 자연재해 등의 다양한 분야에서 응용 통계를 생산하고 있다. 우리도 이처럼 통계청 입사 인력들을 내부적으로 트레이닝 시켜 전문성과 효율성 있는 조사 통계 인력을 확충할 수 있다면 좋을 것이다." (관료 응답자 F)

전반적으로 통계청 내부 인력은 전반적인 학력 수준 향상으로 인해 과거에 비해 전문성이 좀 더 향상되고 교육·연구의 제도적 인프라는 갖춰져 있는 것으로 보이나, 그 질적 수준이 어느 정도인지, 핵심 통계 분야 전문가를 전략적으로 양성하고 유지하는 노력이 충분한지는 의문이다. 단순히 인력의 증원이 아니라 내부자의 지속적 역량 개발과 경력 관리(예: 직무순환근무 최소화 등)가 개선될 필요가 있을 것으로 보인다.

3) 통계 작성 및 품질 관리의 과학적 방법 적용

국가 통계의 품질은 사용되는 방법론이 얼마나 과학적이고 체계적이며, 지속적으로 그 품질이 검토되는가에 달려 있다. 이를 확인하기 위해 통계 작성 과정의 표준화, 국제 기준 준수, 품질 관리 시스템을 검토한다.

우선, 국가 통계 기본 원칙 차원에서 과학적 통계 작성을 강조하고 있음은 명확히 확인된다. 대한민국 국가 통계 기본 원칙 제2조는 "국가통계는 객관적이고 과학적인 방법을 사용하여 정확하고 신뢰할 수 있도록 작성되어야 한다"라고 명시하고 있다. 이는 UN이 정한 공식 통계 기본 원칙과 일치하는 내용이다. 국제적 기준과의 정합성도 중요한 부분이다. 통계청은 국제통화기금(IMF) 통계 데이터 표준(SDDS: Special Data Dissemination Standard)에 따라 주요 거시경제지표에 대한 공표 기준을 준수하고 있으며, OECD와 UN 통계위원회의 권고에 따라 통계 방법론을 개선하고 있다. 예를 들어 소비자물가지수, 국민계정 등의 작성에는 국제 기준 분류와 방법론(체인가중법 등)이 도입되었고, 인구총조사에서도 등록 자료를 활용한 현대적 방식(등록센서스)이 검토되는 등 지속적인 방법론 혁신 노력이 있다고 보고된 바 있다. 또한 메타데이터 공개와 통계 설명 자료를 제공한다. 통계청 국가통계포털(KOSIS)이나 통계청 홈페이지에는 각 통계별로 작성 방법, 조사표, 품질 지표 등이 게시되어 있다. 그러나 가계동향조사를 둘러싼 논쟁에서도 통계청이 사용한 가중치 방식이 대체 무엇이었는지에 대해 한동안 논란이 있었을 정도로, 학계에서 필요로 하는 수준의 투명성이 확보되어 있는 것은 아니다.

> "샘플링 과정에는 조사 통계에 대한 전문적인 지식이 필요하지만, 우리나라는 서베이 통계 전문가 풀이 매우 제한적이라서 반복적으로 소수의 전문가에게 의존하는 구조이다." (학계 응답자 C)

실제 통계 작성 과정에서는 통계법과 관련 규정에 따라 엄격한 절차가 적용된다. 예를 들어, 새로운 통계를 작성하거나 중요한 통계 조사를 변경할 경우 통계청장의 승인을 받아야 하며, 통계 표준 분류 적용, 자료의 비밀 보호, 통계 작성 목적 외 사용 금지 등 법적 요건을 준수해야 한다. 통계법은 통계 생산의 각 단계를 규정하여 절차적 통제를 가함으로써 임의적이거나 비과학적인 통계 작성이 이루어지지 않도록 강력히 제한한다.

> "우리 통계법은 대단히 낡았다. 다만 실제로 외부에서 여러 요청을 받아본 적도 가끔 있는데, 이럴 때 통계법은 상당한 방패가 된다. 통계법에 따른 절차를 반드시 준수해야 하기에 무리한 요청들을 상당 부분 방어할 수 있다." (관료 응답자 G)

품질 관리 측면에서는 법령에 의해 통계품질진단 제도가 운영되고 있는데, 이는 통계청장이 국가 승인 통계 작성 기관들을 대상으로 주기적으로 통계 작성 방법과 결과의 품질을 평가·점검하는 것이다. 통계청장은 품질 진단의 실시, 통계작성기관 지정 및 취소 권한을 갖고 있으며 국가 통계 품질을 총괄 관리하는 책무를 진다. 통계청 내에는 품질관리과를 비롯해 통계정책국 산하에 품질 관리 전담 조직이 편성되어 있어, 각종 통계의 정확도, 신뢰도 향상을 위한 지침 마련과 점검을 수행하고 있다. 그러나 후술하겠지만 품질 관리 및 평가 측면에서 통계청과 진흥원의 밀접한 관계는 이 과정의 객관성에 대한 상당한 의문을 자아낸다.

> "진흥원이 국가 통계 품질 진단, 승인 통계 관리, 국가 통계 발전 프로젝트를 지원하며, 권력 기관처럼 작용하고 있다. (중략) 품질 진단은 처음에는 교수들이 하다가 안 하고 싶게 되었다. 다양한 방법론적 쟁점을 통해 논의한다기보다는 낡은 통계법에 의존한다." (학계 응답자 B)

요약하면, 통계청은 과학적 방법에 기반한 통계 작성과 체계적 품질 관리를 위한 제도적 장치를 갖추고 있다. 공식 선언된 기본 원칙부터 법률상의 품질 진단, 내부 품질 관리 조직, 국제 표준 준수, 투명한 메타데이터 공개 등은 전문적인 통계 생산을 뒷받침하는 요소들이다. 다만 이러한 제도들이 현실에서 효과성 있게 작동하고 있는지는 대단히 의심스럽다.

2. 독립성 분석

1) 법적 지위 및 소속

한국 통계청의 법적 지위는 중앙 행정 기관의 외청으로, 현재 기획재정부 산하에 속해 있다. 정부조직법 제27조는 "기획재정부장관 소속으로 통계청을 둔다"라고 규정하고 있으며, 통계청장은 차관급이다. 즉, 통계청은 독립된 준부처 형태가 아니라 경제 정책을 총괄하는 부처인 기획재정부의 산하 기관이다. 이러한 구조는 통계청이 행정부로부터 완전히 독립된 기구가 아니며, 주무 부처인 기획재정부의 영향력 아래 놓일 가능성을 내포한다. 이와 관련해 통계청의 격상 필요성은 꾸준히 제기되어 왔다. 통계청이 각 부처에 흩어진 국가 통계를 총괄 조정하는 전 부처적 기능을 수행해야 함에도, 정작 특정 부처(기재부)에 소속되어 있는 현재 구조는 대단히 기이하다. 전문가들은 "전 부처적 업무를 하는 국가 기관이 왜 기획재정부 외청으로 있어야 하는지 의문"이라며, 통계청을 총리실 산하 독립 처로 두거나 최소한 장관급 기구로 격상하여 전권적 조정 권한을 부여해야 한다고 주장한 바 있다.[12]

현재 통계청의 소속과 관련한 가장 큰 문제는 정책 부처의 입김에서 자유롭지 못하다는 점이다. 법적 지위상 통계청이 기획재정부의 산하 조직이므로, 예산 편성이나 주요 인사, 업무 우선 순위 등에 있어서 완전한 자율권을 행사하기 어려우며, 통계 결과가 정부 경제 정책 기조와 어긋날 경우 주무부처를 통해 압력이 간접적으로 작용할 수 있다는 우려도 있다. 다만 외부의 우려와는 다르게 현직자 인터뷰는 이에 대한 큰 문제 의식이 없었다.

> "기재부에서 따로 뭐 외압이 오거나, 그런건 아닌데 기재부 국장으로 있던 사람들이 통계청 고위직 자리를 차지하니까 내부에서 승진하는 기회를 줄이니까 그러다 보면 승진의 동력이 약해질 수가 있어서 그런 점이 좀 있다. 특별히 기재부에서 통계 업무를 딱히 간섭은 안한다. 전문성의 인정도 있고, 어쨌든 독립적으로 운영되고... 보고 체계도 없고, 기재부가 수요처가 아닌 경우도 많고, 고용 통계, 교육 통계, 사교육비 다 기재부랑 연관이 안되니까 기재부의 간섭이나 그런 건 좀 적다." (관료 응답자 G)

일각에서는 이러한 구조적 한계를 극복하기 위해 통계청을 국무총리 직속 기관이나 독립 위원회 형태로 전환하는 방안을 제안한다. 예

---

12 https://news.kbs.co.kr/news/pc/view/view.do?ncd=4046131.

를 들어, 영국의 국가통계국(ONS)은 재무부 산하에서 독립 기관으로 전환하면서 통계 권한을 완전히 독립적으로 행사하게 되었고, 통계청 장인 국가통계국장은 법적으로 임기가 보장되며 국가통계위원회를 통해 통제받는다. 한국에서도 통계청을 총리 산하로 이관하거나 독립 기구화하여 법적 지위를 강화하고 정치적 중립성과 독립성을 유지할 필요가 있을 것으로 보인다.

정리하면, 통계청의 현행 법적 지위는 행정부 내부에서 완전한 독 립성을 보장하기에는 크게 미흡하다. 통계청이 중앙통계기관으로서 각 부처를 조정하고 국가 통계 품질을 지킬 수 있으려면, 적어도 동등 한 지위의 기관으로 격상되거나 독립적 지위를 부여받는 것이 필요하 다. 이는 단순한 조직 개편을 넘어 통계청의 위상과 권한을 재정립함 으로써, 통계 생산의 거버넌스 자체를 개선하는 방향으로 논의될 필 요가 있다.

2) 기관장 임용 및 해임 규정

기관장의 인사 제도는 통계청 독립성의 핵심 축으로, 통계청장의 임용 방식과 임기 보장은 통계의 정치적 중립성을 좌우한다. 앞서 살 펴본 바와 같이 통계청장은 대통령에 의해 임명되며 법정 임기는 없 다. 이는 현실적으로 통계청장이 대통령의 인사권에 전적으로 종속되 어 있다는 뜻이며, 대통령 또는 정부의 의중에 따라 언제든 교체 가능 함을 의미한다. 실제로 역대 통계청장들은 정권 교체 시기에 대부분 교체되었고, 심지어 정권 임기 중에도 정부와 의견이 다르면 중도 경 질된 사례가 있었다. 이러한 상황은 통계청장 개인의 거취뿐 아니라 통계 작성 과정 전반에 정치적 압력을 가할 수 있는 구조적 요인으로 작용한다.

정부 내 임기제 기관장을 두고 있는 사례로 검찰총장, 경찰청장, 특허청장 등 일부 기관과 위원회들이 있다. 통계청장도 이와 같이 최소 2~3년의 법정 임기를 보장할 필요가 있다. 또한 인사청문회를 통계청장 임명에 도입하자는 논의도 검토된 바 있다.[13] 인사청문 대상이 되면 국회 검증을 거쳐야 하므로 인사의 투명성이 생기고, 부적절한 인물이 임명되는 것을 어느 정도 방지할 수 있다. 동시에 통계청장의 신분 안정성이 강화되어, 정권의 입맛에 따라 함부로 해임하기 어렵게 되는 효과도 기대된다. 현재 감사원장이나 국가정보원장 등은 국회 인사청문을 거치는데, 통계청장도 이에 준하는 위상을 부여하자는 취지다.

현행 규정상 통계청장의 해임은 별도로 제한 규정이 없어 사실상 대통령의 자유 의지에 따른다. 그러나 임기제가 도입되고 해임 요건을 법령으로 제한하면(예: 중대한 비위나 직무유기 등 특정 사유에 한해서만 해임이 가능하도록), 통계청장의 직무상 독립성은 향상될 것이다. 타 국가와 비교해도, 캐나다 통계청장은 임기 동안 해임이 극히 제한적으로만 가능하고, 영국 국가통계국장 역시 의회 동의 없이는 해임되지 않도록 되어 있어 통계의 신뢰성을 보장하고 있다. 다만, 한국에서 통계청장을 3년 임기로 하고 인사청문 대상에 포함시키는 내용의 입법안은 지난 국회에서 통과되지 못하고 자동 폐기되었다.[14]

3) 예산 및 재정 자율성

국가통계를 생산·관리하는 데에는 상당한 예산과 자원이 필요하다. 통계청의 예산은 주로 국가 재정에서 배정되며, 예산 편성 과정에서 기획재정부의 심의를 거친다. 현재 통계청은 자체 수입이나 특별회계를 가지고 있지 않으므로, 전적으로 정부 예산에 의존하는 구조다. 이는 통계청의 재정적 자율성이 제한될 수 있음을 의미한다. 예산이 충분히 확보되지 못하면 새로운 통계 개발이나 기존 통계의 품질 향

---

13 https://news.kbs.co.kr/news/pc/view/view.do?ncd=4046131.

14 https://www.donga.com/news/article/all/20180911/91924033/1.

상에 어려움을 겪을 수 있으며, 반대로 예산권을 쥔 상급부처(기재부)의 영향력에서 자유롭기 어려운 측면도 있다. 2010년대 중반에는 연간 약 3천억 원 수준이던 통계청 예산 총액이 2024년에는 약 4,253억 원까지 확대되었지만, 연평균 예산 증가율은 물가 인상 수준을 약간 상회하는 수준이며, 주요 통계 사업 실시 시기에만 예산이 일시적으로 크게 늘어나는 것을 확인할 수 있다. 가령 2025년 예산은 5,628억으로 인구주택총조사와 농림어업총조사 예산이 반영된 결과이다.[15]

예산상의 독립성을 평가할 때 두 가지 측면을 볼 수 있다. 첫째, 통계청 자체 예산의 안정성이다. 통계청 예산은 해마다 정부 예산안에 편성되어 국회의 의결을 받는다. 통계청이 전문성을 유지 · 강화하려면 인력 충원과 교육, IT 인프라 구축 등에도 지속적인 투자가 필요하며, 이는 예산으로 뒷받침되어야 하는데, 현실적으로 예산 당국과의 협의 과정에서 통계 분야 예산이 우선순위에서 밀리는 경우도 있고, 재정 여건에 따라 증감이 변동되곤 한다. 이는 통계청이 자율적으로 중장기 계획을 세우는 데 상당한 제약 요인이 된다. 주요 통계사업 외 통계 인프라 구축 및 품질 개선 사업 등 기타 사업에도 상당 규모의 예산이 편성되는데, 내부적으로 어느 정도의 예산 자율성을 누리고 있는지는 파악하기 어려웠다. 주요 국가 통계 조사를 위한 예산은 크게 변동하기보다는 비교적 유사한 규모로 배정되는데, 이 경우 증가하는 데이터 수집 예산을 잘 반영하기 어려워 데이터의 품질이 떨어질 수 있다는 점을 지적하는 심층 인터뷰에 참여한 학계 전문가의 의견이 있었다.

"데이터 단가가 껌값에 가깝다. 1인 조사 비용이 충분해야 조사원도 시간과 노력을 들여 더 좋은 응답을 수집할 수 있는데, 단가가 너무

---

15 https://www.kostat.go.kr/board.es?mid=a10301010000&bid=246&list_
no=432667&act=view&mainXml=Y.

낮다 보니 자체 조사원 활용뿐만 아니라 외부 위탁의 경우에는 그 품질을 담보하기 어렵다." (학계 응답자 A)

둘째, 타 부처 통계 예산에 대한 영향력이다. 분산형 통계 제도하에서 각 부처와 지방 자치 단체도 자체 통계 예산을 가지고 국가 통계를 생산하고 통계청의 승인을 구하는데, 이때 통계청이 중앙통계기관으로서 일정한 조정 권한을 행사할 수 있다면 국가 통계 전체의 효율성과 통일성을 높일 수 있다. 그러나 현재 통계청은 타 기관의 예산 편성 단계에서 직접 개입하기는 어렵고, 통계위원회 등을 통한 조정이나 권고에 그치는 실정이다. 현재는 기획재정부가 예산 편성을 총괄하고 있고, 무엇보다 통계청이 다른 부처의 통계 사업 예산을 총괄할 충분한 인력과 역량을 갖추었는지는 불확실하다.

"정책 부서 입장은 현재 상황을 중요시하는 편이고, 수요자들도 좀 그렇다. 그래서 눈에 바로 보이지 않는 조사 통계에 더 많은 예산을 할당하는 것은 쉽지 않다. (중략) 연구자들은 시계열을 더 중요하게 생각하지만... (중략) 크게 보면 예산은 한정되어 있고, 어려움은 늘 있는 것 같다. 시계열 자료를 유지하는 것은 통계청 조직 예산으로 감당 못 하는 한계가 있다." (관료 응답자 E)

"예산을 더 따려면 새 사업을 만드는 등 규모를 더 키워야 하고, 평가 자체가 원래 하던 걸 잘하는 것은 소용이 없고 새로운 것을 해야 하는 구조이다. 통계 생산을 잘 컨트롤하고 관리하는 것이 일차적인데, 늘 새로운 것을 해야 하는 구조이다." (학계 응답자 C)

4) 업무 공개 및 외부 견제 메커니즘

통계청 업무의 투명성과 외부 견제 장치는 통계 작성의 신뢰성을 담보하는 중요한 요소이다. 업무 공개 측면에서, 통계청은 주요 통계의 조사 일정과 공표 일정을 미리 공개하고 있다. 매년 통계청은 발표 일정 사전 공표제를 통해 향후 1년간 예정되어 있는 주요 통계의 발표 일정을 홈페이지에 공개한다. 공표 대상 통계의 제목, 담당 부서, 예정 발표일 등이 포함된 일정표를 제공하여, 이용자들이 미리 언제 어떤 통계가 나올지 알 수 있게 한다. 이러한 선공개 제도는 임의로 통계 발표를 지연시키거나 앞당기는 등의 정치적 조작 여지를 줄이는 효과가 크다. 국제적으로도 IMF의 SDDS 기준에 따라 주요 경제 통계의 발표 일정을 사전 공개하도록 권고하고 있으며, 한국 통계청도 이를 준수하고 있다.

또한 통계청은 작성된 통계에 대한 설명 자료와 메타데이터 공개를 원칙으로 하고 있다. 각 통계 결과 발표 시 방법론, 자료 수집 과정, 한계 등에 대한 설명을 함께 제공함으로써, 외부 전문가와 국민들이 통계의 배경을 이해할 수 있도록 한다. 통계청 홈페이지의 "통계설명자료" 코너나 국가통계포털의 메타정보는 이러한 투명성 노력의 일환이다. 다만, 전문적이고 세부적인 방법론적 조사 방식에 대한 디테일한 내용은 외부인이 쉽게 찾기 어려우며, 특히 통계청 내 조사 통계 전문가의 부족으로 조사 설계는 주로 외부(학계전문가 등)에 위탁하는 경우가 많다는 전문가 인터뷰 응답이 있었다. 사실 이는 조직 리스크 축소 차원에서의 대응이기도 하다.

> "통계 생산에서 루틴한 작업은 내부에서 생산하려고 하고, 새로운 것을 만들거나 책임 소재가 필요한 경우에는 위탁으로 진행하는 경향이 있다. 이는 조직 보호를 위해 필요한 부분이지만, 위탁 기관이 대충 수행한다면 완성도에서 한계를 보이기도 한다." (관료 응답자 F)

또한, 국가통계포털이나 SDC 통계데이터센터 통계정보포털에 공개되지 않은 데이터를 구하기 위해서는 MDIS 데이터센터에 방문하여 승인하에 제공받은 자료를 분석해야 하는데, 사실 이 절차도 상당히 번거롭다. 통계청은 2015년 MDIS 센터 설립을 통해 데이터 접근성을 상당히 높였으며, 2015년 이후 제공하는 자료의 종류도 점차 증가하여 2015년 통계청 제공 자료 36건에서 현재는 50건으로 증가하였고, 통계 작성 기관의 자료는 2015년 20건에서 현재 319건으로 증가하였다. 그러나 이같은 접근 가능한 데이터의 수보다 통계청 내에 보관되고 있는 데이터의 수가 훨씬 더 많은 것이 사실이며, 실제로 어떤 통계를 가지고 있는지에 대해서는 외부자들은 알기 어렵다는 근본적 한계가 있다. 그럼에도 정보 공개에 대한 내부자들의 평가는 상당히 긍정적으로, 외부의 평가와는 상당히 괴리된 현실 인식을 보여 준다.

> "연구자들이 이용하기 불편하고, 자료 구하는 것이 불편하다는 불만은 꾸준히 제기되고 있다. 하지만 마이크로데이터는 제공을 하고 있고, 이용자 데이터 센터 만들어서 대전에 와서 분석하고 할 수 있다. (중략) 이용에 불편한 점은 있지만 다른 나라보다는 우리나라가 그렇게 나쁜 것 같지는 않고, 상위권은 되지 않을까 생각한다. OECD 국가들 비교하면 우리도 평균 이상이다." (관료 응답자 E)

외부 견제 메커니즘으로는 크게 두 가지를 들 수 있다: 하나는 공식적인 위원회나 감사 제도이고, 다른 하나는 국회 등 정치적 견제다. 우선 공식 자문·심의 기구로 국가통계위원회가 있다. 국가통계위원회는 통계법에 의해 설립된 통계청장 자문 기구로, 통계와 관련된 주요 사항을 심의한다. 현행 국가통계위원회는 기획재정부 장관이 위원장을 맡고, 16개 중앙 행정 기관 고위 공무원(차관 등)과 10명의 민간 위원으로 구성되어 운영된다. 위원회는 통계의 작성 승인이나 변경, 통계 기준의 설정, 통계 개발 계획 등을 심의·의결하는데, 이는 통계 작성 과정에 여러 이해관계자의 의견을 수렴하고 한 기관에 권한이 집중되는 것을 막는 장치로 기능한다. 다만 위원회 위원장과 다수 위원이 정부 측 인사로 구성되는 현 구조에서는(본 위원회 28인 중 정부 당연직이 14인, 당연직 민간위원은 4인, 위촉직 민간위원 10인) 통계청이나 정부 입장과 다른 독립적 견제는 어려울 수 있다는 한계가 있다. 국가통계위원회 자체를 정부로부터 떼어내 독립적인 통계거버넌스 기구로 만들어, 통계 작성에 대한 외부 견제를 보다 더 강하게 제도화할 필요성이 있다.

통계 품질 관리와 관련한 법적, 제도적 여건은 통계청 홈페이지에 잘 설명되어 있으며 제도적 규정을 잘 지키고 있을 것으로 보이나, 실제로는 통계 품질 관리와 관련한 대부분의 검토 용역을 실제로는 통계청 유관 기관인 통계진흥원이 수행하고 있다는 점은 상당히 놀라운 부분이다. 통계진흥원은 정부가 지분을 보유한 공공 기관이 아니며 법적으로도 통계청과는 별개 조직이나, 실제 통계청의 업무를 상당 부분 지원하는 협력 기관이다. 통계진흥원은 통계청이 발주하는 여러 통계 관련 용역의 큰 부분을 차지하며, 특히 국가 통계 품질 진단 업무를 통계청으로부터 대부분 위탁받아 수행하는 주체이다. 즉, 통계청이 실시하는 정기 통계 품질 진단은 통계진흥원이 대신 수행하고 그 결과를 보고서로 제출해 오고 있다. 최근 몇 년 간 통계진흥원이 수행한 통계청 용역은 건수와 금액 면에서 상당한 비중을 차지한다. 2018년부터 2024년 8월까지 통계청이 체결한 외부 용역 계약 총액 3,670억 원 중 약 393억 원을 통계진흥원과 계약했는데, 이는 약 10.7%에 해당한다. 같은 기간 통계진흥원이 통계청에서 수주한 용역 건수는 103건이다. 이는 통계청 퇴직자들이 재취업한 다른 주요 수탁 기관들을 압도하는 수치로, 통계품질 진단, 통계개발 지원 등의 분야에서 통계진흥원이 사실상 전담 기관으로 기능해 왔음을 보여 준다. 통계진흥원이 통계청 용역의 법률상 독점권을 부여받은 것은 아니지만 현실적으로 수의 계약 형태로 상당 부분을 수행해 왔다. 국정 감사 자료에 따르면, 2017년부터 2023년 7월까지 통계청이 한국통계진흥원 및 한국통계정보원 두 곳에 발주한 계약 금액은 총 722억 원이며 이 중 97%가 경쟁 입찰 없이 수의 계약으로 체결되었다고 보도되었다.[16] 이렇게 용역을 몰아주는 원인은 추가로 실시한 전문가 인터뷰를 통해 확인할 수 있었는데, 진흥원은 통계청과 기재부의 고위직이 (명예)퇴직 후 직행하는 기관으로, 통계청과 기묘한 권력 관계를 형성하고 있다는 심층 인터뷰 응답이 다수 있었음을 밝힌다.[17] 2024년 기준으로 통계진흥원은 여전히 민간법인 신분이며, 통계청은 이 기관을 관련 법령에 따라 관리 · 감독(필요시 위탁 취소 등)하는 간접적 통제만 하고 있다. 논란이 되었던 2018년 가계동향조사 통계품질진단 보고서도 통계청 홈페이지에 공개되어 있는데 역시 통계진흥원에 위탁하여 품질 진단을 수행하였으며, 결과 보고서에는 통계 품질이 우수하다고 기재되어 있다. 또 하나 흥미로운 부분은 현 통계청 홈페이지에서 국가통계위원회 상정 안건 중 통계품질분과위원회의 안건은 하나도 공개되지 않고 있다는 점이다. 통계 품질과 관련한 다양한 이슈가 있었을 법도 한데, 상정 안건이 하나도 없었던 것인지 혹은 미공개인지는 알 수 없어 상당한 의구심을 자아낸다.

다음으로, 국회와 감사원 등 헌법기관에 의한 견제를 들 수 있다. 국회는 국정 감사와 예산 심의를 통해 통계청 업무를 점검하고 시정 요구를 할 수 있다. 또한 통계 수치 논란이 있을 경우 국회 상임위(기획재정위원회 등)에서 현안 질의나 보고를 요구하기도 한다. 감사원은 통계청의 통계 작성 절차도 감사할 수 있다. 예컨대 특정 통계 생

---

16 https://www.hankookilbo.com/News/Read/A2023100813360004875?did=NA.

17 통계진흥원은 통계청이 필요로 하는 상당수의 용역 사업을 경쟁 없이 사실상 독점적으로 맡아 온 것으로 보인다. 통계진흥원과 유사한 역량을 가진 민간 기업이나 대학 연구소 등도 존재하지만, 통계청은 그동안 주요 통계 개발 · 품질 평가 사업을 공개 경쟁보다는 통계진흥원에 지정 위탁하는 방식을 취해 왔다. 그 결과 통계진흥원이 통계청 용역의 약 3분의 1을 수주하며, 다른 민간 업체보다 유리한 위치를 차지해 온 것으로 확인된다.

산 과정에서 오류나 부당한 개입이 있었다면 감사원이 조사하여 시정을 요구하는 것이다. 다만 지금까지 통계 작성 방식 자체가 감사원 감사의 주요 이슈로 부각된 사례는 드물다. 기존 문헌에서는 통계 오류가 다양한 원인에 의해 발생할 수 있지만, 우리나라 국가 통계 생산의 경우 생산 과정에서 의도적이거나 고의적인 왜곡은 없다고 보고 있다(이재형, 2004). 그 이유는 수집한 통계 결과가 어떨지에 대해 그 누구도 사전적으로 예측하기가 어렵고, 따라서 사전적으로 이를 조작, 왜곡하기 위한 방법론도 정확할 수 없기 때문이다. 심층 인터뷰에서도 전문가들은 만약 특정한 통계 결과를 원하는 정치적 의도가 있다고 하더라도 조사방법론상에서 어떻게 그 수치를 만들어 낼 것인지는 대단히 불확실하다고 응답하였다. 즉, 생산, 수집 단계에서 이를 조작하는 것보다는 가공, 분석 단계에서 의도적 테크닉을 활용한 결괏값 축소·과장 보고가 오히려 더 효과적일 수 있다는 뜻이다. 그러나 통계 분석에서의 기술적 오류는 사실 학계 전문가에 의해 쉽게 발견되고 지적될 수 있다.

이 밖에도 학계나 시민 사회의 감시와 비판도 중요한 견제 메커니즘이다. 경제 지표에 대한 학술 연구자들의 분석이나, 언론의 팩트체크 등은 통계청이 발표하는 통계의 신뢰성을 지속적으로 평가한다. 2018년 통계청장 경질 시 통계청 노조가 독립성 훼손을 강하게 비판한 것은 내부 구성원이 결과적으로 대외적 견제 역할을 한 사례라 할수 있다. 또한 민간 연구소나 학회(예: 한국통계학회)에서도 통계 제도 개선에 대한 의견을 수렴하여 통계청에 보다 적극적으로 권고하거나 협력할 필요가 있다.

전반적으로 통계청 업무는 상당히 투명하게 공개되고 있으며, 여러 경로의 외부 견제 장치가 존재하는 것으로 보인다. 다만 이러한 견제 장치가 실효성 있게 작동하는지는 별개의 문제인데, 예를 들어 국가통계위원회가 정부 중심으로 운영되는 한계, 국회의 견제가 정파적 논쟁에 그치는 점 등이 있다. 따라서 통계청의 독립성을 담보하려면 국가통계위원회 내 독립적인 민간위원의 증가를 통한 외부 견제 기능 자체를 강화할 필요가 있는 것으로 보인다. 이는 통계 거버넌스 차원의 과제로, 궁극적으로는 통계청을 둘러싼 권력 균형을 어떻게 설정할 것인지와 관련된다.

5) 통계 작성 과정의 자율성과 정치적 중립성

통계 작성 과정의 자율성은 독립성의 실질적 척도로서, 통계청이 외부 간섭 없이 전문적 판단에 따라 통계를 생산·공표할 수 있는지를 의미한다. 앞서 논의된 법적 지위, 기관장 임기, 예산, 외부 견제 등의 요소는 모두 이러한 자율성에 영향을 주는 요인이다. 여기서는 통계 생산 의사결정 과정에서의 자율성과 정치적 중립성을 중심으로 평가한다.

한국 통계청은 법률적으로는 통계의 전문적 자율성이 상당히 보장되어 있다. 통계법은 공식 통계 작성에 대해 행정청이 함부로 간섭할 수 없도록 승인제와 비밀 보호 조항 등을 두고 있다. 예컨대 다른 부처가 자체 통계를 생산하려면 통계청의 승인을 받아야 하고, 통계청장이 통계 기준과 분류를 정하여 모든 기관이 따르게 되어 있다. 이는 통계 생산이 각 기관의 자의적 방식이 아니라 국가 통계 기준하에서 이루어지도록 설계된 것이다. 또한 통계 작성 중 입수한 개별 자료의 비밀을 엄격히 보호하여 통계 목적 외에 정치적으로 악용되지 못하게 하는 장치도 마련되어 있다. 이런 측면에서 보면 제도적으로는 통계 작성 자체는 전문 기관의 재량에 위임되어 있다고 볼 수 있다.

그러나 실제 운영 측면에서 통계 작성의 완전한 자율성을 보장하기는 어려운 면이 있다. 가장 큰 원인은 통계 결과에 대한 정부의 민감도이다. 경기 지표나 고용 지표 등 핵심 경제 통계가 정부 목표와 어긋날 경우, 정부는 그 원인과 해석에 예민하게 반응한다. 이때 통계 작성 과정에 대한 의문이나 비판이 제기되면, 통계청으로서는 압박을 느끼고 정책 기조에 부합하는 방향으로 통계를 해석하거나 보완하려는 유혹이 생길 수 있다. 때로는 누락하기도 하는데, 예를 들면 이명박 정부는 2012년 가계금융복지조사의 새 지니계수 공표를 의도적으로 누락했다는 의혹을 받았다.[18] 문재인 정부 청와대도 2018년 가계동향조사 논란 당시, 표본 변경으로 인한 오류 가능성을 제기하며 해당 통계의 신뢰성을 문제 삼았다. 이는 통계 작성 방법 자체를 두고 외부에서 압력이 가해진 사례로 해석할 수 있다. 물론 청와대는 "통계청장의 교체는 조직 활력을 위한 것이지 통계에 간섭하려는 게 아니다"라고 해명하였고, 통계 작성에 직접 개입한 바 없다고 밝혔다.[19] 그럼에도 불구하고 결과적으로 당시 통계청은 민감한 소득 분배 통계를 다루면서 상당한 외압 논란에 직면해야 했다. 이는 통계 작성 과정이 정치 환경과 무관할 수 없음을 보여 주는 사례다.

　또 다른 예로 소득주도성장 지표 작성 등 특정 정책을 뒷받침하기 위한 통계 개발 요구가 있을 때, 통계청의 자율성이 시험대에 오른다. 통계청은 새로운 통계 개발 요청을 받으면 통계적 타당성과 필요성을 따져 승인 여부를 결정하지만, 실제로는 정부 정책 과제를 지원하기 위해 신속하게 통계를 만들어 내야 하는 압박을 받기도 한다. 이 경우 통계청이 주도적으로 방법론을 설계하기보다는 정책부처와 협의하여 지표를 산출하는 등 어느 정도 자율성 제한이 발생할 수 있다. 통계청 입장에서는 국가 정책에 기여한다는 긍정적 취지도 있으나, 한편으로는 통계의 정치화 위험이 존재한다.

18　https://www.hani.co.kr/arti/economy/economy_general/592971.html.

19　https://www.chosun.com/site/data/html_dir/2018/08/28/2018082801637.
　　html?utm_source=naver&utm_medium=original&utm_campaign=news.

이러한 문제 의식을 반영하여, 통계 분야에서는 국가 통계의 중립성 제고를 위한 다양한 아이디어가 필요하다. 예를 들어 통계 공표 시 해석이나 평가는 통계청이 하지 않고 각 연구소나 학계의 전문 기관에 맡기는 방안, 통계 작성 과정에 외부 전문가를 참여시켜 중요 방법론 변경 시 사전 검증을 받는 방안 등이다. 특히 통계위원회 산하에 품질관리 분과 등을 통해 방법론 변경 심사를 하도록 하는 것은, 통계 작성 자율성을 기술적으로 담보하면서도 일정 부분 외부 견제를 접목하는 방법이라 할 수 있다. 현재도 국가통계위원회에 통계품질관리 전문위원회가 있어 주요 통계의 변경을 검토하게 되어있으나 안건 내용이 홈페이지에 공개되어 있지 않아 그 구체적 내용은 전혀 확인할 수 없었다.

궁극적으로 통계 작성 과정의 자율성은 통계청 내부의 전문성과 윤리 의식에 크게 의존할 수밖에 없다. 법과 제도가 뒷받침되더라도, 조직 구성원들이 정치적 압력을 견디며 데이터를 왜곡 없이 내보낼 수 있는 전문적 소신이 있어야 한다. 이를 위해 통계청은 2010년에 개정된 ISI(International Statistical Institute)의 통계인 윤리강령에 따라, 통계청 공식 보고서 등에 '통계 데이터 윤리 가이드라인' 제정 논의의 필요성을 언급한 바 있다.

추가적으로, 정치적 중립성 부분에서는 사후적이지만, 역대 통계청장들이 얼마나 정치인의 경로를 밟았는지도 유용한 참고 자료가 될 수 있다. 통계청장 재임 이후 정치인으로 변신하였다면, 이는 재임 시에도 상당한 당파성을 바탕으로 통계청을 이끌었을 것이라고 추론할 수 있는 부분이기 때문이다. 역대 통계청장 중, 재임 이후 국회의원이 되었거나 공천을 신청한 내용이 확인된 역대 청장의 수는 총 4명으로, 이들은 모두 관료 출신이었다. 다만 자료 추적의 한계로 과소 추정되었을 가능성이 있음을 밝힌다. 관료 출신 통계청장들은 재임 후

장관급 이상의 고위직 승진 및 대통령실 근무 등으로 이동한 경우가 상당하였으며, 학자 출신 통계청장들은 다시 학교나 연구소로 돌아가는 경우가 대부분이었다. 통계청장의 중립성이 무너질 때 발생할 수 있는 여파를 생각해 보면, 통계청장의 당파적 영향을 줄이기 위한 대안을 모색해 볼 필요가 있다.

요약하면, 통계 작성 과정의 자율성과 독립성 측면에서 한국 통계청은 법제적으로 일정한 보호장치를 가지고 있으나, 완전한 독립성을 보장받는 구조가 아님을 확인할 수 있다. 정치적 환경의 영향을 받을 수밖에 없는 위치에 있음을 확인할 수 있었다.

Ⅴ | 결론 및 제언

본 장에서는 통계청의 전문성과 독립성을 평가하기 위한 지표들을 설정하고, 이를 바탕으로 한국 통계청의 전문성과 독립성의 현황을 살펴보았다. 종합하면, 한국 통계청은 국제적 기준에 비추어 볼 때 전문성 강화 노력과 제도적 독립성이 상대적으로 미흡한 편으로 평가된다. 한국도 1990년대 이후 통계청을 차관급 기구로 격상하고 통계법을 정비하는 등의 발전을 이뤘지만 최근의 몇몇 논란은 아직 갈 길이 남았음을 보여 준다.

향후 개선 방향으로는 다음과 같은 몇 가지를 제안할 수 있다. 첫째, 통계청장의 임기 보장과 인사청문회 도입을 통해 청장의 독립성과 전문성을 제고해야 한다. 청장 인사가 정치 논란에서 자유로워질 때 통계청 전체의 중립성도 강화될 것이다. 둘째, 통계청의 법적 지위 격상 또는 독립 기구화를 중장기적으로 검토할 필요가 있다. 총리 산하 독립기관이나 국회 직속 기구 등 다양한 모델을 연구하여, 분권화된 통계 체계를 효율적으로 아우를 수 있는 새로운 거버넌스를 모색해야 한다. 셋째, 예산과 인력의 확충이다. 이는 전문성과도 맞닿은 부분으로, 통계청이 충분한 자원 없이 높은 품질을 유지하는 데 한계가 있기 때문에, 국가 재정에서 통계 인프라를 전략적으로 투자하도록 우선순위를 부여해야 한다. 또한 자체적인 인사 제도를 통해 통계 전문가를 직접 고용하고, 고도의 내부 훈련이 가능하도록 여러 지원이 필요하다. 넷째, 국가통계위원회의 개편을 통해 외부 견제의 실효성을 높여야 한다. 현 정부 당연직 인사의 과다한 대표성은 개선될 필요가 있다. 장기적으로 위원회를 정부로부터 독립시켜 통계 전문가, 이용자 대표 등이 주도하도록 함으로써, 통계 작성 과정에 대한 견제와 자문이 형식적 절차에 그치지 않도록 해야 한다. 마지막으로 통계청 내부 문화 측면에서, 어떤 압력에도 데이터의 사실을 존중하는 전문직 윤리를 확고히 하고, 국민에게 설명하고 소통하는 능력을 키우는 것도 중요하다.

본 장의 분석을 통해 드러난 바는 분명하다: 통계청의 전문성과 독립성은 국민 통계 신뢰의 두 축이며, 어느 하나도 소홀히 할 수 없다는 것이다. 두 요소가 담보되었을 때 비로소 통계청은 "사실에 입각한 의사결정"의 산실로서 본연의 역할을 다할 수 있을 것이다.

제3편

비다수주의 기관의 한계와 역할

제7장

과학기술 거버넌스에서 비다수주의 기관과 경계 조직

김영재 |

"We need scientific experts to be on tap, but not on top."[1]

I 서론

사회 발전에 과학기술이 차지하는 역할은 점차 확대되어 왔다. 현재 대부분의 국가에서 과학기술의 발전이 경제 성장의 핵심 요인이라는 믿음은 상식으로 받아들여지고 있으며, 이는 과학기술을 사회 진보의 동력이자 각종 사회 문제의 해결책으로 보는 현대적 사고의 확산으로 볼 수 있다. 일상생활뿐만 아니라 주요 법률과 정부 정책이 과학기술과 직간접적인 관련을 맺고 있으며, 정책의 입안·실행·평가에 이르는 전 과정에 전문 지식이 활용되고 있다. 이러한 과정에서 과학기술이 일종의 입법자로서 기능하는 경우도 나타나게 되었다(Winner, 1978).

---

1 '과학 전문가는 우리가 필요할 때 사용할 수 있어야 하고, 지배적인 위치에 있어서는 안 된다'라는 의미. 정책에서 과학(자)의 역할과 지위에 관한 표현으로 처음 쓰이기 시작한 것은 1950년대로 거슬러 올라간다(Jame Killian quoted in the *Bulletin of the Atomic Scientists*. Feb. 1957).

이렇게 과학기술의 영향력이 커짐에 따라 과학기술과 사회와의 관계에 대한 걱정의 목소리 또한 높아져 왔다. 특히, 공적 의사결정이 과학기술적 전문성에 의존하게 되는 '의사결정의 과학화'에 대한 우려가 대표적이다. 즉, 국민이 선출하지 않은 전문가 집단의 의사결정 결과로서의 정책이나 법은, 민주적 정당성(legitimacy)이 결여되어 있을 뿐 아니라 그 책임을 묻기도 어렵다는 지적이다. 통제받지 않는 권력의 위임은 언제든 민주 사회의 위협 요소가 될 수 있다는 점에서 합리적인 우려라고 할 수 있다.

이러한 '전문가주의'의 문제점은 여러 정책 영역에서 지적되고 있다. 그러나 특히 과학기술 분야에서는 전문 지식에 대한 의존이 상대적으로 더 높은데다 '과학에 대한 신뢰 위기'(Irwin, 2001)까지 더하여 정책 과정의 민주적 정당성과 책임성 확보의 문제가 더욱 두드러진다. 더군다나 최근에는 민주적 통제를 벗어난 빅테크 기업들의 영향력이 매우 커지면서, 공적 의사결정을 과학적 전문성에 의존하는 '의사결정의 과학화' 경향에 대한 문제 의식은 더욱 확대되고 있다고 할 수 있다. 과학기술 정책이 다루는 쟁점들은 대부분 과학기술 영역에 한정된 것이 아니라 사회적·규범적인 쟁점들과 분리할 수 없다는 점 또한 전문가주의의 문제점으로 제기된다(정인경, 2015). 이미 사회적 논란이 되어 있는 생명 과학의 윤리적 문제, AI 기술의 개인 정보 침해, 차별 및 편향성 문제 등은 과학기술 정책을 둘러싼 담론이 과학의 객관성이나 효율성만을 기준으로 다룰 수 없는 것임을 보여 준다. 즉, '과학의 질'만으로는 어떤 판단이나 결정에 대한 신뢰를 보장할 수 없는 것이다(Jasanoff, 2003).

그럼에도 불구하고 세계 여러 나라의 과학기술정책 거버넌스를 담당하는 기관들은 선출된 정치인이 수장이 아니거나 선출된 대표자의 직접적인 통제를 받지 않고 공적 권한을 행사하는 비다수주의 기관

(non-majoritarian institutions)의 형태를 취하는 경우가 많다. 이들 기관은 영향력 있는 정치적 행위자이면서도 선출되지 않은 전문가들에 의해 운영된다. 이들 기관의 의사결정 과정에서 과학적 전문 지식이 필수인 만큼 전문성에 의존하는 경향이 높은 것은 불가피하지만, 그 과정을 통해 만들어지는 정책과 법이 시민의 삶에 미치는 영향력이 점점 커진다는 점에서 앞서 언급한 전문가주의의 문제점에 관한 지적을 피할 수 없을 것이다.

과학기술도 사회의 일부이며, 따라서 민주적 정치 과정 속에서 다뤄져야 한다는 점에 이의를 제기하는 사람은 없을 것이다. 그리고 이를 위해서는 의사결정 과정에서 투명성 및 공적 감독의 확보와 함께 과학기술의 영향력에 대한 민주적 통제의 논의가 필요하다. 보다 구체적으로는, 자율성과 독립성을 훼손하지 않는 범위 내에서 정부가 과학적 전문 지식을 어떻게 활용할 것인지, 전문가의 지식이나 판단에도 '가치'가 내재되어 있는 상황에서 과학과 민주주의는 어떻게 상호 작용해야 할 것인지, 이러한 환경에서 과학기술 거버넌스를 담당하는 기관의 민주적 책임성은 어떻게 확보할 것인지 등에 관한 논의가 필요한 것이다.

본문에서는 이러한 문제 의식에 기반하여, 먼저 과학기술정책 거버넌스와 민주주의의 문제에 대하여 살펴보고자 한다. 이어서 과학기술 거버넌스에서 중요한 역할을 수행하고 있는 비다수주의 기관에 관한 일반론과 이들 기관이 내포하는 문제점을 극복할 수 있는 방안과 전략을 검토할 것이다. 추가적으로, 정책과 과학의 경계면에 존재하며 두 분야의 상호 작용을 도와주는 기능을 하는 '경계 조직'의 논의를 소개하고 그 유용성을 검토할 것이다. 결론적으로는, 앞으로 과학기술이 민주주의를 둘러싼 논의의 주요 쟁점이 될 수밖에 없다는 점과 과학기술 정책의 효과성과 정당성 강화를 위한 노력의 중요성을 강조하고자 한다.

1. 과학기술과 사회

과학기술의 역할이 사회 발전에서 차지하는 비중은 시간이 흐를수록 더욱 커지고 있다. 오늘날, 과학기술은 단순히 새로운 발견이나 발명을 넘어서 사회 전반의 변화와 진보를 이끌어가는 핵심 요소로 자리 잡았다. 예를 들어, 정보 기술의 발전은 글로벌 커뮤니케이션 방식을 혁신적으로 변화시켰으며, 이는 경제뿐만 아니라 교육, 건강, 정치 분야에서도 광범위한 영향을 미쳤다. 또한 재생에너지 기술의 발전은 환경 문제 해결의 중요한 열쇠로 여겨지며 지속 가능한 발전을 가능하게 하고 있다.

현대 사회에서 과학기술이 경제 성장에 미치는 영향은 특히 두드러진다. 대부분의 국가는 고도의 기술 혁신을 경제 성장의 주요 동력으로 인식하고 있으며, 이를 통해 국가 경쟁력을 강화하려는 전략을 채택하고 있다. 예를 들어, 우리나라는 반도체와 통신 기술에서의 선도적인 발전을 통해 글로벌 시장에서 중요한 위치를 차지하고 있으며, 이는 국가 경제에 직접적인 영향을 미치고 있다. 이와 같이 과학기술은 단순한 학문적 연구의 결과물이 아니라, 국가의 경제 전략과 직결되는 중요한 요소로 인식되고 있다.

이러한 과학기술의 중요성은 사회 문제 해결에 있어서도 마찬가지이다. 현대의 복잡한 사회 문제들, 예를 들어 기후 변화, 신종 바이러스의 유행, 자원의 고갈 등은 과학기술을 통해서만 효과적으로 대응할 수 있는 경우가 많다. 과학기술은 이러한 문제들에 대한 이해를 돕고 해결책을 제시해 준다. 따라서 과학기술은 단순히 특정 산업 분야를 넘어 전 세계적인 차원에서 사회 진보의 핵심 동력으로 인식되고 있다.

세계 많은 국가에서 정책 과정에 과학적 증거를 사용하고 있다는 점도 분명하다. 경제협력개발기구(OECD) 보고서에 따르면, 현대 국가의 정책 이슈들은 매우 복잡하고 기술적인 경우가 많기 때문에 각국의 정부와 정책 결정자가 의사결정을 내릴 때 과학적 조언을 찾는 경향이 늘고 있다고 밝히고 있다(OECD, 2015). 즉, 과학이 정책적 또는 정치적 결정을 내리는 과정에서 정보를 제공하는 역할은 점차 커지고 그러한 기회도 늘어나고 있는 것이다(김영재, 2019). 또한 증거 기반 정책 이론에 따르면 정부가 정책 과정의 단계를 막론하고 당대 최고 수준의 과학적 정보와 연구 결과를 사용하여 예산 낭비를 방지하고 신뢰를 강화할 수 있다고 한다(Cairney, 2016). 증거 기반 정책 이론 연구자들은 과학기술 전문가야말로 정책을 결정하는 사람들에게 핵심적인 조언을 줄 수 있는 중요한 역할을 담당하고 있다고 설명한다(Pielke Jr, 2007; Jasanoff & Kim, 2009). 이러한 맥락에서, 과학이 과거 종교가 맡았던 역할, 즉 사회 구성원들이 받아들일 만한 도덕적 권위를 제공하는 역할을 할 수 있기 때문에 민주주의 사회를 구성하는 핵심적인 제도로 인정하고 장려해야 한다는 주장도 존재한다(Collins & Evans, 2017). 이는 과학이 민주주의 사회에 필수적인 이성, 상식, 합리의 근거라는 의미로 해석할 수 있다.

과학기술이 사회 제도로서 중요한 역할을 담당하면서, 이에 대한 공적 책임성을 강화하려는 요구도 함께 증가하고 있다. 이는 과학기술의 빠른 발전이 우리 일상과 밀접하게 연결되어 있기 때문에, 그 영향력과 결과에 대한 투명한 관리와 감독이 요구되는 현상이다. 예를 들어, 기후 변화, 유전공학, 인공지능 등과 같은 분야에서 과학기술의 결정이 광범위한 사회적, 윤리적 파장을 일으킬 수 있으므로, 이러한 결정 과정에 대한 공적인 검토와 책임을 요구하는 목소리가 높아지고 있는 것이다.

동시에, 과학기술적 전문성에 의존하는 공공 정책의 심의 및 의결 과정에 시민의 참여를 확대하려는 제도적 혁신이 모색되고 있다(Jasanoff, 2015; 이영희, 2021). 이는 정책 결정 과정에 있어서 전문가의 의견뿐만 아니라 일반 시민의 목소리도 반영되어야 한다는 인식에서 비롯된 것이다. 이러한 접근은 정책 결정 과정을 더욱 투명하고 민주적으로 만들려는 시도로, 시민 참여형 과학의 형태로 그 필요성이 강조되고 있다. 이와 같은 노력은 과학과 사회의 건강한 상호 작용을 촉진하고, 과학기술 결정에 대한 광범위한 사회적 합의를 도출하려는 목적을 가지고 있다.

앞에서 살펴본 것들은 과학과 사회의 관계를 재조직하려는 구상의 일환으로, 과학 활동에 대한 사회 내에서의 지배적인 접근 방식에 변화가 일어나고 있음을 반영한다. 과학기술이 사회 발전에 기여하는 바는 막대하지만, 그로 인해 발생할 수 있는 부작용 또한 심각할 수 있으므로 이를 적절히 관리하고 조절하기 위한 새로운 방법론과 정책이 필요한 것이다. 과학기술과 이윤 추구가 결합되면서 공적인 지원을 받는 과학기술에 대한 공적 정당화의 요구가 늘어나게 된 것도 이러한 변화를 촉진하는 계기가 되었다(Jasanoff, 2003). 그리고 이러한 접근은 과학적 전문성과 공적 책임 사이의 균형을 맞추고, 과학기술의 사회적 통합을 도모하는 방향으로 나아가고 있다.

2. 과학기술 거버넌스와 민주주의

과학기술 거버넌스는 급변하는 기술 환경 속에서 과학기술이 사회에 미치는 영향을 규제하고 조정하는 체계적 방식이다. 이는 과학적 혁신을 촉진하면서도 공공의 이익을 보호하려는 목적을 가진다. 특히 과학기술 거버넌스는 정책 입안자, 과학자, 시민 사회 간의 협력을 통해 과학이 사회적 가치에 부합하도록 하는 것을 목표로 한다.

과학기술학(STS)은 이러한 과학기술 거버넌스의 관점에서 과학과 정치, 과학과 정책 사이의 관계, 나아가 과학기술과 민주주의에 대한 관심으로 연구 영역을 넓혀 왔다. 이 과정에서 '정책과 관련된 과학은 누구에 의해 어떻게 해석되어야 하며, 누구에 의해 결정되어야 하는가', '전문가들이 정책 결정에 참여하는 것을 어떻게 바라볼 수 있는가'와 같은 과학기술과 민주주의의 관계에 대한 질문이 파생되어왔다. 특히 Jasanoff(1998)는 일반적으로 규제(정부) 기관들이 기술주의적 접근 방식과 민주주의적 접근 방식이라는 상호 모순되는 두 가지 패러다임을 통해 정책 결정의 정당성을 확보하려 하고 있다고 보며, 정책 결정 과정에서 과학자, 관료, 정치적 이해 집단에 의해 지식이 생산되어 재구성되고 이 과정에서 정책과 과학 사이의 경계가 설정되고 정책 결정이 이루어진다고 주장한다. 이러한 주장은 전문가들의 정책 참여를 어떻게 개념화하고 정당화할 것인가에 대한 논의로 이어졌으며, 이 과정에서 Guston(2001)은 과학적 전문성과 국정의 복잡한 측면을 연결하는 전문 연결 조직의 필요성을 강조한 바 있다.

과학기술의 발전과 그 사회적 영향력의 증대는 많은 이점을 가져왔지만, 이와 동시에 과학기술과 사회와의 관계에 대한 우려도 커져 왔다. 특히 공적 의사결정 과정이 과학기술적 전문성에 크게 의존하게 됨으로써, 의사결정의 과학화 경향이 강화되었다. 이는 전문가 집단이 국민에 의해 직접 선출되지 않고 정책이나 법을 결정하게 되면, 그 결과물이 민주적 정당성을 결여하고 책임을 묻기 어려운 구조를 만들어 낸다는 비판을 받고 있다. 이러한 전문가주의는 과학기술 분야에서 더욱 두드러지는데, 이는 과학에 대한 신뢰 위기와 맞물려 정책 과정에서의 민주적 정당성과 책임성 확보에 대한 문제를 증폭시키고 있다(Irwin, 2001).

현대 사회의 과학기술화에 따라 공공의 의사결정이 전문성의 논리에 따라야 한다고 보는 입장은, 시민들이 자신의 삶에 영향을 미치는 중요한 의사결정에 참여할 권리가 있다는 민주주의 기본 원리와 충돌한다. 사회 여러 영역에서 지난 수십 년간 민주주의가 고도화되고 확산되어 온 우리나라에서도, 시민들이 자신의 삶에 중요한 영향을 미치는 과학기술적 의사결정 과정에서는 점차 소외되고 소수의 전문가들이 그러한 의사결정 과정을 독점하는 비민주성이 증대되는 경향이 있었다고 할 수 있다(이영희, 2021).

과학기술의 빠른 발전은 공공 의사결정에 있어 과학자의 전문 지식의 중요성을 높여 왔지만, 그 과정에서는 전문 지식뿐만 아니라 사회적, 규범적 쟁점들을 고려하는 것도 필수적이다. 정인경(2015)에 따르면, 과학기술 정책이 다루는 쟁점들은 과학기술 영역에만 국한되지 않고 사회적, 규범적 측면과 깊게 연관되어 있으며, 이는 전문가주의가 갖는 문제점을 더욱 부각시킨다. 예를 들어, 생명과학의 윤리적 문제, 인공지능 기술의 개인정보 침해, 차별 및 편향성 문제 등은 과학기술 정책을 둘러싼 담론이 단순히 과학의 객관성이나 효율성만을 기준으로 삼아서는 안 된다는 점을 시사한다(Jasanoff, 2003).

더군다나 최근에는 민주적 통제를 벗어난 대기업, 특히 빅테크 기업들의 영향력이 커지면서, 공적 의사결정을 과학적 전문성에 의존하는 경향이 더욱 심화되고 있다. 이러한 기업들의 영향력은 정책 결정 과정에서 그들의 이해관계가 고려되게 하며, 이는 과학과 기술의 발전이 가져오는 이득이 특정 집단에 집중되는 결과를 낳는다. 비교적 최근에 벌어지고 있는 이런 상황은 공공의 이익과는 거리가 멀 수밖에 없고, 따라서 과학기술 정책의 민주적 통제가 절실히 요구되는 상황이라 할 수 있다.

민주주의의 형태는 다양하지만, 이를 아우르는 핵심 특징은 피통치자들이 통치자를 견제할 수 있는 제도적 장치가 있다는 것이다. 이러한 제도적 장치를 통해, 시민들은 거버넌스 과정에 명확한 의견을 제시할 수 있다. 과학적 전문성이 정책 결정에 큰 영향을 미칠 때도 마찬가지로, 그 과정에서 시민들의 참여와 의견이 어떻게 반영되는지, 그리고 그 과정이 얼마나 투명하고 책임성이 있는지를 평가하는 것은 민주적 거버넌스를 유지하는 데 필수적이다. 따라서 과학의 질과 민주적 과정 사이의 균형을 맞추는 것은 과학기술 거버넌스의 핵심적인 도전이며, 이는 과학적 전문성이 단순한 지식의 전달이 아닌 민주적 가치와 결합되어야 함을 시사한다(Douglas, 2021). 결국, 사회적으로 구속력 있는 결정들은 민주적 책임성을 확보한 상태에서 이루어져야 한다는 것이다.

결론적으로, 과학기술 정책의 결정 과정에 민주적 요소를 강화하는 것이 중요하다. 통제받지 않는 권력의 위임은 민주 사회에 위협이 될 수 있으며, 과학기술 분야에서의 정책 결정도 광범위한 참여와 투명한 과정을 통해 이루어져야 한다. 과학기술 거버넌스에서 민주주의적 요소를 강화하는 것은 단순히 대중 참여를 늘리는 것 이상의 의미를 갖는다. 이는 과학기술 정책 결정 과정의 투명성과 책임성을 높이고, 다양한 이해관계자들의 의견을 균형 있게 반영하는 것을 의미한다. 또한, 이 과정은 과학기술의 발전이 사회에 미치는 영향에 대한 폭넓은 논의와 합의 형성 과정을 포함해야 할 것이다. 따라서 앞으로의 변화는 과학기술 정책이 단순한 기술적 문제 해결을 넘어서, 사회적 가치와 규범을 반영하는 방향으로 나아가는 방향이 되어야 할 것이다.

Ⅲ | 비다수주의 기관: 한계와 과제

1. 비다수주의 기관: 기능의 다양성

비다수주의 기관 개념은 규제 기관의 맥락에서 Majone(1994a)가 처음 사용하기 시작하였다. Thatcher & Stone Sweet(2002)에 따르면 비다수주의 기관은 '① 다른 기관의 권한과는 별도로 특수한 공적 권한을 일부 소유하고 행사하지만 ② 국민에 의해 직접 선출되지도 않고 선출된 공직자에 의해 직접 관리되지도 않는 정부 기관'이다. 비다수주의 기관을 비선출 기관이라고 부르는 Vibert(2007)는 이들 기관은 '사회에서 공적 권위를 행사하지만, 선출된 정치인이 이끌지 않고 의도적으로 분리되어 있거나 선출 기관과 느슨하게 연결되어 있는 기관'으로 본다. 즉, 비다수주의 기관은 선출된 정치인이 수장이 아니거나 선출된 정치인의 직접적인 통제를 받지 않는, 공적 권한을 행사하는 기관인 것이다. 이러한 개념 정의는 비다수주의 기관의 정당성이 유권자의 직접 투표나 대의 기구를 통한 다수결에 근거하지 않고, 전문가적 의사결정과 관련됨을 강조한다.

중앙은행 및 기타 공공 서비스 제공 기관, 위험 평가·관리 기관, 경제적 규제 기관, 감사·감찰 기관, 법원 등은 대표적인 비다수주의 기관이다. Vibert(2007)는 미국의 비다수주의 기관 혹은 비선출 기관을 역할과 기능을 기준으로 다섯 유형으로 구분한다: ① 연방준비제도와 같은 독립적인 서비스 제공 기관; ② 환경보호청이나 식품의약국과 같은 위험 평가 기관; ③ 연방거래위원회나 연방통신위원회와 같은 규제 기관; ④ 회계감사원이나 법무성 국립사법연구소와 같은 감사·감찰 기관; ⑤ 연방선거관리위원회나 특별검사국과 같은 심판·내부 고발 기관이다.

비다수주의 기관의 기능 및 그에 따른 분류는 각국의 전통과 문화에 따라 다양하고 시대에 따라 변화하는 경향이 있기 때문에 국가별 비교는 쉽지 않다. 30개국의 정부 기관을 비교 분석한 연구에 따르면 이들 국가 모두에 비다수주의 기관(주로 서비스 제공 기관과 규제 기관)이 있으며, 그 수는 국가에 따라 수십 개에서 수백 개에 달하는 것으로 나타났다(Verhoest et al., 2012). 또한 약 100개국의 주요 정책 부문 독립 규제 기관의 목록을 작성한 연구 결과는 독립성의 수준은 다르지만 전 세계적으로 규제가 독립기관에 의해 수행되는 경우가 많다는 것을 보여 준다(Hanretty & Koop, 2013).

이처럼 기존 연구들은 각국에 다수의 비다수주의 기관이 존재하는 것으로 파악하고 있으며(Keane, 2009; Koppell, 2010), 실제로 정부의 많은 업무가 이러한 기관을 통해 수행되기 때문에 이들 비다수주의 기관이 중앙정부보다 더 많은 인력을 고용하고 더 많은 예산을 지출하고 있다고 주장하는 연구도 존재한다(Pollitt & Talbot, 2004).

2. 비다수주의 기관의 한계

비다수주의 기관은 정책 결정 과정에서 영향력 있는 행위자이면서도 선거로 구성되거나 선출 기관에 의해 직접 관리되지 않는다. 이러한 면에서 우리는 시민들이 대표자를 선출하고 선출된 대표자는 사회를 통제하고 관리하는 비다수주의 전문가를 임명하는 "2단계 간접 대의 민주주의(second-level indirect representative democracy)"에 살고 있다고 할 수 있다(Levi-Faur, 2005).

비다수주의 기관의 정치적 통제로부터의 자율성과 독립성 문제는 관련 연구의 주요 쟁점 중 하나다. 기존 연구들은 정도의 차이는 있지만 비다수주의 기관들이 실제로 정치적으로 독립적이라는 결과를 보여 주고 있으며, 특히 조직이 중앙 정부로부터 분리된 경우 정치적 통제가 약화되고 해당 조직이 정치적 주체에 덜 민감하게 반응한다고 분석하고 있다(Egeberg & Trondal, 2009). 사실 기관의 자율성은 기관 운영의 다양한 차원과 관련이 있기 때문에 상대적이고 다차원적으로 이해되어야 한다. 예를 들어, 비다수주의 기관은 주요 정책이나 규제 결정을 내릴 때는 상대적으로 자율적일 수 있지만, 재정과 법적 체계에 대해서는 정부에 의존할 수 있다. 또한, 형식적으로는 자율성을 가진 조직이라 할지라도 (민주적으로 선출된) 정부가 여전히 기관의 가장 중요한 이해관계자인 경우도 많이 있다.

그러나 대표성의 관점에서 볼 때, 비다수주의 기관의 (제한적인) 자율성이나 독립성조차 문제의 소지가 있다. 첫 번째 문제는 민주적 정당성 일반의 문제다. 이들 기관은 선출된 정치인처럼 선거 위임에 근거하여 기관의 행동을 정당화할 수 없다. 따라서 비다수주의 기관의 정당성은 과정의 정당성, 운영의 공정성, 적법성 및 기술적 건전성 등에 달려있으며(Schmidt, 2013), 무엇보다 정책 효율성과 효과성에 기반한 '산출 정당성(output legitimacy)'에 의존하게 된다. 경제적으로나 정치적으로 큰 문제가 없는 시기에는 이러한 문제점이 어느 정도 받아들여 질 수도 있겠지만, 위기와 불확실성의 시대에는 정당성의 근거가 다소 미약하다고 할 수 있다.

두 번째 문제는 비다수주의 기관의 결정이 정치적 다수파의 견해와 일치하지 않을 경우의 정치적 정당성 문제다. Bickel(1962)은 대법원 판결의 정치적 측면에 관한 연구에서 이를 '반다수주의적 난제(counter-majoritarian difficulty)'라 부른 바 있다. 즉, 선거로 선출되지 않은 판사가 선거에서 선출된 입법자의 법률 제정을 무효화할 수 있기 때문에 사법 심사의 정당성이 없다는 의미이다. 중앙은행을 포함한 다른 비다수주의 기관의 결정에 대해서도 비슷한 주장이 제기될 수 있다. 이에 대한 반론은 (사법부와 마찬가지로) 비다수주의 기관 또한 민주적 헌정 국가를 형성하는 제도적 견제와 균형의 일부라는 것이다 (Vibert, 2007; Keane, 2009; Rosanvallon, 2011). 비다수주의 기관에 대한 위임은 시민과 선출된 대표자가 정치 권력의 행사를 통제하고 다수주 의적 경향을 억제하는 데 도움이 되는 새로운 권력 분립을 만들어 낸다. 오히려 비다수주의 기관은 가짜 뉴스가 성행하는 시대에 정보의 견제와 균형을 제공하는 독립적인 정보 수집 기관이라고 볼 여지도 있는 것이다(Bovens & Schillemans, 2020).

세 번째 문제는 비다수주의 기관의 대표성 문제다. 비다수주의 기관들은 주로 과학자, 엔지니어, 변호사, 경제학자 등 고학력 기술 전문가들로 채워져 있으며 이들은 일반 대중을 대표한다고 할 수 없다. 이러한 점은 비다수주의 기관의 '운영의 정당성'을 위협한다. 특히 기회 균등과 차별 문제에 관한 기준을 정하고 판결을 내리는 위원회와 같이 논란이 많은 정치적 이슈를 규제하는 역할을 하는 비다수주의 기관의 경우는 이러한 위험이 더욱 크다(Bovens & Schillemans, 2020). 사회 문화 문제와 관련하여 고도로 전문화된 이러한 기관들과 유권자 다수 사이에 정책적 부조화가 발생할 수 있는 것이다(Hakhverdian, 2015). 특히, 과학기술 거버넌스와 관련된 비다수주의 기관의 경우에는 그 구성원의 특성상 이러한 대표성의 문제가 부각될 소지가 크다고 할 수 있다.

네 번째 문제는 비다수주의 기관의 정치적 책임의 문제다. 시민들은 비다수주의 기관의 정책과 운영에 불만이 있어도 직간접적으로 그들을 '투표로 쫓아낼' 수 없다. 정부 부처나 공무원과 달리 비다수주의 기관은 위임과 책임이라는 정치적 연결고리의 일부가 아니며, (예외가 없는 것은 아니나) 일반적으로 해당 기관의 책임자는 국회에 출석하여 기관의 결정과 행위에 대하여 설명과 해명하도록 요구받지 않는다. 비다수주의 기관의 공권력 행사와 공적 자금 사용에 대해 어떻게 정치적 책임을 지울 수 있는지에 관한 문제가 발생하는 것이다.

3. 비다수주의 기관의 과제

앞서 살펴본 문제들에 대한 우려에 대한 대책으로, 비다수주의 기관들도 민주적 정당성 확보를 위한 전략들을 마련해 왔다. 비다수주의 기관들은 전통적인 의미에서는 대표성이 없다고 할 수 있지만, 이를 보완할 수 있는 방안 또한 다양하게 제시되고 있다(Bovens & Schillemans, 2020).

1) 제도적 방법

먼저, 전통적인 다수주의 기관의 방식을 모방하여 이사회나 패널에 이해관계자 대표를 임명하거나 선출하는 등 비다수주의 기관의 자체 대표성을 강화하는 방안이 있다. 이는 명목 대표성의 한 형태로서, 기관의 위원회 구성에 규제 대상 부문의 이해관계를 반영하려고 노력하는 방식이다. 네덜란드의 독립 규제 당국을 대상으로 한 연구에 따르면, 임명된 이사회 구성원 중 최대 3분의 1이 규제 대상 분야에 대한 배경 지식을 가지고 있는 등 이사회가 이해관계자 그룹을 대표할 수 있도록 조치하고 있는 것으로 나타났다(Van Veen 2014). 또한 일부 독립 규제 기관들은 시민 패널을 운영하여 정책 결정 과정에 일반 시민들의 의견을 직접 반영하고 있다. 이러한 시민 참여 모델은 비다수주의 기관의 대표성을 높이는 동시에, 정책의 수용성과 정당성을 향상시키는 데 기여하고 있다. 뿐만 아니라, 입법 공청회나 자문과 같은 국회의 관행과 유사한 방식으로 의제 설정, 정책 준비, 의사결정 및 실행 과정에서 이해관계자와 협의하여 대표성을 높일 수도 있다. 설문조사 소비자 패널 설치 등의 방식으로 대표성을 강화하는 방식도 가능하다.

비다수주의 기관이 감시와 정치적 책임 제공을 위해 자발적 조치를 취할 수도 있다. 실제로 많은 비다수주의 기관들이 감시와 책임 제도를 스스로 만들어 내는 것으로 나타났다(Koop, 2011). 이러한 자발적 감시 및 책임은 비다수주의 기관의 '굿 거버넌스' 실천으로 이해할 수 있으며, 독립성 유지를 위해 조직의 명성을 높이는 전략으로도 이해할 수 있을 것이다(Busuioc & Lodge, 2017).

2) 실질적 방법

대응적 규제 이론(Responsive Regulation Theory)에 따르면 규제 기관은 다양한 이해관계자의 의견을 듣고 그들과 협력할 필요가 있다(Ayres & Braithwaite, 1992). 이 이론은 규제 기관과 규제 대상 간의 이원적 관계를 넘어 광범위한 이해관계자들을 포함하는 관점을 제공하며, 보다 효과적이고 효율적이며 정당한 규제 정책을 도모한다.

대응적 규제는 규제 기관, 특히 비다수주의 기관의 정당성을 두 가지 방식으로 강화할 수 있다. 먼저, 기관은 규제 대상의 다양한 규제 순응 동기를 파악하고 해당 상황에 맞는 개입을 해야 한다. 이를 통해 규제 대상이 기관의 역할과 집행 전략에 대해 더 잘 이해하고 수용하게 할 수 있다(Nielsen & Parker, 2009). 즉, 독립 규제 기관은 주요 이해관계자들과의 협의를 통해 개방성과 접근 가능성을 높일 수 있으며, 결과적으로 민주적 정당성을 높일 수 있는 것이다. 한편 '이해관계자 전략'은 이해관계자들이 비다수주의 기관의 역할과 효용을 납득하게 만들어 전통적 의미의 민주적 정당성을 결여하고 있음에도 이들 기관의 역할이 정당하도록 인식하게 만드는 것이다. 대응적 규제와 이해관계자 지향 전략은 세계 각국의 감사원, 준자율적 비정부기구(QANGO), 위험 평가 기관 등 여러 유형의 비다수주의 기관에서 실행되고 있다(Bovens & Thomas, 2020).

3) 담론과 커뮤니케이션 방법

간접적 방식으로 비다수주의 기관의 대표성과 정치적 정당성을 강화하는 방안도 존재한다. 비다수주의 기관의 역할이나 유형에 따라서는, 선출된 기관은 아니면서도 일반 대중의 이익을 대표하고 보호하거나 증진시키겠다고 주장할 수 있으며 이는 '인권'이나 '소비자 이익' 등을 포함하는 비다수주의 기관의 명칭에서 나타나게 된다. 즉, 비록 선출되지 않았다 하더라도, 국민의 대표임을 주장할 수 있다는 것이다(Saward 2006). 이러한 대표성은 기존의 정치적 대표나 정당 정치와는 다른 양상의 대표성이라 할 수 있다. 특정 이익이나 당파적 이해에서 벗어난 비다수주의 기관이, 정보 비대칭이 심하고 불공정한 시장 체제에서 오히려 공익을 더 잘 보호할 수 있다는 점을 강조하고 민주적 정당성을 찾는 것이다. 예를 들어 네덜란드의 독립 규제 기관들에 대한 연구에 따르면, 입법부가 특정 기관에게 공익을 보장하는 임무를 명확히 부여하고 기관은 스스로를 공익 또는 소비자 이익을 대표하는 기관으로 홍보하고 소비자의 '대리인' 또는 '수호천사'를 자처하고 있기도 하다(Van Veen, 2014).

비다수주의 기관들이 미디어를 활용하여 정당성을 확보할 수도 있다. 실제로 일부 비다수주의 기관은 자주 뉴스에서 다뤄지며, 미디어에 상당한 자원을 투자하는 기관도 있다(Schillemans, 2016). 이는 정치인들이 정치적 토론에 참여하거나 개인적 매력을 통해 언론과 대중의 관심을 끄는 것과도 비교될 수 있는데, 이런 기관들이 공공 이슈에서 중요하게 다뤄지는 통계나 과학적 증거, 각종 지표에 대한 데이터를 확보하고 있다는 점에서 유리한 측면이 있다.

4. 비다수주의 기관과 시민 참여

최근 많은 민주주의 국가들이 정치적 위기를 겪고 있다. 특히 대다수의 민주 국가들이 채택하고 있는 대의 민주주의는 여러 장점에도 불구하고 대표의 실패, 정치적 양극화와 무관심 등의 문제를 겪고 있다. 각국 정부는 이러한 문제점의 해소를 위해 다방면으로 노력하고 있으며, 그중에서도 시민 참여의 활성화를 통해 이러한 문제점을 극복하고 정당성을 확보하려 하고 있다(조일수, 2020).

비다수주의 기관의 존재가 대의 민주주의를 약화시킬 수 있다는 우려는 타당하지만, 참여 민주주의의 관점에서 보면 이러한 기관들이 오히려 민주주의를 강화하는 역할을 할 수 있다. 이러한 관점에서 비다수주의 기관이 민주주의를 강화할 수 있는 긍정적인 측면으로 우선 시민 참여의 확대를 들 수 있다. 나라마다 명칭과 형태가 조금씩 다르지만, 비다수주의 기관들은 종종 시민배심원제나 공론 조사 등의 방식을 통해 일반 시민들이 정책 결정 과정에 직접 참여할 기회를 제공한다. 이는 단순히 선거를 통해 대표자를 선출하는 것을 넘어서, 시민들이 정책 형성 과정에 지속적으로 관여할 수 있는 기회를 제공하는 것이다.

둘째, 다양한 이해관계의 반영이 가능해진다. 비다수주의 기관들은 다양한 이해관계자들의 의견을 수렴하고 반영하는 데 유리한 측면이 있다. 이는 참여 민주주의가 추구하는 포괄적인 의사결정 과정과 일맥상통하며(조일수, 2020), 사회적 약자 등 소수의 의견도 정책에 반영될 수 있는 기회를 제공하고 이해관계자들 간의 대화와 상호 이해를 촉진함으로써 사회적 갈등을 예방하고 해결하는 데 도움을 줄 수 있다.

셋째, 비다수주의 기관을 통해 전문성과 시민 참여의 결합을 통한 균형 잡힌 정책 결정을 촉진할 수 있다. 비다수주의 기관들은 전문가의 지식과 시민들의 참여를 결합함으로써, 보다 균형 잡힌 정책 결정을 할 수 있다. 이는 참여 민주주의가 추구하는 '집단지성'의 활용과 맥락을 같이 하며, 전문가들의 지식과 일반 시민들의 경험과 통찰이 조화를 이루는 정책 결정을 가능하게 한다. 즉, 정책화 과정에서 전문가, 공무원, 시민이 함께 참여하는 숙성 과정을 통해 전문성과 현실성을 동시에 확보할 수 있으며, 결과적으로 민주주의를 강화하는 효과를 가져올 수 있다.

마지막으로, 비다수주의 기관이 숙의 민주주의의 실현을 통해 참여 민주주의를 강화할 수 있다는 점을 들 수 있다. 많은 비다수주의 기관들은 숙의 과정을 중요시하는데, 이는 참여 민주주의의 한 형태인 숙의 민주주의의 이상과 부합한다(이장희, 2018). 단순한 다수결이 아닌 심도 있는 토론과 합의 도출을 통해, 더욱 질 높은 정책 결정이 이루어질 수 있다. 이러한 과정은 시민들의 정치적 역량을 강화하고, 정책에 대한 이해와 수용도를 높이는 데 기여할 수 있다. 또한, 충분한 정보와 시간을 바탕으로 한 전문가-시민의 숙의는 단순한 여론 조사나 투표보다 더 합리적인 의사결정을 가능하게 할 수 있다(김정희, 2021).

이와 같이 비다수주의 기관의 민주적 정당성 문제 극복을 위한 다양한 방편과 참여 민주주의 관점에서의 장점에도 불구하고, 이들 기관이 민주주의에 해를 끼치며 기술관료주의를 촉진한다는 비판은 여전히 존재한다. 일부 정치학자들은 이러한 기관들이 포퓰리즘을 강화하고 민주주의 퇴보의 원인이 될 수 있다고 주장하기도 한다(Voigt, 2023). 비다수주의 기관의 구조적 문제점을 최소화하기 위해서는 '경계 조직(bundary organization)'의 개념을 도입하여 적용할 필요가 있다.

Ⅳ 경계 조직의 역할

1. 경계 조직과 경계 작업

경계 조직의 기능과 역할은 과학과 정책 사이의 경계 조정에 관한 논의에서 주목을 받아 왔다. 경계 조직은 정책과 과학의 경계면에 존재하며 두 분야의 상호 작용을 도와주는 기능을 하는 조직으로, 이러한 조직에서 정책 결정자와 과학자들의 협동이 발생하며 이 조직을 통해 과학의 경계가 안정화 될 수 있다는 것이다(Guston, 1999). 이는 과학과 정치 조직 형태의 엄격한 분리를 추구하는 미국 정치의 맥락에서 도출된 분석 틀로, 이 틀에서는 경계 조직을 양쪽 경계에서 신뢰성과 권위를 요구받는 불안정한 존재로 파악한다.

기존의 과학과 정치의 관계는 주로 과학이 지식을 전달하고, 과학이 정치에 활용되거나 과학과 정치가 상호 영향을 주고받는 선형적 과정으로 이해되어 왔다(Weiss, 1979; Nutley, Walter & Davies, 2007). 정치인들(정책 결정자들)은 자신들이 상위에 있으면서 언제든지 과학의 서비스를 요구할 수 있다고 생각하고, 한편 과학자들은 스스로를 중립적이고 객관적이며 독립적인 전문가 입장에서 '권력에 진실을 전달하는 역할'을 한다고 여기는 경향이 있다(Hoppe, Wesselink & Cairns, 2013). 그러나 이러한 서사는 정책 자문이 과학과 정치 사이의 명확한 경계로 설명될 수 없다는 점을 설명하지 못한다. 개입과 상호 작용은 유동적이고 모호할 수밖에 없으며, 거시적 관점에서 과학과 정책의 상호 작용은 정치의 과학화와 과학의 정치화가 지속적으로 만들어지는 과정이라 할 수 있다(Jasanoff, 2004). 경계 조직의 개념은 이런 면에 착안하여, 과학과 정책 영역을 구분하는 경계를 넘어 협업을 촉진하고 명확한 의사소통을 보장하기 위해 만들어졌다고 할 수 있다.

과학적 사실은 난해한 것이든, 친숙한 것이든 그 자체로 정책에서 필요로 하는 공공 지식이 되는 것이 아니다. 과학적 사실은 자연을 관찰하는 방법, 이러한 관찰을 표현하는 방식, 그리고 관찰된 것을 이해하는 방법에 대한 과학자 공동체 내에서의 협의를 바탕으로 한 사회적 활동의 산물이기 때문이다(Jasanoff, 2015). 정책 자문에 있어서도 서로 다른 영역의 행위자들이 참여하기 때문에 업무의 분담이 필요한데, 이러한 분담은 쉽게 결정되지 않는다. 그러므로 관련된 전문가 집단에서 그 집단을 대표할 자격이 있는 사람과 그렇지 않은 사람을 결정하는 과정이 중요하다. 이 경계를 나누는 과정을 경계 작업 (boundary work)이라 한다(Gieryn, 1999). 즉, 경계 조직은 정치와 과학의 영역 사이에 존재하는 유동적이고 모호한 경계의 특성을 다루며, 사회 문제를 해결하는 과정에서 정치와 과학의 역할을 정의하는 '경계 작업'을 수행한다(Halffman, 2003; Huitema & Turnhout, 2009; Jasanoff, 1994; Turnhout et al., 2013).

물론, 과학자와 정책 결정자들이 서로 의존하면서도 각자의 정체성과 독립성을 유지해야 하기 때문에 경계 작업은 역설과 딜레마를 갖고 논쟁적인 과정일 수밖에 없다. 그럼에도 불구하고 경계 작업은 경계를 설정하여 각각의 역할을 결정하는 동시에, 경계를 넘은 협력 방안과 업무 분담을 찾기 위한 노력이라 할 수 있다. 공공 의사결정에서 다양한 이해관계자와 학문 분야를 대표하는 전문가 자문 위원회는 신뢰할 수 있는 지식과 신뢰할 수 없는 지식을 구분하는 경계 작업을 수행하며(Jasanoff, 1994), 정책 목적을 위해 과학을 평가하는 작업을 수행하는 기관들은 이에 따라 '경계 조직'으로 설명되어 왔다(Guston, 2001).

과학과 정책의 상호 작용에 관한 연구들은 경계 조직이 정치와 과학 영역 사이의 경쟁적인 경계 지역에서 안정성을 제공함으로써 정치적 의사결정에서 과학적 지식의 효과적인 사용을 가능하게 한다고 한다(Graham & Mitchell, 2016). 과학에 기반한 주장이 정치적 논쟁의 대상이 되거나, 반대로 정치적 논쟁 대상이 과학적 정보처럼 받아들여지는 것을 경계 조직이 방지할 수 있다는 것이다(Cash et al., 2003; Guston, 2001; Pielke Jr, 2007).

경계 조직에서는 정책 결정자와 과학자들의 협동이 발생한다. 정책과정에서 정책과 과학은 그 역할은 물론 추구하는 목표가 다른 경우가 많은데, 경계 조직이 상이한 요구 사항을 중재하고 충족시키는 역할을 할 수 있는 것이다. 즉, 경계 조직은 ① 서로 다른 이해관계자들이 소통하고 공통의 관심사를 찾을 수 있는 기회를 제공하거나 이러한 기회를 만들도록 하는 유인을 제공하고, ② 양쪽 경계 안에서 활동하는 관계자들을 참여시키고, 이들을 중재하는 전문가 집단을 연결시키며, ③ 집단들의 경계에 맞닿아 있으나(과학과 정책 집단 양쪽과 밀접히 연관되어 있으나) 각 집단에 대한 서로 다른 책무(lines of accountability)를 가진다는 특징을 가진다. 즉, 경계 조직은 정치와 과학이라는 두 가지 다른 세계의 경계에 존재하고 각각에 대해 별도의 책임 라인을 가지고 있으면서 과학, 정책, 정치 간의 생산적인 상호 작용을 관장하는 역할을 하는 것이다.

경계 조직 안에서 과학자와 정책 결정자를 비롯한 다양한 행위자들은 각 영역에서의 의사결정 방법과 근거를 상대 분야에 적용하기 위해 조정 작업을 수행하고, 이 과정에서 개념, 방법론, 도구와 같은 경계물(boundary objects)이 생산되고 이용되기도 한다. 과학 자문 기구, 기술 관료가 포함되거나 정책과 과학 사이의 경계 조정이 일어나는 정부 조직들이 여기에 해당한다고 할 수 있다(Turnhout, Tuinstra & Halffman, 2019).[2]

2. 경계 조직과 비다수주의 기관

1) 경계 조직의 효용

효과적인 과학기술 거버넌스를 위해서는 과학과 정책의 통합이 바탕이 되어야 한다. 경계 조직은 지식을 전파하고 역량을 구축하는 데 효과적이면서 더 많은 참여자를 참여시키는 거버넌스 접근 방식을 제

---

2 기후 변화 거버넌스에서 경계 조직의 성격과 성공 및 작업 방식에 논의는 Hoppe, Wesselink & Cairns(2013) 참조.

시한다고 할 수 있다(Graham & Mitchell, 2016). 앞에서 다룬 내용을 종합하여 경계 조직의 효용을 정리하면 다음과 같다.

첫째, 경계 조직은 과학자, 정책 입안자, 그리고 대중이 상호 작용할 수 있는 포괄적인 플랫폼을 제공한다. 예를 들어, 기후 변화에 관한 정부 간 협의체(IPCC)와 같은 경계 조직은 각국의 전문가와 정책 입안자가 협력하여 다양한 의견을 모으고, 이를 토대로 과학적 보고서를 작성한다. 경계 조직의 포용적 구조는 다양한 이해관계자가 정책 결정 과정에 참여할 수 있는 기회를 제공하여 대중의 참여를 유도할 수 있다. 이러한 플랫폼은 과학적 지식에 대한 접근성을 높이고, 다양한 관점을 통합하는 데 기여한다.

둘째, 경계 조직은 과학적 지식을 대중이 이해할 수 있는 언어로 전달하여, 과학과 정책 사이의 의사소통 격차를 줄이는 데 기여할 수 있다. 과학적 사실이나 연구 결과가 그대로 대중에게 전달되기 어려운 경우, 경계 조직은 이를 쉽게 해석하고 설명하는 역할을 맡아 대중이 정책에 대한 이해를 높이고 의견을 표명할 수 있는 조력자 역할을 할 수 있다. 이러한 지식 번역(knowledge translation) 과정은 과학적 정보가 정책 결정에 효과적으로 반영될 수 있도록 돕는다.

셋째, 경계 조직은 다양한 참여 메커니즘을 통해 공공이 정책 결정에 기여할 수 있는 통로를 제공한다. 예를 들어, 공개 포럼, 의견 수렴 절차, 또는 설문 조사와 같은 방식으로 대중의 목소리를 반영하고, 이를 정책 제안이나 과학적 평가에 통합할 수 있다. 이러한 참여 기회는 대중이 정책 결정 과정에서 목소리를 낼 수 있는 직접적인 통로가 될 수 있다. 또한, 시민 과학(citizen science) 프로젝트를 통해 시민들이 과학 연구에 직접 참여하고 데이터를 수집하는 등, 과학적 지식 생산 과정에도 기여할 수 있다.

넷째, 경계 조직은 정책 결정 과정에서의 투명성과 책임성을 강조한다. 예를 들어, 과학적 자문 과정이나 정책 평가 결과를 대중에게 공개하여 이해관계자와 일반 대중이 의사결정 과정에 대한 신뢰를 가질 수 있게 한다. 정책 결정의 근거와 과정을 명확히 공개하고, 이해관계자들의 의견을 수렴하는 과정을 통해 투명성을 높일 수 있다. 나아가 정책 결정의 결과에 대한 책임을 명확히 하고, 이에 대한 평가를 실시하는 등 책임성 확보를 위한 추가적인 노력도 필요할 것이다.

다섯째, 경계 조직은 공공 가치와 과학적 전문성 사이의 균형을 유지하는 데 기여한다. 이러한 과정을 통해 경계 조직은 과학적 논리가 공공의 가치와 요구를 간과하지 않도록 하고, 여론이 정책 결과에 반영될 수 있도록 할 수 있으며, 이러한 균형은 대중이 정책 과정에 더 큰 관심을 가지게 하여 정책의 정당성을 높이는 역할을 할 수 있다. 과학기술 정책은 단순히 기술적인 문제 해결을 넘어 사회적, 윤리적 가치를 고려해야 한다. 이러한 관점에서 경계 조직은 다양한 이해관계자들의 의견을 수렴하고, 공론의 장을 마련하여 사회적 가치에 대한 합의를 도출하는 데 기여할 수 있다.

2) 비다수주의 기관과 경계 조직의 역할

앞에서 서술한 경계 조직의 효용은 특히 비다수주의 기관이 가지는 여러 한계를 보완하고 과학기술 거버넌스의 민주성을 강화하는 데 중요한 역할을 할 수 있다는 점에서 주목할 필요가 있다. 경계 조직은 비다수주의 기관의 한계를 보완하고, 과학기술 거버넌스의 민주성, 투명성, 책임성을 강화하는 데 기여할 수 있으며, 과학과 정책 간의 중재자로서 다양한 이해관계자의 의견을 수렴하고 이를 정책 결정에 반영할 수 있는 구조를 갖추고 있다.

경계 조직의 대표적인 예로 미국의 국립과학기술위원회(National Science and Technology Council; NSTC)를 들 수 있다. NSTC는 다양한 연방 기관과 협력하여 과학기술 관련 정책을 개발하고, 국가 과학기술 전략을 수립하는 기관이다. 이 기관은 다양한 과학기술 분야를 감독 하는 위원회를 조직하고 운영하면서 민간 부문, 학계, 시민 사회 등 다양한 이해관계자들과의 소통을 통해 정책 결정 과정에 다양한 의견 을 반영하고 있다. 전문가 위원회 운영을 통해 과학적 근거에 기반을 둔 정책 결정을 지원함과 동시에, 정책 결정 과정에 대한 정보를 공 개하고 이해관계자들의 의견을 수렴하는 과정을 통해 투명성을 높이 는 역할도 수행하는 것이다. 또한 NSTC는 시민들이 직접 과학 연구 에 참여하고 데이터를 수집하는 시민 과학(citizen science) 프로젝트를 장려하는 등 시민 참여적 연구 또한 장려하고 있다. 이러한 활동으로 NSTC는 과학과 정책 사이의 간극을 좁히고, 더 나은 과학기술 거버 넌스를 실현하는 데 기여하고 있는 것으로 평가받고 있다.[3]

이처럼 경계 조직이 제대로 작동한다면, 지식의 공동 생산을 촉진 함과 동시에 서로 다른 영역 간의 상호작용을 안정화하며, 신뢰할 수 있는 정책 자문을 제공하기 위한 틀을 마련할 수 있을 것으로 기대된 다. 물론, 조직의 효과적인 운영을 위해서는 적절한 제도적 설계, 충 분한 자원 지원, 그리고 다양한 이해관계자들의 적극적인 참여가 필 요할 것이다. 경계 조직이 비다수주의 기관을 보완할 수 있는 주요 방 식은 다음과 같이 네 가지로 정리할 수 있다.

첫째, 대표성 및 참여 강화이다. 경계 조직은 다양한 이해관계자들 이 참여할 수 있는 플랫폼을 제공함으로써 비다수주의 기관의 대표성 문제를 완화할 수 있다. 경계 조직은 시민 패널, 공개 포럼, 온라인 의 견 수렴 등 다양한 참여 메커니즘을 통해 일반 시민들의 의견을 수렴

---

3 A Framework for Federal Scientific Integrity Policy and Practice. January 2023 (https://www.usgs.gov/media/files/a-framework-federal-scientific-integrity-policy-and-practice).

하고 이를 정책 결정 과정에 반영하고, 이를 통해 정책의 수용성을 높일 수 있다. 또한, 경계 조직은 과학적 전문성과 대중의 가치를 연결하는 역할을 함으로써 정책 결정의 민주적 기반을 강화할 수 있다.

둘째, 투명성 및 책임성 제고이다. 경계 조직은 과학적 지식과 정책 결정 과정을 대중이 이해하기 쉬운 형태로 번역하고 전달하는 역할을 함으로써 비다수주의 기관의 투명성 문제를 개선할 수 있다. 과학적 자문 과정이나 정책 평가 결과를 공개하고, 이에 대한 대중의 이해를 돕는 활동은 의사결정 과정의 투명성을 높일 수 있다. 또한, 경계 조직은 다양한 이해관계자들 간의 소통을 촉진하고, 정책 결정의 근거와 과정을 명확히 설명함으로써 간접적으로 책임성을 강화할 수 있을 뿐만 아니라, 기관 자체가 정책 결정의 영향을 모니터링하고 평가하는 역할을 수행함으로써 비다수주의 기관의 책임성을 보완할 수 있다.

셋째, 유연성 및 적응성 향상이다. 경계 조직은 다양한 이해관계자들의 의견을 지속적으로 수렴하고, 새로운 과학적 발견과 사회적 변화를 모니터링함으로써 비다수주의 기관의 경직성을 보완할 수 있다. 이를 통해 과학기술 정책이 사회의 요구에 더 유연하게 대응할 수 있도록 돕는다. 즉, 급변하는 사회 환경에 대한 정보 수집 및 분석 기능을 강화하고, 정책 결정 과정에 새로운 아이디어를 도입하는 데 적극적으로 참여함으로써 비다수주의 기관의 유연성과 적응성을 향상시킬 수 있다. 또한, 경계 조직은 중립적인 중재자 역할을 수행하며, 다양한 이해관계자들 간의 대화와 협상을 촉진함으로써 갈등 조정 기능을 보완할 수도 있다.

넷째, 지식의 공동 생산 및 장기적 비전 수립이다. 경계 조직은 과학자, 정책 입안자, 시민들이 함께 지식을 생산하는 플랫폼을 제공할 수 있다. 이는 비다수주의 기관이 주로 전문가 중심의 지식 생산에 의존하는 한계를 보완하며, 다양한 관점과 경험이 반영된 더욱 포괄적인 지식 기반을 형성하는 데 기여한다. 또한, 경계 조직은 다양한 이해관계자들의 장기적 비전을 수렴하고 조율함으로써, 과학기술 정책의 지속 가능성과 장기적 영향을 고려한 의사결정을 촉진할 수 있다. 이를 통해 과학기술 정책의 장기적인 목표를 설정하고, 지속 가능한 발전을 위한 정책 방향을 제시할 수 있다.

V ┆ 논의 및 결론

앞에서 살펴본 논의는 과학기술과 정치, 특히 과학기술과 민주주의의 관계라는 핵심적인 질문으로 귀결된다. 현대 사회에서 과학기술은 법과 제도만큼이나 사회에 질서를 부여하고 이득과 부담을 분배하는 권력의 통로이자 강력한 거버넌스의 수단임에도 그 과정에 민주주의가 결핍되어 있다는 문제를 가지고 있다. 늘어나고 있는 과학기술의 통제에 대한 요구와 과학 활동에 대한 공적 책임성의 요구는 이러한 인식을 반영한다.

과학과 민주주의의 상호 작용은 정책 과정에서 과학적 조언을 활용하는 방식뿐만 아니라, 과학적 지식을 생산하는 데 있어서도 중요한 영향을 미친다. 과학기술이 사회적 가치와 어떻게 통합되고, 이 과정에서 과학적 전문성이 어떻게 민주적으로 책임을 지는지에 대한 평가는, 과학기술 거버넌스를 둘러싼 현대 사회의 중대한 질문들 중 하나다.

본 연구는 이러한 문제 의식을 바탕으로, 과학기술정책 거버넌스를 담당하는 기관들이 비다수주의 기관의 형태을 띠고 있다는 점에 착안하여 먼저 비다수주의 기관의 한계와 그 극복 방안을 검토하였다. 비다수주의 기관의 존재는 현대 민주주의 사회에서 이해하기 어려운 측면 중의 하나라고 할 수 있다. 이들은 중요한 기능을 수행하고 다양한 형태로 존재하지만, 기존의 대의제 민주주의 이론과는 잘 맞지 않는 면이 있기 때문이다. 자율적인 서비스 제공자, 독립적인 시장 규제 기관, 새로운 감사 및 위험 평가 기관과 같은 비다수주의 기관의 수가 증가하는 것에 대한 우려는 2000년대에 주로 제기되었으며, 이 비선출 기관들이 대표제 정부 시스템에 어떻게 적응하는지에 대한 문제는 앞으로도 계속될 가능성이 높다.

비다수주의 기관들은 선출되지 않았다는 이유로 민주주의에서 '문제'로 다루어지지만, 비다수주의 기관들은 대의 민주주의의 해결책이자 수호자로도 이해될 수 있다. 예를 들어, 중앙은행에 독립적인 권한을 부여하는 것이 권력 분립의 또 다른 방식이라는 주장이 그것이다(Lijphart, 1999). 독립적인 중앙은행은 합의 민주주의 모델에서 가장 잘 작동하며, 장기적으로 '더 온화하고 부드러운' 형태의 민주주의를 제공한다는 것이다. Keane(2009)은 우리가 수백 개의 독립적인 기관들이 정부에 대한 비판적 견제 세력의 역할을 맡고 있는 'post-Westminster democracy' 시대에 살고 있다고 주장한다. 현대의 민주주의에서는 의회가 국민을 대표하고 행정부를 통제하는 독점적인 지위를 많은 다른 기관들, 특히 다수의 비다수주의 기관들과 나누어 가지고 있는 것이 현실이다.

비다수주의 기관이 형태적으로 다수주의에 반하고, 따라서 민주적 정당성이 결핍되어 있다는 지적은 유효하나 어느 정도의 비다수주의는 민주주의의 정상적 작동과 보전을 위해 필요하다(Rosenfeld, 2018). 많은 비다수주의 기관들이 실질적으로는 핵심적인 민주적 가치와 절차를 수호하고 보호하는 역할을 한다. 역설적이게도, 선출되지 않은 비다수주의 기관이 민주주의를 육성하고 보호하는 데 기여할 수 있는 것이다. 이렇게 본다면, O'Donnell(1998)이 주창한 것처럼, 비다수주의 기관은 선출된 권력을 견제하고 법치주의를 보호하며 권력 남용을 방지하기 위해 설계된 '수평적 책임성(horizontal accountability)'을 가진 기관으로 볼 수도 있다. 세계 각국에서 권위적인 지도자들이 점차 힘을 얻고 있는 요즘과 같은 시기에, 민주주의를 보호하는 비다수주의 기관의 역할이 더 필요해질 수 있다.

그러나 비다수주의 기관은 과학기술 거버넌스에서 소수의 전문가나 특정 기관의 결정에 의존하는 구조를 가지고 있기 때문에 민주적 정당성(대표성)의 결핍, 투명성 결여, 갈등 조정의 어려움 등 적지 않은 문제점을 가지고 있다. 경계 조직은 이러한 비다수주의 기관의 문제를 보완할 수 있는 대안을 제시한다. 먼저 경계 조직은 정보 중개 및 조정의 역할을 수행하며 과학자, 정책 입안자, 그리고 대중이 서로 상호작용할 수 있는 포괄적인 플랫폼을 제공한다. 대중 참여를 촉진하고, 과학적 지식을 대중이 이해할 수 있는 언어로 전달함으로써 과학과 정책 사이의 의사소통 격차를 줄이고 비다수주의 기관에 부족한 민주적 정당성 확보를 위한 대안을 제시할 수 있는 것이다. 참여 확대와 상호 작용적 지식 생성이 책임성을 개선하고 과학기술에 대한 신뢰할 수 있는 평가로 이어질 수 있다는 점에서(Jasanoff, 2003), 경계 조직의 효용은 주목할 만하다.

경계 조직은 비다수주의 기관을 보완함에 있어 전문가의 역할과 이해관계자(규제 대상자 및 시민)의 역할을 모두 강화할 수 있다. 전문가의 역할을 강화하는 측면에서는 과학적 지식을 정책 결정에 활용할 수 있도록 전문적인 자문을 제공하고, 과학적 정보의 신뢰성을 평가하며, 복잡한 과학기술 문제에 대한 전문적인 분석과 평가를 제공하여 정책 결정의 질을 높일 수 있다. 이해관계자 및 시민의 역할을 강화하는 측면에서는 다양한 이해관계자들이 참여할 수 있는 플랫폼을 제공하여 정책 결정 과정에 다양한 의견을 반영하고, 과학기술 정책에 대한 시민들의 이해를 높이며, 시민들의 가치와 선호도를 정책 결정에 반영하는 바탕이 된다. 경계 조직은 이처럼 전문가의 전문성과 시민들의 참여를 결합하여 과학기술 거버넌스의 민주성을 높이는 데 기여하며, 경계 조직의 효과적인 운영을 위해서는 전문가와 시민 간의 균형을 유지하고 각자의 역할을 명확히 정의하는 것이 중요하다.

또한, 경계 조직은 공개 포럼이나 설문조사 등을 통해 대중의 목소리를 반영하고, 과학적 자문 과정이나 정책 평가 결과를 공개하여 비다수주의 기관의 문제점으로 지적되는 정책 결정 과정에서의 투명성과 책임성을 강조한다. 예컨대, 과학적 자문 과정이나 정책 평가 결과를 대중에게 공개하여 이해관계자와 일반 대중이 의사결정 과정에 대한 신뢰를 가질 수 있게 하는 것이다. 이러한 활동은 공공 가치와 과학적 전문성 사이의 균형을 유지하며, 대중이 정책 결과에 반영될 수 있도록 하여 정책의 정당성을 높이는 역할을 한다.

이러한 경계 조직의 효용은 급변하는 기술 환경과 복잡한 사회적 요구에 대응하기 위해 더욱 필요해질 것이다. 과학 관련 정책을 다루는 정부 조직이 경계 조직의 특성을 반영하여 구성된다면, 과학과 정책 간의 소통과 협력이 더욱 원활해질 수 있으며 과학기술 거버넌스에서 보다 포괄적이고 민주적인 의사결정을 가능하게 할 수 있을 것으로 기대된다.

현대사회에서 과학기술이 가지는 위상을 감안하면, 앞으로도 과학기술은 민주주의를 둘러싼 논의의 주요 쟁점이 될 것으로 예상된다. 과학기술은 신뢰할 수 있는 지식과 가치를 제공함으로써 민주주의를 보호할 수 있는 힘도 가지고 있지만(Collins & Evans, 2017), 통제를 벗어난 과학기술과 과학기술 거버넌스는 민주주의에 큰 위협이 될 수도 있다. 그러한 면에서 "과학 없는 민주주의는 취약하고, 민주주의 없는 과학은 위험하다"(전치형, 2019). 따라서 과학기술이 가진 힘을 분산시켜 공공의 영역에 귀속시키는 것은 중요한 과제이며, 과학기술의 민주화는 이러한 의미를 갖는다(홍성욱, 2016). 과학기술 정책의 효과성과 정당성을 강화하려는 노력과 더불어, 과학기술을 민주적으로 통제하려는 노력 또한 중요한 이유이다. 본 연구가 과학기술 거버넌스에서의 민주주의 결핍의 문제를 포함하여 과학기술과 민주주의의 관계에서 파생되는 다양한 문제를 고민할 수 있는 계기가 되기를 기대한다.

제8장

시민 참여와 비다수주의 기관의 역할

강상원 |

I | 서론

현대 민주주의는 대의제의 위기, 행정의 고도화, 그리고 거버넌스 패러다임의 전환 등 중대한 도전에 직면해 있다. 정보의 비대칭성 심화, 사회 문제의 복잡성 증대, 시민 참여 욕구 증대와 같은 변화는 전통적인 대의 민주주의의 한계를 보다 극명하게 드러낸다(Fung, 2006). 이러한 변화 속에서, 비선출 전문가들로 구성된 비다수주의 기관(non-majoritarian institutions)의 역할과 중요성이 점증하고 있다. 정책 과정에서 독립 전문가 참여는 증거 기반 정책의 중요성 인식, 합리적 의사결정에 대한 요구 증가에 따라 더욱 가속화된다(Jasanoff, 2004; Schudson, 2006).

갈수록 복잡성이 증가하는 난제 속에서 비다수주의 기관은 전문성에 기초하여 효율적인 정책을 수립하는 데 유리하며, 한편으로 정파적 압력으로부터 자유로운, 장기적 의사결정을 추진하는 데에도 이점이 있다. 가령, 중앙은행의 통화 정책은 거시 경제에 관한 전문 지식을 바탕으로 정치적 이해관계에 휘둘리지 않고 중립적으로 의사결정이 이루어지게 함으로써 장기적인 경제 안정성 확보에 기여할 수 있다. 이러한 시각은 대표적으로 미국의 연방준비제도와 같이 비선출 전문가 집단의 독립적 정책 결정을 담보하면서(Blinder, 1999), 정책 결정의 질을 높이고 결과적으로 민주적 거버넌스의 질을 높이는 데 도움이 될 수 있다고 본다. 이처럼 비선출 전문가로 구성된 비다수주의 기관의 의의는 특정 분야에서 고도의 전문성에 기반하여 효율적이고 합리적인, 소위 현명한 결정(wise decision)을 내리는 것에 있으며, 결과적으로 이를 통해 거버넌스의 산출 정당성(output legitimacy)을 높일 것으로 기대된다.

다만, 문제는 이러한 과정이 민주주의와 마찰을 일으킬 수 있다는 데에 있다. 민주주의의 요체는 시민들이 자신들의 대표자를 선출하고, 그 대표자를 통해 자신들의 의사를 반영하는 데 있기에, 비다수주의 기관은 이러한 민주주의의 작동 원리를 무력화시킬 수 있다는 것이다. '공공 정책에 있어 민주적 통제와 전문가에 의한 규제는 불가피한 긴장 관계에 있다'는 Shapiro(2004)의 발언은 이러한 우려를 명징하게 보인다. 독립성과 전문성을 정당성의 기반으로 하는 비다수주의 기관은 그 구성과 의사결정에 있어 선출된 대표자를 통한 민주적 통제에서 다소간 벗어나면서, 전통적인 삼권 분립의 체제에 도전할 수 있다(Vibert, 2007). 특히, 복잡한 과학 이슈나 고도로 전문화된 경제 정책을 추진하는 과정에서 설립되는 각종 규제 기관은 이러한 이슈로부터 자유롭기 어렵다. 정책 과정에서 전문성과 대표성 간의 이러한 긴장은 기술적 전문성에 기반한 '현명한 결정'과 민주적 대표성에 기반한 '정당한 결정' 사이에 무엇이 우선하는가에 대한 민주주의의 본질적 문제와 연결된다(March & Olsen, 2006).

그렇다면 정책 과정에 마주하는 이러한 딜레마를 해결할 수 있는 실마리는 없을까? 이 글은 공론 조사(deliberative polling)나 시민배심원 제도와 같은 숙의 민주주의의 실천 사례로부터 그 실마리를 찾는다.

몇몇 성공적인 숙의 과정에서 나타나는 전문가와 시민들의 상호 작용은 독립적인 전문행정기관이 시민들의 역량을 강화하는 도구로서 기능할 수 있음을 시사하기 때문이다.

민주주의의 대의성(representation) 문제에 천착했던 Arendt(1958)는 일찍이 정치적인 것의 복원을 주창하면서 자유로운 참여와 토론에 기반한 공론장의 중요성을 역설하였다. 이에 따르면 정치란 시민들이 자유롭게 자신의 의견을 개진하고, 타인과의 교류와 숙의 속에서 공동의 결정을 만들어가는 과정, 즉 정치적 공동체를 형성해 가는 과정이다. 이러한 관점에서 볼 때 비다수주의 기관에 의한 의사결정은 비록 그것이 현명한 결정으로 이어진다고 할지라도, 시민들을 정치적 행위의 주체가 아닌 시혜자 혹은 객체로 전락시킴으로써 민주주의의 본질을 훼손할 위험을 안고 있다. 다만 이와 동시에, 바로 그녀의 통찰은 다수에 의해 대표성의 독점이 이루어질 때 공론이 독점되고 질식하며, 나아가 폭정으로 이어질 수 있음도 경고한다. 이는 공론장은 항시 열려 있어야 하며, 새로운 의견과 논쟁을 통해 쇄신되고 유지되어야 함을 강조하는 것이다. 공론장 왜곡에 관한 Arendt의 우려를 고려하면 독립적인 전문가, 나아가 전문성에 바탕을 둔 비다수주의 기관은 그 정당성을 부여받을 수 있다. 즉, 다수에 의한 대표성의 독점, 그리고 그에 따른 공론장의 왜곡을 견제하고, 새로운 지식과 논리의 공급자로서 독립적인 전문가의 역할이 강조될 수 있다는 것이다. 그리고 이 지점에서 시민 역량 강화의 도구로서 비다수주의 기관이 공론 조사와 같은 숙의 과정과 결합해 전문성과 대의성을 조화시킬 수 있음에 주목할 수 있다. 무작위로 선발된 시민들이 (정책 이슈에 대해 전문가의 설명을 듣고) 소그룹 토의나 전체 토론을 통해 자신의 선호를 성찰하고 발전시키는 과정 속에서 전문 지식을 가진 '독립적' (때로는 소수 의견을 지닌) 전문가는 교육자, 자문가, 혹은 공론의 촉진자로서 숙의의 질을 높이는 데 기여하며 전문성과 대표성의 간극을 좁히는 데 일조할 수 있다는 것이다(Vibert, 2007).

한국 사회에서도 이미 공론 조사와 같은 숙의 과정을 통해 전문성과 대의성의 조화 가능성을 실험해 왔다. 2017년 신고리 5·6호기 건설 재개 여부를 둘러싼 공론화 위원회는 이해관계와 가치관이 첨예하게 대립하고, 고도의 전문성이 요구되는 난제를 공론 과정을 통해 해결하려 한 대표적 사례이다. 무엇보다 해당 사례에서 공론 조사에 참여한 시민들의 입장이 처음의 원전 건설 재개 반대에서 지지로 바뀌었다는 사실은, 객관적 지식의 자유로운 개진과 교류가 개개인들의 이해관계를 넘어 건설적 결과를 도출하는 데 있어 유효할 수 있다는 점을 보여 준다. 그러나 이러한 과정의 잠재력을 현실화하기 위해서는 그 과정에서 전문가 역할에 대한 이론적 이해와 더불어 제도적 정교화가 병행되어야 한다. 숙의 과정에서 독립적 전문가들은 어떤 역할을 수행해야 하며, 그 권한과 책임의 범위는 어디까지인가? 전문성이 시민 참여를 위축시키거나, 반대로 다수의 여론에 의해 전문성이 훼손되지 않으려면 어떤 균형점을 찾아야 하는가?

본 연구는 기존의 숙의 민주주의와 공론 조사 관련 연구가 전문가의 역할에 주목하면서도, 그 구체적인 역할과 범위, 그리고 한계에 대한 이론적 논의는 상대적으로 부족했다는 문제 의식에서 출발한다. 한편으로 비다수주의 기관의 영향력 확대, 이른바 비선출 전문가들의 부상(Vibert, 2007)이 민주주의에 위협으로 여겨지는 상황에서 이들이 공론장에서 기여할 수 있는 여러 방안—교육자, 자문가, 촉진자, 감시자 등—을 체계적으로 고찰함으로써, 이론적 논의를 심화하고 확장하려고 한다. 이러한 이론적 검토를 통해 숙의 과정이 지향해야 할 규범적 토대를 마련함으로써 그 설계와 운영 과정에 대한 기준을 제시할 수 있을 것으로 기대한다.

이 장은 다음과 같이 구성된다. 이어지는 절에서는 민주주의에 관한 몇몇 이론을 검토하면서 전문성과 민주성 사이의 긴장에 대해 개괄하고, 이러한 긴장 속에서 전문가, 나아가 제도화된 비다수주의 기관의 역할에 대해 탐색하고자 한다. 다음으로 전문성과 민주성을 잇는 가교로서 공론 조사 및 시민배심원제도와 같은 숙의 과정에 대해 논의하면서, 이 과정에서 정보에 기반한 시민(informed citizen)을 육성하는 수단으로서 비다수주의 기관의 역할에 대해 고찰한다. 이를 통해 시민들을 현명한 결정의 수동적 시혜자에 머무르게 하지 않고, 결정의 주체로서 기능하도록 하기 위한 방안을 상설화된 제도로서의 비다수주의 기관을 통해 모색하고자 한다.

Ⅱ ┃ 숙의 과정에서 전문가의 역할

1. 전문성과 민주성

특정 분야에 대한 고도의 지식, 기술, 경험을 갖춘 전문가의 역할은 사회의 고도화 및 복잡성 증가와 더불어 점차 중요해지고 있다. 전문가는 기술적 전문 지식을 바탕으로, 일반인은 이해하기 어려운 복잡한 문제를 분석하고, 해결책을 제시하며, 미래를 예측하는 등, 사회적으로 중대한 역할을 부여받는다(Collins & Evans, 2007). 기후변화, 유전자 변형 식품에 대한 규제, 팬데믹 관리와 원자력 발전 등 과학기술의 복잡성 증가는 문제 해결에 있어 고도의 전문성을 요구하는 대표적 사례다. 이처럼 현대 사회의 복잡성 증가는 필연적으로 전문가의 문제 해결 능력을 요구하며, 전문가들이 제공하는 전문 지식은 증거 기반 정책(evidence-based policy)의 토대를 제공함으로써 정책의 질 제고에 기여할 수 있다(Schudson, 2006).

다만 전문 지식은 때때로 가치 중립적이라는 오해 속에서 정치적 의사결정을 정당화하는 수단으로 동원되기도 한다. 이는 전문가의 객관성과 가치 중립성에 대한 근본적 의문을 제기해 온 비판적 과학기술학(Science and Technology Studies)의 시각이 확산되면서 더욱 중요한 문제로 부상하고 있다. 예컨대, 전문적 지식이 사회적으로 구성된다는 근본적 의문이나(Jasanoff, 2005), 이들의 단편적 전문성과 경험 혹은 명망이 대중을 설득할 만한 강력한 권위의 원천으로 기능하기 때문에 그 영향력이 점차 자신의 전문 영역을 넘어 광범위한 문제로, 때로는 공적 아젠다의 설정까지 확장된다는 비판이 이러한 시각에 기반한다(Hilgartner, 2000). 또한 전문가라는 개념 자체가 누군가를 전문가로 규정하고 인정할 것인지에 대한 일련의 사회적 구성 과정으로 이해될 수 있다는 점 역시 문제시된다. 그 신뢰성에 대한 객관적 기준이 부재한 가운데, 대체로 해당 전문가 집단 내부의 평가에 의존하여 전문가다움이 결정된다는 지적은 이러한 우려를 반영한다(Hilgartner, 2000).

물론 이에 대한 반론도 존재한다. 대표적으로 Pielke Jr.(2007)가 제시한 정직한 중개인의 개념은 주목할 만하다. 그는 과학기술 분야 전문가의 역할을 네 가지—순수 과학자(pure scientist), 과학 중재자(science arbiter), 이슈 옹호자(issue advocate), 정직한 중개인(honest broker)—로 구분하면서, 단순히 과학적 사실을 전달하거나(순수 과학자), 요청받은 질문에만 답하거나(과학 중재자), 특정 입장을 지지하는(이슈 옹호자) 것을 넘어, 가능한 모든 정책 대안과 그 함의를 포괄적으로 제시하고 설명하는 중개인의 역할을 강조한다. 다수주의가 빠지기 쉬운 두 가지 함정—단기주의(short-termism)와 정파성(partisanship)—이 전문가주의에 대한 옹호로 연결되기도 한다. 전문가들은 장기적 관점에서의 분석과 예측을 제공함으로써 정치인이나 관료들이 빠지기 쉬운 단기적 성과 중심의 의사결정을 견제할 수 있다. 예컨대 연금 개혁이나 기후변화 대응과 같이 장기적 영향을 고려해야 하는 정책 영역에서, 독립적인 전문가들은 특히 당장의 정치적 이해관계를 넘어선 분석을 제공할 수 있다는 것이다(Hoppe, 2018; Majone, 2001). 전문가 역할은 민주적 외부효과(democratic externalities)로 묘사되기도 한다(Williams, 2006). 이에 따르면 전문가들의 참여는 단순히 정책의 기술적 질을 높이는 것을 넘어, 민주적 거버넌스의 질적 제고에도 기여할 수 있다. 전문가들이 생산하는 효과적인 정책은 문책성을 높이며, 이들의 전문 지식은 정책 과정에서 일종의 전문가적 견제와 균형을 제공한다는 것이다.

정책 과정에서 전문성의 중요성은 그 정당성과는 별개로 선출되지 않은 전문가를 중심으로 하는 비다수주의 기관의 영향력 확대로 이어진다. 구체적으로 비선출 전문가들로 구성되는 비다수주의 기관은 제도적 독립성과 의사결정의 전문성을 바탕으로, 정파성에서 상대적으로 자유로운 합리적이고 효율적인 정책 결정을 요청받으면서, 민주적 통제의 예외를 폭넓게 인정받는다(Vibert, 2007). 그리고 이들 기관이 민주적 거버넌스에 제공하는 위기와 기회 역시 정책 과정에서 전문가 역할에 대한 우려 및 기대와 유사한 측면에서 살펴볼 수 있다. 대표적으로 각국 중앙은행의 독립성은 여러 경험적 연구를 통해 그 설립의 정당성을 널리 인정받아 왔다. 이들은 정치적 압력에 흔들리지 않고, 전문 지식에 기반한 통화량 조절과 금리 수준 결정 등을 통해 물가 안정과 거시 경제 안정이라는 공익에 기여할 수 있다. 예를 들면 Blinder(1999)는 물가 안정과 고용 확대라는 주어진 과업의 달성에 중앙은행의 독립성이 큰 영향력을 발휘해 왔다는 것을 실증적으로 보여준다.

그러나 선출되지 않은 권력이라는 태생적 한계는 대의성 및 문책성과 같은 민주적 통제의 차원에서 민주적 결손(democratic deficit)을 초래할 수 있다(Follesdal & Hix, 2006). 예를 들면, 비다수주의 기관으로서 EU 집행위원회(European Commission)는 시민들로부터 직접 위임을 받은 대의 기구가 아니지만, 독립성과 전문성이라는 명분하에 주권적 권한을 과도하게 행사한다는 비판을 받는다. 이러한 측면에서 비다수주의 기관에 대한 민주적 통제와 문책성 확보는 현대 민주주의의 중대한 도전 과제로 떠오르고 있다.

독립적인 전문가와 비다수주의 기관에 대한 이러한 상반된 시각은 행정과정에서 전문성과 민주성을 동시에 달성하는 데 있어 고민을 던진다. 이에 비다수주의 기관은 자신에게 부여된 권한을 피수탁자로서 시민들과 공유하려는 노력과 책임감을 발휘하여야 하며, 한편으로 이들에 대한 문책성을 어떻게 제고할 것인지에 대한 제도적 고민도 병행되어야 한다. 바로 이 지점에서 공론 조사 등 숙의 민주주의의 여러 제도적 장치는 독립적인 전문가와 민주주의를 잇는 통로로서 기능할 수 있다. 이와 관련해 다음은 전문가와 전문성에 대한 이론을 살펴봄으로써 공론장 및 민주적 제도하에서 이들의 역할을 어떻게 설정할 수 있는지 검토하고자 한다.

2. 숙의 과정에서 전문가의 다면적 역할

'독립 전문가'의 역할은 다면적이다. 이들은 단순한 지식의 전달자나 자문가에서부터 숙의 과정에서 시민 참여의 질을 강화할 수 있는 가교로서도 기능할 수 있다. Jasanoff(2004)의 '지식 공동 생산 모델', Wynne(1996)의 시민 과학 개념, Collins & Evans(2007)의 '전문성의 주기율표(periodic table of expertise)', Habermas(1984)의 '의사소통적 합리성'과 같은 주요 이론들은 시민-전문가 사이의 관계에 대한 여러 쟁점을 소환하면서 숙의 과정에서 이들의 역할을 다면적으로 이해하는 데 도움을 준다.

먼저, Jasanoff(1996; 2004)는 전문성이 단순히 객관적 지식의 축적이나 기술적 능력의 위계가 아니라, 특정한 사회적, 정치적, 문화적 맥락 속에서 끊임없이 재구성되는 공동 생산(co-production)의 산물임을 밝힌다. 구체적으로 Jasanoff(2004)는 규제 과학을 분석하면서, 전문가들이 제시하는 객관적 지식이 실제로는 다양한 사회적 요인들과의 상호 작용 속에서 형성된다는 사실을 강조한다. 예컨대 환경 규제에 있어서 안전한 수준을 정의하는 과정은 순수하게 과학적인 판단의 산물이 아니라, 위험의 수용 가능성, 경제적 비용, 사회적 가치 등이 복잡하게 얽힌 협상의 결과물이라는 것이다. 아울러 이러한 협상 과정은 서로 다른 사회적, 정치문화적 맥락 속에서 다르게 해석된다. 예컨대 규제 기준의 설정에서 미국의 시장 중심 접근 방법, 영국의 전문가 위원회 중심 접근 방법, 독일의 사회적 합의 중심 접근 방법은 각각의 사회가 가진 고유한 시민 인식론(civic epistemology), 나아가 한 사회의 민주주의 전통과 불가분의 관계에 있음을 시사한다. 이러한 시각을 바탕으로 Jasanoff(2005)는 전문가들에게 '겸손의 기술(technologies of humility)'이라는 새로운 덕목을 요청한다. 구체적으로 이는 규제 과학에 있어 문제가 어떻게 설정되었는지(framing), 취약한 이들은 누구인지(vulnerability), 정책 결정으로 인한 혜택과 부담이 어떻게 배분되는지(distribution), 그리고 과거의 실패로부터 무엇을 배울 수 있는지(learning)를 끊임없이 고민해야 한다는 것이다.

전문성에 관한 Wynne(1996)의 논의 역시 Jasanoff의 시각과 맥을 같이 한다. 구체적으로 Wynne은 영국 컴브리아 지역에서 발생했던 양치기 목동들과 방사능 전문가들 사이의 갈등을 분석하면서, 전문가적 지식이 갖는 근본적인 한계를 포착한다. 해당 사례는 체르노빌 사고 직후 방사선의 오염을 우려한 영국 정부가 취한 관련 규제가 컴브리아 지역의 기후와 지형, 양 사육 방식과 같은 특수성을 간과하였으며, 그로부터 파생된 정부 신뢰 저하 과정을 다룬다. 정부의 전문가들은 컴브리아 사례에서 균질한 지형과 일정한 강우량을 가정한 모델을 사용하여 일률적 규제를 시행했지만, 이 과정에서 실제 지형의 복잡성과 미시적 기후변화에 대한 지역 주민들이 경험, 맥락적·실천적 지식(practical knowledge)은 무시되었으며 결과적으로 불필요한 규제가 시행된 것이다. Wynne은 전문가-비전문가 사이에 발생한 해당 갈등을 분석하면서 궁극적으로 의사결정 구조 자체를 더 민주적·다원적으로 재설계해야 한다고 제언한다. 그에 따르면, 전문가들은 종종 자신들의 지식이 기반하고 있는 특수한 가정과 불확실성을 인지하지 못한다. 이는 전문가들로 하여금 자신들의 무지(ignorance)를 인식하지 못하게 한다. Wynne은 이를 '무지에 대한 무지(ignorance of ignorance)'라고 일컬으면서 시민 과학(citizen science)의 중요성을 강조한다. 이는 Jasanoff의 '겸손의 기술'과 맥을 같이 하는 것으로 맥락적 경험을 바탕으로 한 지식의 생산자로서 시민 역할을 강조하는 것이다.

　Collins & Evans(2007)의 논의는 앞선 연구들과 비교하여 사뭇 다른 주장을 펼친다. 이들은 기존의 과학기술학이 지식의 사회적 구성을 지나치게 강조하면서 전문성의 실체적 차원을 간과했다고 비판한다. 이들은 지식이 사회적으로 구성된다는 견해 자체를 부정하지는 않지만(ubiquitous expertise), 이것이 곧 모든 지식이 동등한 가치를 지닌다는 결론으로 이어질 수는 없다는 점을 지적한다. 이러한 견해 위에서 그들은 전문성의 요체(real core)를 포착하기 위한 새로운 분석 틀로서 전문성의 주기율표(periodic table of expertise)라는 개념을 제시한다. 구체적으로 해당 틀은 전문성의 다양한 층위와 유형을 체계적으로 분류하는데, 이 중에서 가장 중요한 개념은 '기여적 전문성(contributory expertise)'과 '상호 작용적 전문성(interactional expertise)'의 구분이다. 먼저, 기여적 전문성은 특정 분야에서 실질적인 기여를 할 수 있는 능력을 의미한다. 이는 단순히 형식적 지식(formal knowledge) 을 습득하는 것 외에도, 해당 분야의 실천 공동체(community of practice)에 참여함으로써 암묵지(tacit knowledge)를 획득하는 것까지를 포함한다. 반면 상호 작용적 전문성은 특정 분야의 전문가들과 의미 있는 대화를 나눌 수 있는 능력을 의미한다. 이는 해당 분야의 언어와 개념을 이해하고 활용할 수 있는 능력으로, 반드시 실천적 경험을 필요로 하지는 않는다. Collins & Evans는 이러한 상호 작용적 전문성이 현대 사회에서 특히 중요한 의미를 갖는다고 주장한다. 복잡한 과학기술 문제를 다루는 정책 결정 과정에서, 서로 다른 분야의 전문가들 사이, 그리고 전문가와 비전문가 사이의 소통을 가능하게 하는 것이 바로 이러한 상호 작용적 전문성이라는 것이다. 나아가 그들은 이러한 전문성의 구분을 통해 과학기술 정책 결정에서 확장된 동료 공동체(extended peer community)의 가능성을 탐색하면서 전문가와 시민 간의 새로운 관계 설정을 위한 실천적 함의를 탐색한다. 예컨대 이들은 전문성을 가진 대중적 참여(public participation with expertise) 모형을 제안하면서, 모든 시민이 모든 문제에 대해 동등한 발언권을 가져야한다는 극단적 민주주의나, 반대로 전문가들만이 결정권을 가져야 한다는 기술관료주의를 모두 거부하고, 대신 적정 수준의 전문성에 기반한 참여를 강조한다. 이러한 시각은 비록 모든 시민이 다 동등한 수준의 기여적 전문성을 가질 수는 없지만, 적어도 상호 작용적 전문성을 습득하거나, 전문적 내용을 이해할 수 있는 기회가 주어져야 한다는 것을 의미한다. 이를 통해 전문 영역에 대한 일방적 신뢰나 불신을 극복하고 중간 지대를 마련해 전문가와 비전문가가 함께 숙의 · 토론하는 체계를 구축할 수 있다는 것이다. 이들의 이러한 주장은 전문가의 절대적 권위를 인정하는 시기와 모든 지식의 사회적 구성을 강조하며 전문성 자체를 상대화했던 시기를 지나 전문성과 민주적 의사결정의 조화를 이룰 수 있는 방안을 모색하고자 한 '전문성의 제3의 물결(third wave of expertise)'이라는 용어로 요약된다. 구체적으로 이들은 기술적 결정과 정치적 결정의 구분을 통해 사실과 가치 판단의 중요성을 구분한다. 기술적 결정은 특정한 전문성이 필수적으로 요구되는 영역이며, 여기서는 관련 전문가들의 판단이 우선시되어야 한다. 반면 정치적 결정은 가치 판단이 핵심이 되는 영역으로, 보다 광범위한 시민 참여가 요구되는 것이다. 문제는 현실에서 대부분의 중요한 결정들이 이 두 가지 성격을 모두 갖는다는 점에 있다. 그리고 바로 이 지점에서 상호 작용적 전문성의 중요성이 부각 된다. 상호 작용적 전문성을 갖춘 이들은 기술적 결정과 정치적 결정 사이의 경계를 넘나들면서, 전문가의 판단이 필요한 영역과 시민의 참여가 필요한 영역을 적절히 조율할 수 있다. 이들은 한편으로는 전문적 지식을 이해하고 해석하면서, 다른 한편으로는 이를 더 넓은 사회적, 정치적 맥락 속에서 재해석하고 번역하는 역할을 수행한다.

Collins & Evans의 논의는 앞에서 소개한 다른 이론과 함께, 숙의 과정에서 전문가의 역할을 재정립하는 데 중요한 통찰을 제공한다. 특히 이들이 제시한 상호 작용적 전문성 개념은 전문가가 어떻게 시민과 소통할 수 있는지에 대한 구체적인 방향을 제시한다. 예컨대 원자력 발전 관련 공론화에서, 상호 작용적 전문성을 가진 전문가는 한편으로는 원자력 공학의 전문적 언어를 이해하고, 다른 한편으로는 이를 시민들의 일상적 경험과 연결시켜 설명할 수 있다. 또한 시민들의 우려나 의문을 전문가 집단이 이해할 수 있는 방식으로 번역하여 전달함으로써, 양방향 소통을 가능하게 한다. 나아가 이들이 제안하는 기술적 결정과 정치적 결정의 구분은 공론화 과정에서 전문가의 개입 수위를 결정하는 실천적 기준이 될 수 있다. 구체적으로 원전 안전성의 기술적 측면에 대해서는 관련 전문가의 판단이 우선시되어야 하지만, 원전 건설 여부와 같은 정치적 결정에서는 시민들의 가치 판단이 핵심이 되어야 한다. 상호 작용적 전문성은 이 두 영역을 넘나들면서, 어떤 부분이 전문가의 판단을 필요로 하고 어떤 부분이 시민의 숙의를 필요로 하는지를 식별하고 조율하는 역할을 수행할 수 있다.

민주성과 전문성의 관계에 관한 이상의 세 가지 접근은 (다소간의 차이는 있지만) 모두 전문가와 시민의 경계를 고정된 위계로 보는 대신, 상호 학습과 소통의 대상으로 바라본다. 이는 전문가와 시민을 민주적 거버넌스의 동등한 참여자이자 동반자로서 바라보면서 공론 조사와 같은 숙의 과정에서 해당 주체들 사이의 교류가 필요하다는 것을 시사한다. 이상의 논의들은 공론 과정에서 전문가 역할에 대해 각기 고유의 통찰을 제시하면서도 일정한 접점을 형성한다. 공론장(public sphere)과 의사소통적 합리성 개념을 통해 숙의 민주주의 논의의 기초를 확립한 Habermas(1984)는 이러한 시각을 관통하면서 구체적인 제도로서 공론 조사의 가능성을 모색하는 데 시사점을 제공한다. 그는 경제와 정치와 같은 분야에서의 기술 체계가 생활 세계에 대한 영향력을 확대시키고 있는 상황을 근대 사회의 핵심 문제로 진단하면서, 이러한 일종의 식민화를 극복하기 위한 해결책으로 의사소통의 합리성(communicative rationality)이라는 개념을 제시한다. 이는 시민들이 동등한 발언권을 갖고 더 나은 논증에 설득될 수 있는 이상적 담화 상황(ideal speech situation)을 전제로, 전문 지식조차도 절대적 권위가 아니라 그 타당성을 검증받아야 한다는 것을 뜻한다. 이러한 그의 주장은 실천적 차원에서 숙의 정치(deliberative politics), 즉, 전문 담론과 생활 세계 간 경계 지대 형성의 제도화로 이어진다(Habermas, 1996). 이는 Jasanoff가 주창한 지식의 공동생산(co-production) 개념과 맥을 같이 하는 한편, 시민들의 동등한 발언권을 인정한 이상적 담화 상황은 앞서 살펴본 Wynne의 시민 과학 개념과도 상통한다. 전문가와 시민이 의사소통적 합리성을 바탕으로 상호 이해를 증진하는 과정을 공론장으로 이해할 수 있다. 마지막으로 Collins & Evans가 제시한 전문성의 구분은, 기술 체계와 생활 세계의 구분을 시도한 Habermas의 주장과 유사한 면이 있다. 특히 상호 작용적 전문성 개념은, 전문가들이 통용하는 언어와 시민들이 사용하는 언어 사이를 번역하고 양측의 다른 맥락과 경험을 유기적으로 연결하는 능력을 뜻하면서, Habermas가 언급한 이상적 담화 상황에서 다양한 주체들이 서로 대등하게 대화하고 논증하도록 만드는 핵심 매개로 기능할 수 있다. 결국 공론 조사와 같은 공론장은, 이러한 상호 작용적 전문성을 발휘할 수 있는 전문가와 시민이 함께 문제를 정의하고 해법을 모색해 나가는 경계 지대이자, 의사소통적 합리성에 기반한 숙의 민주주의의 실천장으로 이해될 수 있다.

이상에서 살펴본 논의는 상호 보완적으로 작용하면서, 숙의 과정에서 전문가의 역할에 대한 보다 풍부한 이해를 가능하게 한다. 전문가는 단순한 지식의 전달자가 아니라, 기술 체계와 생활 세계를 매개하는 번역가이자, 지식을 함께 생산하는 공동생산자, 시민들의 경험적 지식을 존중하는 (겸손한) 조력자, 그리고 의사소통적 합리성의 실현을 돕는 숙의 촉진자 등으로 기능할 수 있다.

Ⅲ | 숙의 과정에서 비다수주의 기관의 역할

1. 정보에 밝은 시민과 비다수주의 기관

전문성과 민주성의 조화, 그리고 이 과정에서 전문가의 다면적 역할에 관한 앞선 논의는 오늘날 비다수주의 기관의 부상과도 연결된다. 정보의 비대칭성 심화, 사회 문제의 복잡성 증대, 시민 참여 욕구 증가와 같은 변화는 전통적인 대의 민주주의의 한계를 보다 극명하게 드러내면서, 개별 전문가 차원을 넘어 제도적 차원에서 비다수주의 기관의 영향력 확대로 나타나고 있으며, 이는 민주주의와 현대 행정에 새로운 도전을 던지고 있다(Vibert, 2007).

비선출 전문가들로 구성되는 비다수주의 기관의 부상은 일차적으로 전문성에 기초한 효율적 정책 수립의 필요성에서 비롯된다. 앞서 언급한 바와 같이 복잡한 과학기술적 난제들은 전문성에 기초한 의사결정을 필연적으로 수반한다. 대표적인 예가 환경, 식품·의약품 안전, 공중 보건과 같은 영역이다. 이에 관한 정책 결정은 해당 분야의 과학적 증거를 이해할 수 있는 전문가들을 필요로 하며, 이는 동 분야에서 고도의 전문성을 지닌 규제 기관의 설립으로 이어진다(Majone, 2001). 중앙은행의 통화 정책 결정 역시 거시 경제에 관한 전문 지식을 바탕으로 정치적 이해관계에 휘둘리지 않고 중립적으로 이루어짐으로써 장기적인 경제 안정성 확보에 기여한다는 점에서 비다수주의 기관에 의한 의사결정의 대표적인 예로 꼽히곤 한다(Fjørtoft, 2024).

비다수주의 기관의 설립은 때로 비난 회피(blame avoidance)라는 정치적 동기에서 비롯되기도 한다. Vibert(2007)가 지적하듯, 전통적 정치 기관들은 복잡한 정책 결정의 부담과 실패의 책임을 면하고자 하는 유인을 가진다. 특히 정보의 불확실성이 큰 영역에서 정치인들은 전문가들의 판단에 의존하면서 정치적 책임을 회피하고자 하는 경향을 보일 수 있는데, 이는 역설적으로 비다수주의 기관의 독립성 강화로 나타나 전문적 의사결정을 촉진하는 결과로 이어지기도 한다.

문제는 비선출 전문가들의 독립성 강화가 정치적 문책성의 약화라는 결과를 초래할 수 있다는 것이다. 전문성에 기반한 효율적 정책 결정은 때로 시민들의 선호와 유리될 수 있으며, 이는 민주적 정당성을 근본적으로 위협한다(Follesdal & Hix, 2006). 주인-대리인 사이의 정보 비대칭성 문제, 전문가 집단이 이해관계에 의해 포획될 가능성은 비다수주의 기관의 설치 논거를 흔드는 이유가 된다(Schillemans & Busuioc, 2015). 이러한 차원에서 Fjørtoft(2024)는 ① 식별이 가능하고 논란의 여지가 없는 공동선을 목표로 하면서, ② 이를 실현할 수 있는 전문성을 보유하고 있으며, ③ 기술적 문제에 국한된 가치중립적인 의사결정에 한정하여, 즉, 전문성을 추구하면서도 민주적 정당성을 훼손하지 않는 범위 내로 비다수주의 기관의 역할을 한정해야 함을 주장한다.

그러나 비다수주의 기관을 전문적 의사결정의 주체로 이해하는 것에서 벗어나, 객관적 정보의 제공자이자 숙의의 촉진자로 이해할 경우, 이들의 독립성은 민주적 의사결정의 질을 제고하는 데 오히려 긍정적으로 작용할 수도 있다. 앞서 언급한 바와 같이 전문가 집단은 전문적 지식을 시민들이 이해할 수 있는 형태로 전환하는 번역가(Collins & Evans, 2007), 시민 사회와 함께 지식을 생산하는 공동생산자(Jasanoff, 2004), 혹은 전문성의 한계를 인정하는 겸손한 조력자(Wynne, 1996)로 이해한다면 이들의 조력하에 숙의적 의사결정이 강화될 수 있는 제도적 형태를 모색해 볼 수 있다.

구체적으로 Vibert(2007)는 비다수주의 기관이 정보 비대칭성을 줄이고 정보에 밝은 시민(informed citizen)을 길러 냄으로써 민주적 거버넌스의 질적 제고에 기여할 수 있다고 주장한다. 그는 전문성을 가진 비다수주의 기관이 객관적 정보와 지식을 공급하는 유인을 갖고 있다고 본다. 선거로부터 독립적인 이들의 지위는 (정치인들과는 달리) 정보를 억제하거나 왜곡할 유인이 적으며, 오히려 전문적 평판과 제도적 정당성 확보를 위해 객관적 정보와 분석을 제공하려는 경향을 보인다는 점을 지적한다. 시민들은 비다수주의 기관이 제공하는 전문적 지식을 통해 보다 신뢰할 수 있는 정보에 접근할 수 있게 되고, 결과적으로 자율적 판단과 결정 능력을 향상시킬 수 있다(Schudson, 2006).

Surowiecki(2005)도 비다수주의 기관의 역할에 새로운 시사점을 제공한다. 그는 적절한 조건이 갖추어지면 대중의 중지(衆智)가 소수 전문가의 판단보다 나을 수 있다고 주장한다. 이러한 그의 주장은 일견 비다수주의 기관의 설립 근거를 훼손하는 것으로 보일 수 있지만, 이른바 '대중의 지혜(the wisdom of crowds)'가 발현될 조건을 면밀히 살펴보면 그에 대한 이해는 달라질 수 있다. 그는 일련의 실증적 증거들을 토대로 집단 지성이 효과를 발휘하기 위해서는 ① 의견의 다양성과 ② 독립성이 보장되고, 한편으로 ③ 이처럼 파편화되고 다양한 의견을 통합할 수 있는 적절한 기제가 중요하다는 점을 강조한다. 달리 이야기하면 이는 정책 과정에서 정파성의 위력이 강화되고 있으며, 의견의 다양성이 양극단으로 치닫고(Bail et al., 2018), 이에 교차적(cross-cutting) 소통과 같은 통합 기제가 상실되어 가는 현재의 정치 환경은 대중의 지혜를 발현하기보다 일찍이 Schiller가 언급한 것처럼 "개인은 누구든 현명하고 합리적이지만, 집단의 일원이 되면 바로 바보가 되는" 상황으로 연결될 수 있다는 점을 암시한다(James, 2018: 42 재인용). 이러한 상황은 역설적으로 공론의 촉진자이자 다양한 의견의 제공자로서 독립적 전문가의 역할에 다시금 주목하게 한다. 비다수주의 기관의 존재는 독립적 전문가 집단으로서 정책 논의에 새로운 관점과 다양성을 제공할 수 있으며, 정파성을 넘어선 객관적 정보와 분석을 통해 시민들의 독립적 판단을 지원하는 한편, 분권화된 개개인의 의사를 숙의 과정을 통해 통합하는 제도적 기제로서도 기능할 수 있다.

이러한 논의는 특정한 제도적 조건에서 비다수주의 기관이 정보에 밝은 시민의 육성에 도움을 주면서 민주적 거버넌스의 질을 제고할 가능성과 연결된다. 즉, 비다수주의 기관을 단순히 전문적 정책 결정의 주체가 아니라 집단 지성이 효과적으로 발현될 수 있는 조건을 만드는데 기여하는 제도적 장치로 이해할 때, 이들 독립적 전문 집단은 지식을 번역하고, 공론을 촉진하며, 시민의 지식 축적을 도울 수 있다. 구체적으로 Habermas(1984)의 공론장 이론은 의사소통적 합리성이라는 개념과 함께 시민 역량 강화의 조력자로서 비다수주의 기관의 역할에 주목하게끔 한다. 공론장이라는 실천적 공간 속에서 비다수주의 기관의 독립적 전문성은 시민 참여와 조우하면서 전문성과 민주성의 조화와 숙의의 실현으로 이어질 수 있다. 예컨대 공론 조사(Fishkin, 2009)와 같은 숙의 과정에서 비다수주의 기관은 시민들에게 객관적 정보와 전문적 분석을 제공하면서도, 시민들의 경험과 가치 판단을 존중하는 방식으로 상호 작용할 수 있다.

다음의 절에서는 전문성과 시민 참여의 조화를 위한 구체적인 제도적 실험의 예로서 공론 조사와 시민배심원제도를 살펴본다. 이들 사례는 비다수주의 기관의 전문성이 어떻게 시민들의 정책 이해도를 높이고 숙의 과정을 촉진하는 데 기여할 수 있는지를 보여 주면서 그 적절한 제도적 조건에 대한 논의와 이어진다.

2. 시민 참여: 공론 조사와 시민배심원제도

Habermas가 사적 영역과 국가 영역을 잇는 연결 고리로서 공론장의 개념을 제안하면서 숙의 민주주의의 이론적 토대를 제공한 이래, 학자들은 공적 토론을 통한 여론 형성, 정치적 의사결정을 실현하는 방법에 대해 고민하였다. 대표적으로 Dryzek(2002)는 숙의적 전환(deliberative turn)이라는 개념을 통해, 기존의 자유 민주주의를 비판하고, 숙의에 기반한 민주주의로의 패러다임 전환을 주장한다. 그에 따르면 정치적 결정은 숙의적일 때, 즉, 자유롭고 평등한 시민들 간의 공개적이고 이성적인 토론을 통해 도출되었을 때에만 비로소 그 정당성을 확보한다. 그는 민주적 정당성이 경쟁하는 담론 가운데서의 선택에 달려 있다고 규정하면서, 의사소통적 합리성을 갖춘 숙의를 통해 조정되는 담론적 정당성(discursive legitimacy)의 제고를 역설하였다. 한편으로 Gutmann & Thompson(2004)은 숙의 민주주의의 실천적 방안을 고민하면서 이러한 담론이 이론에 그칠 뿐 아니라 일상적 정치(middle democracy) 속에서 실질적으로 작동해야 함을 강조한다. 그들은 숙의 과정에서 호혜성(reciprocity), 공개성(publicity), 책임성(accountability)의 원칙을 강조하는데, 특히 호혜성은 의사결정에 구속될 당사자들이 서로에게 수용이 가능한(publicly accessible) 논거를 제시하는 것을 뜻한다. 즉, 종교적 근거, 일방적 선호 등에만 호소하는 주장은 숙의의 폭을 좁힐 뿐 아니라, 공론장에서 형성되는 합의를 정당화하기 어렵다는 것이다(Thompson, 2008).

이러한 공론화 과정의 대표적 실천 기제로서 공론 조사가 거론된다. 공론 조사라는 용어는 Fishkin(1991; 2009)에 의해 보편화되었는데, 그는 기존 전화나 우편, 온라인 등을 통해 이루어지던 여론 수렴 절차를 한 장소에 모인 이들의 대화와 토론을 통한 숙의의 과정을 결합한 새로운 형태의 여론 조사가 가능하다고 주장하면서 이를 제안한다. 구체적으로 공론 조사는 숙의 민주주의 이론에 기반을 둔 시민 참여형 의사결정 방법의 하나로, 대표성을 띤 시민들이 특정 정책이나 사회 문제에 대해 심도 있게 논의하고 합의를 도출하는 일련의 과정이다. Fishkin(2009)은 공론 조사의 핵심을 여론(public opinion)과 공적 판단(public judgement) 사이의 간극을 메우는 것으로 규정하면서, ① 무작위 표집된 대표성 있는 시민, ② 이슈에 대한 균형 잡힌 정보, ③ 전문가 토론, ④ 소규모 그룹 토의, 그리고 ⑤ 최종 결과에 대한 권고 과정을 제안한다. 이 과정에서 시민들은 단순한 의견 표출을 넘어,

(때로는 자신과 대척점에 서 있는) 타인의 의견을 경청하고, 논쟁하고, 자신의 의견을 조정해 나가면서, 보다 합리적인 결론에 도달할 수 있다는 것이다. 이처럼 단순히 소극적으로 여러 사람의 의견을 구하는 여론 조사와는 달리, 공론 조사는 무작위로 선발된 시민들에게 균형 잡힌 정보를 제공하고, 전문가의 설명을 들으며, 소그룹 및 전체 토론을 통한 숙의 과정을 거친다는 점에서 그 본질적 차이가 있다(김정인, 2018). 이러한 공론 조사가 숙의 과정으로서 특히 주목받는 까닭은 이러한 기법이 대의 민주주의의 약점을 보완할 새로운 가능성을 제시한다고 이해되기 때문이다. 무엇보다, 지역, 성, 연령, 소득 등에 따라 인구 집단을 세분화하여 비례 할당함으로써 전체 모집단의 특성을 잘 반영하는 표본을 구성할 수 있다는 점은 특정 집단의 이해관계가 과대 또는 과소 대표될 위험을 줄이며, 한편으로 시민들이 다양한 정보와 의견에 기반한 공론장에서의 숙의 과정을 공적 사안의 주체로서 경험한다는 것은 정치 효능감이나 사회적 자본 제고에도 도움이 될 수 있다(신고리 5·6호기 공론화위원회, 2018). 본 장에서 본격적으로 다루지는 않지만, Lindell(2011)의 경우 이러한 다양한 숙의 모델을 참여자 수와 의사결정 방법으로 구분하면서 다수의 참가자(300명 이상)가 참여하면서 합의를 추구하는 시민 의회와 개인 투표의 집합을 방법으로 하는 공론 조사를 구분하기도 하며, 이강원·김학린(2020)은 갈등의 비용과 발생 시점 등을 기준으로, 은재호(2022)는 정책 단계와 대상 집단을 기준으로 여러 숙의 모델을 구분하기도 한다.

공론 조사는 대표적인 숙의 모델로서 한국 사회에서도 실험되었다. 2017년 문재인 정부의 신고리 5·6호기 건설 재개 여부 관련 공론조사와 2022학년도 대입 제도 개편을 위한 공론 조사, 그리고 윤석열 정부에서 국회연금개혁특별위원회 주관으로 실시된 연금 개혁에 대한 공론 조사가 대표적 사례이다. 이러한 공론화 사례들은 맥락과 쟁점이 다르지만, 사회적 합의를 도출하기 위해 전문성과 시민 참여를 조화시키고자 했다는 공통점을 지닌다.

이 가운데 특히 많은 조사가 이루어진 신고리원전 건설 재개 공론화 위원회 사례는 전문 지식이 제공된 숙의 과정에서 대중의 정책 선호가 변하고 합의가 도출된 대표적 사례이다. 해당 사례는 2017년 문재인 정부 당시 있었던 신고리 5·6호기 원전 건설 재개 여부 논쟁 과정에서, 무작위 추출 방식으로 선발된 시민 참여단을 통한 공론 조사로 원전 건설 재개 권고안이 제시된 것을 말한다. 공론화위원회는 총 471명의 시민 참여단에게 사전에 제공된 자료집, 전문가 발표 및 토론, 소그룹 토의 등의 숙의 과정을 마련하였고, 그 결과 시민 참여단 다수가 '건설 재개' 의견을 최종적으로 선택하였다(신고리 5·6호기 공론화위원회, 2018). 이 공론 조사에서 주목할 점은, 건설 중단과 재개 양측을 대변하는 전문가들이 공론화 과정에 참여하여 시민 참여단에게 원전 관련 정보를 제공하고 질의응답 과정을 거쳤다는 것이다. 특히, 공론 조사 과정에서 전문가와 시민들 간의 자유로운 토론과 질의응답을 장려하는 세션들이 다수 포함된 점은 정보 제공 및 이의 전달과 숙의 과정의 효과를 제고하려는 노력으로 평가할 수 있다. 또한 시민들이 충분히 학습하고 토론할 수 있도록 TV 토론회, 인터넷 생중계, 이메일을 통한 상시 의견 수렴 및 이의 제기 절차 등을 포함해, 보다 신중한 방식으로 공론이 이루어질 수 있는 환경을 조성하려 한 것 역시 숙의 과정에서 중요한 부분이었다. 약 3개월에 걸친 이러한 공론 조사의 결과 당초 36% 수준이었던 건설 재개 측 의견이 59.5%까지 증가하면서 건설 재개라는 대정부 최종 권고로 이어졌으며, 이러한 합의안이 정부 정책에 최종적으로 반영되게 된다.

숙의 모델은 이 외에도 다양하게 존재하며, 이는 숙의의 목적과 구성, 참여자의 규모, 비용 편익이나 결과 도출 방식, 공론화 시기에 따라 구분된다. 예컨대 이해관계자의 참여 방식으로서는 시나리오 워크숍, 규제 협상 등의 기법이 있다. 한편으로 특정한 경우에는, 의사결정에서 이해관계자를 의도적으로 배제함으로써, 오히려 일반 시민들의 참여를 보다 적극적으로 유도할 수 있다. 대표적으로 시민배심원제, 플래닝 셀, 그리고 합의 회의가 이에 속한다(김춘석, 2024). 특정 정책 결정이 가져다줄 갈등이 첨예하게 표출될 때, 이러한 기법들이 대안으로 고려될 수 있다. 소규모 참여자 사이의 합의 달성을 위한 시민배심원제도 역시 전문 지식의 제공이 숙의 과정을 심화시키고 정책 판단에 도움을 제공하는 사례로서 언급될 수 있다. 미국 오리건 주의 시민배심원제도(Citizens' Initiative Review: CIR)는 이러한 사례로서 선도적이다. CIR은 시민 발의 법안에 대해 정확한 정보를 제공하기 위한 심사 기구로서 해당 법안에 대한 옹호자, 이해관계자, 전문가들의 조언을 수렴하고 5일 간의 심의를 거쳐 찬반을 공개하는 제도로서 유럽의 시민 의회와 비슷한 역할을 수행한다(Knobloch et al., 2013). 성, 연령, 인종, 교육, 당파성 등을 고려하여 무작위로 선정된 24명의 시민 패널은 진행자 2명의 도움을 받아 숙의 과정을 진행하면서 시민 발의 법률안에 대해 찬반 전문가들로부터 정보를 제공받고, 증거를 제출받은 이후 그룹 대화를 통해 숙의 과정을 거치고 법률안에 관한 찬성 혹은 반대 의견을 발표한다. 의료용 마리화나의 생산과 유통을 위한 비영리 시스템을 구축하는 시민 발의 법안의 주민 투표에 앞서 구성된 CIR에서 24명의 시민 패널 다수는 심의 초기 찬반 입장이 불명확하였으나, 숙의 과정은 정보 교환을 통해 쟁점에 대한 이해도를 높인 것으로 보고되었다. 최종적으로 찬성 13명, 반대 11명의 결과가 나왔고, 이는 주민 투표에서 발의가 부결되는 데 영향을 미쳤다.

정확한 정보의 제공과 전문 지식의 번역은 시민들로 하여금 특정 정책 사안에 대한 오해를 줄이고 객관적 판단을 유도하는 데 도움을 준다는 것은 몇몇 실증 연구를 통해 나타난다. 대표적으로 Nyhan & Reifler(2019)는 다양한 사례를 통해 정책 판단 과정에서 정보의 중요성을 확인해 준다. 예를 들어 2006년 부시 행정부가 이라크에 미군 병력을 대폭 증강하고 대테러 전술을 변경한 작전에 대한 시민들의 평가가 대표적이다. 전술의 변경 이후, 민간인 사망자와 미군에 대한 반군 공격이 크게 줄어들었는데 이를 그래프를 통해 시민들에게 제시하자, 미군 철수를 주장하는 이들의 의견이 유의미하게 감소한 것으로 확인되었다. 당파적 양극화가 첨예한 지구 온난화 쟁점에서도 지구 평균 온도 변화에 관한 시계열 자료를 그래프로 제공한 후에는 쟁점을 수용하지 않던 이들의 입장이 상당 수준 완화되는 것으로 보고되기도 하였다. 이러한 예는 숙의 과정에서 상호 작용적 전문성의 중요성을 시사한다(Collins & Evans, 2007). 전문 용어를 평이한 언어로 번역하고 복잡한 통계와 기술 자료를 이해하기 쉽게 전환하면서, 전문가는 단순히 자신의 분야에 대한 전문 지식(기여적 전문성)을 공여하는 것을 넘어 시민들과 효과적으로 소통할 수 있는 능력(상호 작용적 전문성)을 발휘할 수 있다. 전문가와 비전문가 사이의 의미 있는 상호 작용은 시민들의 판단 기준과 인식의 지평을 확장함으로써 정책에 대한 이해와 판단 능력의 향상에 기여한다. 정보에 밝은 시민의 확보가 민주주의의 질적 심화를 위한 핵심 과제라는 점에서 시민 역량 강화를 위한 전문가의 역할에 주목할 필요가 있다(Schudson, 2006; Barabas, 2004).

3. 숙의의 촉진자로서 비다수주의 기관

앞서 살펴본 공론화 사례들은 전문가 참여가 시민들의 정책 이해와 판단에 긍정적 영향을 미칠 수 있음을 보여 준다. 신고리 5·6호기 공론화 과정에서 원자력 발전의 안전성과 경제성에 관한 전문가들의 설명은 시민들의 이해를 높이는 데 기여했으며, 오리건 주의 시민배심원제도도 전문가들의 조언이 시민들이 입장을 설정하는 데 도움을 주었다. 다만 숙의 과정의 구체적 설계와 운용 방식에 따라 전문가의 역할은 차이를 보일 수 있다.

먼저, 참여자 규모나 의사결정 방법 등에 따라 숙의 수준과 대표성의 정도가 달라질 수 있다. 예를 들면 10인에서 20인 내외의 소수 시민이 참여하여 특정 주제에 대해 깊이 있게 토론하는 합의 회의(Consensus Conference)의 경우, 소수의 참여자가 독립 기관의 전문적 분석과 자료를 바탕으로 해당 문제에 대해 수일간의 집중적인 토론 과정을 거쳐 합의를 도출한다는 점에서 숙의 수준은 높을 수 있지만, 대표성의 정도는 낮을 수 있다. 공론 조사의 경우 통계적으로 대표성을 갖춘 표본을 추출하여, 대표성 확보에는 유리하지만, 개개인의 심층적인 숙의에는 한계가 있을 수밖에 없다. 결국, 숙의 과정에서 독립적인 전문 기관의 역할과 그 참여의 강도는 정책의 성격과 목적에 따라 다양하게 변용될 수 있다(지속가능발전위원회, 2004). 아울러 이러한 구분은 이론적 논의에서 제시한 전문가의 네 가지 역할―번역가, 공동생산자, 겸손한 조력자, 숙의 촉진자―을 고려할 때 비다수주의 기관 설계에 있어서 민주성과 전문성의 여러 조합의 가능성을 열어놓는다. 예컨대 합의 회의와 같이 심층적 숙의가 강조되는 경우 지식의 공동생산자나 겸손한 조력자로서 전문 기관의 역할이 더욱 중요할 수 있는 반면, 공론 조사와 같이 대표성이 강조되는 경우 번역가나 숙의 촉진자로서의 역할이 더욱 부각될 수 있다. 이는 숙의 과정의 제도적 설계가 단순히 형식적 차원의 문제가 아니라, 전문성과 민주성이 조화를 이루는 방식에 일정한 영향을 준다는 점을 시사한다.

한편 비다수주의 기관의 독립성 확보는 전문가 참여의 효과성을 높이는 핵심적인 전제가 된다. 당파성으로부터 자유로운 합리적 결정이 정책 결정의 질을 담보한다는 점을 고려할 때, 비다수주의 기관의 독립적 지위는 제도적으로 보장되어야 한다는 것이다(Warren, Mansbridge & Bächtiger, 2013). 정치적 이해관계로부터 자유로운 독립적 지위의 확보는 해당 기관이 제공하는 정보와 분석이 공정하고 객관적이라는 신뢰를 담보하는 기초가 된다(Vibert, 2007). 신고리 5·6호기 공론화위원회는 숙의 과정에서는 독립성 확보를 위해 노력하였다. 공론화위원회는 원전 건설 재개와 중단 양측의 전문가를 균형 있게 참여시키고, 이들의 발표와 토론 시간을 동등하게 배분했다. 또한 시민 참여단이 제기하는 추가 질의에 대해 양측이 상호 검증하는 과정을 마련함으로써, 전문가들이 제공하는 정보의 객관성을 담보하고자 했다. 또한 정부는 공론 과정에 추가적으로 개입하지 않은 채 그 결과를 수용할 것임을 사전에 천명함으로써 그 과정에서 발생하는 전문가 조언에 대한 시민들의 신뢰를 높이는 데 기여했으며, 결과적으로 숙의의 질을 제고하는 결과를 얻은 것으로 평가된다(신고리 5·6호기 공론화위원회, 2018).

전문기구의 독립성 확보는 공론 과정에 참여한 정보 수용자의 입장에서도 중요하다. 정파적 이해관계와 이념은 객관적 정보를 왜곡시킬 수 있기 때문이다. 예컨대 Nyhan & Reifler(2019)의 연구는 정치적 성향이 강한 개인들의 경우 객관적 정보가 제공되더라도 자신의 기존 신념과 입장을 지지하는 방향으로의 확증 편향이 강화되는 모습을 실증적으로 보여 준다. 이러한 측면에서 앞서 살펴본 오리건 주 CIR의 사례는 숙의 과정에서 비다수주의 기관의 정파적 독립성을 이중으로 보장하려 했다는 점에서 주목할 만하다. CIR의 24인 시민 패널 자체가 다양한 인구통계학적, 정치적 변인들을 고려하여 무작위로 구성되었을 뿐만 아니라, 정책에 대한 정보를 제공하는 관련 전문가 역시 그 선정에 있어서 시민 패널의 논의를 통해 구성된 것이다. 필요한 경우 추가적인 정보나 새로운 전문가의 의견 역시 요청될 수 있었다. 시민 패널뿐 아니라 정보의 제공자 역시 공정하게 선정하려 한 상기 절차는 숙의 과정의 투명성을 높임으로써 이들이 제공하는 정보의 신뢰를 높이고 결과적으로 이에 대한 수용도를 제고하는데 기여했다고 평가된다(Knobloch et al., 2013).

아울러 숙의 과정에서 전문가 참여의 효과성은 정책 이슈의 성격에 따라서도 차이를 보일 수 있다. 예컨대 해당 정책이 가치 배분적이며 제로섬(zero-sum) 성격을 띠는지, 혹은 기술적이고 전문적이며 비제로섬(non-zerosum) 성격을 띠는지에 따라 전문가 역할의 영향력이 달라질 수 있다. 앞선 신고리 5·6호기 건설 재개 사례와 대비하여 2018년도에 있었던 대입 제도 개편 공론화 사례는 정책 이슈에 따른 전문 지식의 효과성 차이를 분명히 보여 준다. 구체적으로 원자력 발전소 건설과 관련된 신고리 5·6호 공론화는 상대적으로 기술적이고 전문적인 성격이 강했다. 원전의 안전성, 경제성, 환경 영향 등은 계량적 자료와 과학적 분석을 통해 어느 정도 객관적 판단이 가능한 영역이었다. 반면, 대입 제도 개편 공론화는 본질적으로 가치 배분적 성격이 강한 이슈였다.[1] 특히 학생부 종합 전형과 수능 위주 전형의 비중 문제는 한정된 대학 입학 기회를 누구에게 어떻게 배분할 것인가와 직결되는 제로섬 게임의 성격을 짙게 띠면서 전문가들이 제공하는 객관적 정보나 분석은 시민들의 선호 변화에 제한적인 영향만을 미쳤다. 해당 사례 역시 500여 명의 시민 참여단이 선정되어 4가지 대입 개편 시나리오에 대한 심층 토론을 진행하였으나, 첨예한 대립을 보이는 의제(즉, 대입 전형 비율 문제)에 있어서 차별적인 최종 정책 권고를

---

1 정책 문제는 기술적 문제와 가치 배분의 정치적 문제로 구분될 수 있다(Fjørtoft, 2024). 기술적 문제는 객관적 사실과 전문적 분석이 수반되는 문제인 반면, 정치적 문제는 다양한 가치 판단과 이해관계의 조정이 수반되는 문제이다. 단순화의 위험이 있지만 신고리 원전 재개 문제는 주로 기술적 문제로, 대입 제도 개편 사례는 근본적으로 정치적 문제로 이해될 수 있다.

제시하지 못한 채 마무리된 것이다(대입제도개편 공론화위원회, 2018). 공론화 과정에서 제공된 다양한 전문가 의견과 실증 자료가 제시되었으며, 실제로 이러한 자료들이 숙의 과정에서 참여자들의 정책 이해를 높이는 결과로 이어졌으나(김학린, 2024), 시민 참여단의 선호는 이해관계나 가치에 따라 대립하는 구도를 이어갔다. 이러한 결과는 정책 이슈의 성격에 따라 전문가 참여의 효과성이 상이할 수 있으며, 이에 따라 그 참여의 방식과 수준을 차별화할 필요가 있음을 시사한다. Gastil, Reedy & Wells(2018)의 연구 역시 이러한 관점을 뒷받침한다. 이들은 미국의 여러 시민 참여 사례를 분석하면서, 기술적이고 전문적인 이슈(예: 도시 계획, 환경 규제 등)의 경우 전문가 참여가 숙의의 질을 높이는 데 크게 기여한 반면, 가치 갈등이 첨예한 이슈(예: 낙태, 동성결혼 등)에서는 전문가의 영향력이 제한적이었음을 보여 준다.

숙의 과정에서 전문가 역할과 시민 참여의 조화를 모색한 이상의 연구들은 전문가 참여의 제도화, 나아가 비다수주의 기관의 설계에 있어 중요한 함의를 제공한다. 특히 고도의 전문성이 요구되는 정책 영역에서 독립적인 전문가의 역할이 숙의의 질을 제고시키는 데 더욱 효과적이라는 시사점이 도출될 수 있다. 반면 가치 배분적 성격이 강한 정책 영역에서는 전문가의 역할을 정보 제공과 기술적 자문에 한정하고, 최종적인 의사결정은 보다 광범위한 시민 참여를 통해 이루어지도록 하는 것이 바람직할 수 있다.

결론적으로, 비다수주의 기관이 숙의의 촉진자로서 효과적으로 기능하기 위해서는 일련의 제도적 설계가 수반되어야 한다(Warren, Mansbridge & Bächtiger, 2013). 우선, 이러한 기관에 대해 정치적 독립성을 보장함으로써 전문적인 지식과 경험이 정책 결정에 미치는 영향력을 충분히 발휘할 수 있도록 해야 한다. 동시에 이러한 기관은 투명한 정보 제공과 공정한 시민 참여를 위한 체계를 갖추어야만 숙의 과정에서 다양한 사회적 그룹과 이해관계가 제대로 반영될 수 있다. 또한, 시민 패널과 전문가들 간의 상호 작용을 중재할 수 있는 적절한 구조와 절차가 마련되어야 하며, 이를 통해 숙의가 정책 결정에 실질적인 영향을 미칠 수 있도록 해야 한다. 아울러 비다수주의 기관의 전문성이 효과적으로 개입할 정책 영역을 설정하는 것도 중요하다. 정치적 가치 배분과 밀접하게 관련된 정책보다는 고도의 전문성이 요구되는 부문에 있어 전문적 지식은 시민의 판단을 돕고 결과적으로 정책의 질을 제고하는 데 더 큰 역할을 수행할 수 있다. 이러한 제도적 장치들이 함께 작동할 때, 비다수주의 기관은 단순히 정책 결정의 효율성을 높이는 것을 넘어 민주적 거버넌스의 질을 제고하며 그 정당성을 확보하는 데 중요한 역할을 수행할 수 있다.

Ⅳ │ 맺음말

본 장에서는 민주성과 전문성 간에 내재한 긴장 관계를 검토하면서, 숙의 과정에서 전문가가 어떠한 역할을 할 수 있는지와 더불어 이러한 긴장을 완화하는 하나의 제도적 해법으로서 비다수주의 기관의 기능에 대해 탐색해 보았다. 특히 전문가의 역할이 단순히 지식 전달에 국한되지 않고 숙의 과정의 전반에 걸쳐 다면적으로 작용할 수 있음을 보여 주면서, 전문성이 단순히 민주적 정당성을 훼손하는 것이 아니라, 숙의의 질을 높이고 시민 참여를 실질화하는 핵심 요소가 될 수 있음을 보이고자 하였다. 또한 전문가로 구성된 비다수주의 기관이 숙의 과정에서 효율성과 합리성을 확보하는 기회로 활용될 수 있다는 점과 동시에 선출되지 않은 권력이라는 점에서 민주적 결손의 문제가 있음을 검토하였다. 비다수주의 기관은 전문성과 독립성을 바탕으로 '현명한 결정'에 기여할 수 있으나, 대의성과 문책성을 약화시킬 위험도 함께 내포한다는 것이다(Follesdal & Hix, 2006; Vibert, 2007). 이와 같은 긴장 관계를 풀기 위한 실마리로 숙의 민주주의 관련 선행 이론 및 공론 조사와 시민배심원제도의 사례를 검토하였다.

먼저 민주적 거버넌스에서 전문가의 역할에 대해 탐색한 주요 이론들을 살펴보면서, 숙의 과정에서 이들의 역할을 어떻게 설정할 수 있는지를 알아보았다. 결론적으로 정책 과정에서 전문가들의 역할은 시민 간 상호 작용의 방식에 따라 대표성과 숙의성, 그리고 전문성과 민주성의 조합에 따라 구분될 수 있다. 전문성과 대표성이 만나는 공론장에서, 전문가의 역할은 문제의 성격과 이해관계의 복잡성, 그리고 제도 설계에 따라 혼재되거나 전환될 수 있다. 즉, 전문가는 어느 시점에서 정보 제공자가 되기도 하고, 시민과 함께 지식을 재구성하거나 토론을 주도할 수도 있다. 이러한 역할 구분은 숙의 과정 설계에 있어서 핵심적인 고려 사항이 된다. 전문가 역할의 이러한 다면성은 비선출 권력에 대한 민주적 정당성 확보가 중요한 현대 거버넌스 환경에서, 이들이 지식의 번역가이자 공동생산자, 조력자, 혹은 공론의 촉진자로 기능할 수 있음을 보이면서, 과학기술학과 숙의 민주주의 논의를 접목하는 이론적 가교를 제시한다. 한편 이들의 역할은 민주적 통제와 전문적 권위 사이에서 유연하게 조정될 수 있다. 고도의 전문성이 요구되는 영역에서는 복잡한 지식을 효과적으로 전달하는 번역가와 숙의 촉진자의 역할이 강조될 수 있다. 이 경우 비다수주의 기관은 복잡한 정책 내용을 시민들이 이해할 수 있는 형태로 전환하고, 이를 바탕으로 한 시민 토론을 지원하는 데 주력할 수 있다. 신고리 원전 공론화 사례는 기술적 이슈에 대해 전문가들이 제공하는 객관적 데이터가 시민들의 정책 선호 변화에 유의미한 변화를 야기하고 합의를 도출하는 과정을 명확하게 보여 준다. 이는 Collins & Evans(2007)

가 언급한 상호 작용적 전문성 개념과도 맥을 같이 하면서, 전문 지식을 시민들이 이해할 수 있는 언어로 번역하는 독립 전문가와 관련 기구(혹은 제도)의 중요성을 드러낸다. 반면, 명확한 합의에 이르지 못한 대입 제도 공론화 사례와 같이 가치 배분과 결부된 문제나 정파적 이슈에서는 비다수주의 기관이 지식의 공동생산자나 겸손한 조력자로서 그 역할을 더 크게 부여받을 수 있다(김학린·전형준·황수경, 2020). Gastil, Reedy & Wells(2018)는 재생에너지 확대 문제와 같이 가치 갈등이 첨예한 이슈일수록 전문가들이 일방적 정보 제공자가 아니라 시민들과의 공동 학습자의 역할을 수행할 때, 시민들의 정책 이해도가 증진되고 합의 도출 가능성이 높아지며, 정책 결정에 대한 시민들의 수용도 역시 향상된다는 점을 보여 준다. 이는 앞서 Wynne(1996)이 컴브리아 사례를 통해 보여 준 시민 과학의 중요성과도 맥을 같이 한다. 그가 지적했듯이, 전문가들이 자신들의 지식의 한계를 인정하고 지역 주민들의 실천적 경험을 존중할 때 더 효과적인 정책 대안이 도출될 수 있는 것이다. Warren, Mansbridge & Bächtiger(2013)도 이러한 맥락에서 전문가와 시민 간의 상호 학습이 정책에 대한 신뢰의 제고와 연결되며 민주적 정당성뿐만 아니라 그 실효성도 높일 수 있다고 주장한다.

전문성을 바탕으로 한 비다수주의 기관이 숙의 과정에 제공하는 이러한 기회에도 불구하고, 현대 민주주의가 직면한 도전들—시민의 참여 요구 증대, 정책의 복잡성 심화, 전문성에 대한 불신 등—은 비다수주의 기관의 역할 확대가 필연적으로 민주적 결손(democratic deficit)으로 이어질 것이라는 위기를 상기시킨다(Follesdal & Hix, 2006). 전문가 주도의 일방적 의사결정은 정책의 민주적 정당성을 약화시킨다(Vibert, 2007). 또한 전문가 판단의 가치중립성이나 객관성에 대한 의문(Jasanoff, 2005)이나, 시민과의 상호 작용 부재는 정책 신뢰를 낮춘다(Warren, Mansbridge & Bächtiger, 2013). 전문성에 기반한 권위가 실질적 효과를 발휘하기 위해서는 시민들의 신뢰가 필수적인데, 현실의 비다수주의 기관은 종종 자신들의 결정을 시민들에게 충분히 설명하거나 이해시키는 데 실패함으로써 정책의 수용성을 낮추는 결과를 초래할 수 있다. 따라서 전문 지식과 충분한 정보를 바탕으로 정책 이슈에 대한 시민들의 오해를 극복하고 판단을 수정하며, 합의를 도출해 나아가는 비다수주의 기관의 순기능을 극대화하기 위해서는(Nyhan & Reifler, 2019), 이들 기관의 독립성과 문책성, 그리고 투명한 절차가 균형을 이루어야 한다. Vibert(2007)는 비다수주의 기관의 문책성을 수직적 문책성과 수평적 문책성으로 구분하면서, 전자가 의회나 행정부에 대한 책임을, 후자가 시민 사회에 대한 책임을 의미한다고 설명한다. 특히 시민에 대한 수평적 문책성은 비다수주의 기관의 의사 결정 과정을 투명하게 공개하고, 정기적으로 그 성과를 보고하며, 시민들의 의견 수렴 절차를 제도화함으로써 확보될 수 있다. Warren, Mansbridge & Bächtiger(2013)가 제시한 구성된 독립성(constructed independence) 개념 또한 독립성과 문책성의 조화가 제도적 설계를 통해 달성될 수 있음을 시사한다. 무작위로 선발된 시민들이 균형 있는 정보와 전문가 설명을 접하고, 숙의 과정을 통해 자신의 입장을 심화하거나 변화시켜 가는 공론 조사는, 민주주의의 대표성과 전문성을 상호 보완적으로 결합하는 하나의 가능성이다. 다만 정책의 성격과 유형에 따라 공론 조사가 어느 수준까지 적용될 수 있는지는 여전히 논의가 필요한 과제이다. 이러한 맥락에서 시민배심원제도는 또 다른 가능성을 보여 준다. 소규모 시민 패널이 전문가들과 긴밀한 상호 작용을 통해 정책을 심의하는 이 제도는, 대표성은 다소 제한되지만 숙의의 질을 높일 수 있다는 장점을 지닌다. 특히 시민들이 직접 자문 전문가를 선정하고 추가 정보를 요청할 수 있는 권한은 전문가-시민

관계의 새로운 모델을 제시한다. 나아가 이러한 제도적 장치들은 상설화될 필요가 있다. 공론화 사례는 전문가-시민 간 소통의 가능성을 보여 준 성공적 사례로 평가받음에도 불구하고 한시적 기구였다는 점에서 한계가 지적될 수 있지만(이호용, 2013), 오리건 주의 시민배심원 제도는 시민 참여를 상설 제도화함으로써 전문가와 시민 간의 지속적인 상호 작용을 가능케 했다.

참여를 통한 민주성의 제고, 아울러 전문 기관을 통한 숙의의 질적 심화라는 이러한 두 가지 목표는 민주 제도의 설계 과정에서 오래된 역사적 논쟁을 상기시킨다. 즉, 민주주의의 설계에 있어서 시민 주권과 엘리트주의를 강조했던 제퍼슨과 해밀턴의 입장, 그리고 양자의 균형을 모색했던 매디슨의 철학은 결과적으로 비다수주의 기관을 통한 민주적 거버넌스 심화 논의와도 맥이 닿아있다. 구체적으로 매디슨은 대중 교육을 통해 모든 시민이 스스로를 대표할 수 있다고 믿은 제퍼슨에 맞서 다원주의를 표방했고, 다른 한편으로는 강력하고 유능한 엘리트 중심의 통치를 강조했던 해밀턴을 경계하며 민주적 대표성은 궁극적으로 시민으로부터 기인한다는 사실을 강조했다. 충분히 민주적이면서도 동시에 다원화되어 각각의 영역을 대표할 수 있는 잘 훈련되고 유능한 엘리트 중심의 질서를 꿈꿨다는 점에서 현 대의 제도의 모태가 된 매디슨의 이러한 입장은, 독립적인 전문 기구를 통해 전문성과 민주성의 조화를 모색하는 비다수주의 기관의 역할 확대 논의에도 시사점을 제공한다.

이러한 논의에도 불구하고 연구의 한계를 언급할 필요가 있다. 우선, 정책 과정 단계—즉 의제 설정(agenda-setting), 정보 수집 및 토론 진행(deliberation), 최종 결과의 정책 반영—에 따라 전문가의 역할이 어떻게 다를 수 있는지 세부적으로 구분하여 비교하지 못하였다. 숙의 과정에서 전문가는 정책 단계에 따라 의제를 제시하거나, 지식을 제공하거나, 토론을 촉진하거나, 이해관계를 조정하는 등 다양한 지위를 오가며 역할을 수행할 수 있지만, 여기서는 기존의 큰 담론에 따라 몇 가지 역할로 간략화하고 논의하였다. 이는 공론 조사를 비롯한 여러 숙의 과정에 대한 기초 자료가 누적됨에 따라 보다 실증적 차원에서의 연구가 수행될 필요성을 보여 준다. 또한, 전문가의 역할 설정만으로는 전문성과 민주성의 조화가 자동적으로 달성되는 것은 아니다. 전문 지식이 고도로 세분화되어 접근하기 어렵고, 전문가 집단이 폐쇄적으로 운영된다면, 이들의 결정 과정은 일반 시민들뿐만 아니라 여타 분야의 전문가들조차 이해하기 어려워진다. 이는 전문가 권위에 대한 민주적 통제를 어렵게 만들어 결과적으로 전문가에 의한 지배로 귀결될 위험을 항상 내포한다(Fischer, 2009). 이러한 상황에서 무엇보다 중요한 것은 전문가 사이의 수평적, 교차적 검증의 활성화이며, 공론 과정의 제도적 투명성 보장이다. 정책 과정에 참여하는 전문가 풀을 다양화하고, 이들 간의 정기적인 토론과 논쟁을 제도화하며, 다양한 가치와 관점을 포용하는 성찰적 전문성의 함양이 필수적이다(Schön, 1979).

그럼에도 불구하고, 전문가와 시민 간의 관계를 새롭게 정립하려는 이상의 논의들은 현대 민주적 거버넌스가 직면한 도전—전문성과 민주성의 조화—에 대한 하나의 실천적 해법으로서 비다수주의 기관의 제도적 설계에 대해 시사점을 제공한다. 독립적인 비다수주의 기관은 정보 제공에 있어서 새로운 인센티브 구조를 창출하면서, 시민들이 보다 신뢰할 수 있는 정보에 접근하고 자율적 판단 능력을 향상시키는 데 기여할 수 있다. 시민들의 정책 판단 역량을 높이고 전문가-시민 간 신뢰를 구축하는 플랫폼으로서 비다수주의 기관은 민주적 거버넌스의 질적 제고에 기여하는 주요한 제도적 도구로 고려될 수 있는 것이다.

참고문헌

고민수. 2005. "독립 행정위원회의 헌법적 정당성: 방송위원회의 법적 지위의 체계 정당성을 중심으로.",《한국행정학회 추계학술대회 발표논문집》, 27-38.

국민권익위원회. 2008a.《국민권익백서》.

국민권익위원회. 2008b.《부패방지백서》.

국회 정무위원회. 2008.《국민권익위원회의 설치 및 운영에 관한 법률안 심사보고서》. 서울: 국회사무처.

김기동·이재묵. 2021. "한국 유권자의 당파적 정체성과 정서적 양극화."《한국정치학회보》, 55(2): 57-87.

김난영·김민정. 2024. "최고감사기구 의사결정구조의 유형화와 감사원칙."《행정논총》, 62(3): 75-110.

김두래. 2020. "행정기구의 전문적 독립성과 민주적 책임성의 균형: 합의제 규제기관을 중심으로." 조인영·김두래·김정·박종민·배진석·윤견수·이병량. ≪국가의 민주적 질 제고를 위한 개혁≫, 249-320. 서울: 국회미래연구원.

김병관·방동희. 2023. "국민권익위원회 조직개편과 기능강화 방안 연구."《한국부패학회보》, 28(4): 31-62.

김성수. 2017. "행정조직법상 거버넌스와 민주적 정당성, 행정의 책임성: 국가물관리위원회 제도설계를 중심으로."《법학연구》, 58(2): 1-29.

김성태. 2008. "방송, 통신 융합에 따른 추진체계 수립방향에 대한 연구."《한국정책학회보》, 17(1): 81-110.

김소연. 2013a.《독립행정기관에 관한 헌법학적 연구: 프랑스의 독립행정청을 중심으로》. 서울대학교 대학원 박사학위논문.

김소연. 2013b. "프랑스 개정헌법상 권리보호관(Défenseur des droits)에 관한 연구."《헌법학연구》, 19(1): 487-522.

김소연. 2013c. "독립행정기관의 헌법적 체계화에 관한 연구-중앙행정기
　　관으로서의 독립위원회를 중심으로."《법조》, 62(9): 5-52.

김영재. 2019. "과학기술인력의 사회참여인식에 영향을 미치는 요인에 관
　　한 연구: 미국 나노과학자 사례를 중심으로."《한국인사행정학회보》,
　　18(4): 33-53.

김용복. 2006. "권력구조 개혁과 정치 리더십: 일본의 수상공선제론에 대
　　한 비판적 연구."《사회과학연구》, 14(1): 214-246.

김정인. 2018. "정책결정 과정에서의 공론화 적용 가능성에 관한 연구: 공
　　론조사의 국가적 특수성, 대표성과 집합적 합리성을 중심으로."《정부
　　학연구》, 24(1): 343-375.

김정희. 2021. "지방정부의 숙의형 시민포럼 사례 비교연구: 포럼 안과 밖
　　의 상호작용을 중심으로."《NGO연구》, 16(1): 121-162.

김춘석. 2024. "우리나라 공론화 특성과 발전방안 모색."《제18회
　　KOSSDA 데이터 페어, 서울》.

김태은. 2010. "기술융합하에서 규제조직 변화요인에 관한 연구: 방송·통
　　신 융합 사례를 중심으로."《한국행정연구》, 18(4): 59-90.

김학린. 2024. "공론화 조사의 숙의 조건과 효과."《제18회 KOSSDA 데
　　이터 페어, 서울》.

김학린·전형준·황수경. 2020. "공론화의 숙의 효과에 대한 실증분석:
　　2022 학년도 대입제도개편 공론화 경험을 중심으로."《정책분석평가
　　학회보》, 30(2): 67-93.

김희경. 2009.《정부규제기구 변화의 정치: 정치행위자의 영향을 중심으
　　로》. 성균관대학교 국정관리대학원 박사학위논문.

노한동. 2024.《나라를 위해서 일한다는 거짓말: 한국 공직사회는 왜 그
　　토록 무능해졌는가》. 서울: 사이드웨이.

대입제도개편공론화위원회. 2018.《2022학년도 대입제도 개편 공론화

백서》.

박상인. 2011.《바람직한 방송통신 정책 주관 정부조직에 관한 연구》. 이용경 의원실 제출 보고서.

박석희·정진우. 2004. "합의제 행정기관 현황분석과 유형분류에 관한 연구."《행정논총》, 42(4): 163-187.

박종민. 2018. "민주주의에 대한 시민들의 태도: 변화와 지속." 박종민·마인섭.《한국 민주주의의 질: 민주화 이후 30년》, 351-387. 서울: 박영사.

박종민. 2022. "여론의 법정에서 본 헌법재판소와 대법원." 박종민·김다은·김정·박지광·배진석·이황희·최선·최유경.《한국의 민주주의와 법의 지배》, 271-312. 서울: 박영사.

박종민. 2024. "당파적 양극화와 과학의 정치화."《정부학연구》, 30(3): 3-32.

박종민·김지성·김현정. 2022. "공무원제도 비교연구: 이론, 개념 및 증거."《정부학연구》, 28(3): 39-66.

박진우. 2023. "중앙선거관리위원회에 대하여 최근 제기되는 문제점 분석과 개선방안에 관한 연구-정치적 편향성 논란과 감사원 직무감찰대상 문제를 중심으로."《가천법학》, 16(3): 3-38.

방송통신융합추진위원회. 2008.《방송통신융합 추진 백서》. 국무조정실.

배진석. 2022. "위기결집효과의 소멸과 당파성 정치의 복원: 코로나19 장기화의 정치적 영향."《정부학연구》, 28(1): 31-64.

서보국·이상경·윤혜선·한동훈·홍종현. 2012.《독립행정기관의 설치·관리에 관한 연구》. 한국법제연구원: 현안분석.

서승환. 2014.《합의제 독립규제기관의 민주적 정당성에 관한 연구-금융규제기관을 중심으로》. 서울대학교 대학원 박사학위논문.

성낙인. 2013. "21세기 바람직한 정부조직과 정부조직법."《법제연구》, 44: 241-281.

송영주. 2023. "방송 규제기관의 독립성과 책무성: 프랑스, 이탈리아, 스 페인 규제기관에 대한 비교연구."《한국방송학보》, 37(6): 157-196.

신고리 5·6호기 공론화위원회. 2018.《숙의와 경청, 그 여정의 기록: 신고리 5·6호기 공론화 백서》.

신현석. 2022. "사법적 판단과 구별되는 국가인권위원회 결정의 독자성 고찰."《인권과 정의》, 510: 89-108.

신현석. 2024. "국가인권위원회 독립성의 규범적 의의."《법제》, 704: 13-46.

심동철. 2023. "독립행정기관에 대한 연구: 독립성과 절차적 공정성, 전문 성을 중심으로."《정부학연구》, 29(1): 63-104.

안문석. 2017. "IPTV 탄생의 주역 '방송통신융합추진위원회' 이야기."《지 역정보화》, 104: 50-53.

안정민. 2008. "미국 연방통신위원회(Federal Communications Commission)의 설립과 운용과정: 독립규제기관의 성격과 그 통제 수단을 중심으로." 《언론과 법》, 7(1): 269-308.

알렉산더 해밀턴·제임스 매디슨·존 제이. 2019.《페더럴리스트》. 박찬 표 역. 서울: 후마니타스.

오준근. 2017. "국민권익위원회 개편 방안에 관한 입법정책적 고찰."《경 희법학》, 52(1): 3-29.

왕영민. 2023. "우리나라 정부부문 부패실태에 대한 인식조사."《한국행 정연구원》.

유제민. 2019.《독립규제위원회의 판단에 대한 사법심사 기준 및 강도에 관한 연구》. 서울대학교 대학원 박사학위논문.

유진식. 2009. "헌법개정과 독립위원회의 법적 지위."《공법연구》, 38(2): 205-220.

윤견수. 2021. "고위공직자의 책무성: 정치적 중립에서 정치적 신중함으 로."《한국행정연구》, 30(1): 1-24.

윤석민. 2008. "2008년 초 정권교체 시점의 방송통신 정책기구 개편을 둘러싼 논의의 혼선과 쟁점들."《언론정보연구》, 45(1): 29-66.

윤수정. 2023. "국민권익위원회의 독립성과 정치적 중립성."《유럽헌법연구》, 43: 143-174.

은재호. 2022.《공론화의 이론과 실제: 건강한 공론 형성과 진단을 위한 길라잡이》. 서울: 박영사.

이강원·김학린. 2020.《한국 사회 공론화 사례와 쟁점: 한국형 공론화 모델의 탐색》. 서울: 박영사.

이내영. 2022. "한국 유권자의 정서적 양극화: 주요 원인과 비정치적 효과."《아세아연구》, 65(4): 5-36.

이성엽. 2014. "우리 행정조직법상 합의제 규제기관의 현황과 개선방향."《행정법학》, 6: 33-65.

이연호·임유진·정석규. 2002. "한국에서 규제국가의 등장과 정부-기업 관계."《한국정치학회보》, 36(3): 199-222.

이영희 2021.《전문가주의를 넘어: 과학기술, 환경, 민주주의》. 경기: 한울아카데미.

이원우. 2009. "행정조직의 구성 및 운영절차에 관한 법원리: 방송통신위원회의 조직성격에 따른 운영 및 집행절차의 쟁점을 중심으로."《경제규제와 법》, 2(2): 96-119.

이장희. 2018. "민주주의의 의미와 본질에 대한 고찰: 대의민주주의와 참여민주주의-심의민주주의의 관계를 중심으로."《헌법논총》, 29: 447-492.

이재형. 2004.《국가통계시스템 발전방향》. 서울: KDI 한국개발연구원.

이준일. 2024. "국가인권위원회의 구성과 운영 및 인권위원의 자격."《인권연구》, 7(1): 53-95.

이현수. 2013. "합의제 중앙행정관청의 조직법적 쟁점─민주적 책임성의 관점에서─."《공법연구》, 41(3): 51-80.

이호용. 2013. "공공갈등 해결을 위한 국가공론위원회법 제정에 관한 연구." 《법과정책연구》, 13(2): 705-737.

이환경. 2023. "미국 정부의 독립규제위원회에 관한 연구." 《강원법학》, 73: 83-106.

우미형. 2018. "행정의 전문성의 함의: 독일의 논의를 중심으로." 《행정법연구》, 52: 35-56.

장승진 · 장한일. 2020. "당파적 양극화의 비정치적 효과." 《한국정치학회보》, 54(5): 153-175.

전치형. 2019. 《사람의 자리: 과학의 마음에 닿다》. 서울: 이음.

정인경. 2015. "과학 거버넌스와 과학 시민권: 이론적 검토." 《한국정치연구》, 24(2): 335-361.

조소영. 2009. "독립규제위원회의 전문성 제고를 위한 시스템에 관한 연구: 방송통신위원회의 기능과 역할을 중심으로." 《공법학연구》, 10(1): 475-500.

조인영. 2023. "전문행정기관의 전문성과 자율성 강화를 위한 제언: 질병관리청을 중심으로." 《정부학연구》, 29(1): 29-62.

조일수. 2020. "대의 민주주의와 참여 민주주의의 특징 및 한계 비교 연구." 《한국교육논총》, 41(3): 23-50.

주효진 · 박석희. 2005. "유비쿼터스시대의 방송과 통신관련 정부조직 개편방안." 《행정논총》, 43(4): 155-179.

지속가능발전위원회. 2004. 《갈등관리시스템 구축방안 연구보고서》.

최병선. 2006. 《정부규제론》. 경기: 법문사.

최용전. 2019. "국민권익위원회의 법적 지위와 조직법적 과제." 《부패방지법연구》, 2(2): 47-62.

최진욱. 2012. "부패와 국민의 권익 그리고 제도적 대응: 국민권익위원회를 중심으로." 《한국부패학회보》, 17(3): 1-22.

최진욱. 2014. "미국 독립규제위원회 제도의 위상과 시사점." 《행정법학》,

6: 7-34.

허진성. 2023. "방송통신위원회의 독립성과 중립성에 관한 연구." 《유럽헌법연구》, 42: 1-26.

허진성. 2024. "국민권익위원회의 역할과 구성에 관한 연구-독립행정기관으로서의 위상을 중심으로." 《공법연구》, 53(2): 131-156.

홍성욱. 2016. 《홍성욱의 STS, 과학을 경청하다》. 서울: 동아시아.

홍준형. 2001. "금융행정의 법적 구조와 개혁방향." 《공법연구》, 29(2): 107-131.

황근. 2000. "독립규제기구로서 방송위원회의 구조적 특성에 관한 평가연구." 《사이버커뮤니케이션학보》, 6: 264-298.

황근. 2008. "방송통신위원회의 구조와 역할에 대한 평가 연구." 《미디어 경제와 문화》, 6(3): 169-209.

황의관. 2014. "미국의 독립규제행정청 개념 및 법적위상에 관한 연구." 《토지공법연구》, 65: 255-292.

황창근. 2024. "방송통신위원회의 이중적 성격-독립행정위원회와 중앙행정기관 사이에서." 《공법연구》, 53(2): 157-184.

Achen, Christopher H., & Larry M. Bartels. 2017. *Democracy for Realists: Why Elections Do Not Produce Responsive Government*. Princeton, NJ: Princeton University Press.

Ackerman, Bruce. 2000. "The New Separation of Powers." *Harvard Law Review*, 113(3): 633-729.

Arendt, Hannah. 1958. *The Human Condition*. Chicago, IL: University of Chicago Press.

Ayres, Ian, & John Braithwaite. 1992. *Responsive Regulation: Transcending the Deregulation Debate*. New York, NY: Oxford University Press.

Bail, Christopher A., Lisa P. Argyle, Tayor W. Brown, John P. Bumpus,

Haohan Chen, M. B. Fallin Hunzaker, Jaemin Lee, Marcus Mann, Friedolin Merhout, & Alexander Volfovsky. 2018. "Exposure to Opposing Views on Social Media can Increase Political Polarization." *Proceedings of the National Academy of Sciences*, 115(37): 9216-9221.

Baldwin, Robert, Martin Cave, & Martin Lodge. 2012. *Understanding Regulation: Theory, Strategy, and Practice* (2nd ed). New York, NY: Oxford University Press.

Barabas, Jason. 2004. "How Deliberation Affects Policy Opinions." American Political Science Review, 98(4): 687-701.

Bauer, Michael W. 2024. "Administrative Response to Democratic Backsliding: When Is Bureaucratic Resistance Justified?." *Regulation & Governance*, 18(4): 1104-1117.

Bauer, Michael W., Guy B. Peters, Jon Pierre, Kutsal Yesilkagit, & Stefan Becker. 2021. *Democratic Backsliding and Public Administration: How Populists in Government Transform State Bureaucracies*. Cambridge, UK: Cambridge University Press.

Beazer, Quintin H. 2012. "Bureaucratic Discretion, Business Investment, and Uncertainty." *The Journal of Politics*, 74(3): 637-652.

Bednar, Nicholas Ryan. 2024. "Bureaucratic Autonomy and the Policymaking Capacity of United States Agencies, 1998-2021." *Political Science Research and Methods*, 12(3): 652-665.

Bendor, Jonathan, & Adam Meirowitz. 2004. "Spatial Models of Delegation." *American Political Science Review*, 98(2): 293-310.

Bersch, Katherine, & Francis Fukuyama. 2023. "Defining Bureaucratic Autonomy." *Annual Review of Political Science*, 26(1): 213-232.

Bertelli, Anthony M. 2021. *Democracy Administered: How Public*

Administration Shapes Representative Government. Cambridge, UK: Cambridge University Press.

Bertelli, Anthony M., & Christian R. Grose. 2011. "The Lengthened Shadow of Another Institution? Ideal Point Estimates for the Executive Branch and Congress." *American Journal of Political Science*, 55(4): 767-781.

Bertelli, Anthony M., & Madalina Busuioc. 2021. "Reputation-Sourced Authority and the Prospect of Unchecked Bureaucratic Power." *Public Administration Review*, 81(1): 38-48.

Bertelli, Anthony, & Sven E. Feldmann. 2007. "Strategic Appointments." *Journal of Public Administration Research and Theory*, 17(1): 19-38.

Bevir, Mark. 2010. *Democratic Governance.* Princeton, NJ: Princeton University Press.

Bickel, Alexander M. 1962. *The Least Dangerous Branch: The Supreme Court at the Bar of Politics.* Indianapolis, IN: Bobbs Merill.

Blinder, Alan S. 1999. *Central Banking in Theory and Practice.* Cambridge, MA: MIT Press.

Bol, Damien, Marco Giani, André Blais, & Peter John Loewen. 2021. "The Effect of COVID-19 Lockdowns on Political Support: Some Good News for Democracy?." *European Journal of Political Research*, 60(2): 497-505.

Bonica, Adam, Jowei Chen, & Tim Johnson. 2015. "Senate Gate-Keeping, Presidential Staffing of "Inferior Offices," and the Ideological Composition of Appointments to the Public Bureaucracy." *Quarterly Journal of Political Science*, 10(1): 5-40.

Bouckaert, Geert. 2012. "Trust and Public Administration." *Administration*, 60(1): 91-115.

Bovens, Mark. 2007. "Analysing and Assessing Accountability: A Conceptual Framework 1." *European Law Journal*, 13(4): 447-468.

Bovens, Mark. 2010. "Two Concepts of Accountability: Accountability as a Virtue and as a Mechanism." *West European Politics*, 33(5): 946-967.

Bovens, Mark, & Thomas Schillemans. 2020. "Non-Majoritarian Institutions and Representation." In Robert Rohrschneider, & Jacques Thomassen (eds). *The Oxford Handbook of Political Representation in Liberal Democracies*. Oxford, UK: Oxford University Press.

Boyne, George A., Kenneth J. Meier, Laurence J. O'Toole Jr, & Richard M. Walker. 2006. *Public Service Performance: Perspectives on Measurement and Management*. Cambridge, UK: Cambridge University Press.

Brennan, Jason. 2016. *Against Democracy*. Princeton, NJ: Princeton University Press.

Burt, Ronald S. 2004. "Structural Holes and Good Ideas." *American Journal of Sociology*, 110(2): 349-399.

Busuioc, Madalina, & Martin Lodge. 2017. "Reputation and Accountability Relationships: Managing Accountability Expectations through Reputation." *Public Administration Review*, 77(1): 91-100.

Cairney, Paul. 2016. *The Politics of Evidence-Based Policy Making*. Cham, Switzerland: Springer.

Callander, Steven, & Keith Krehbiel. 2014. "Gridlock and Delegation in a Changing World." *American Journal of Political Science*, 58(4): 819-834.

Canes-Wrone, Brandice, Michael C. Herron, & Kenneth W. Shotts. 2001. "Leadership and Pandering: A Theory of Executive Policymaking."

American Journal of Political Science, 45(3): 532-550.

Caplan, Bryan. 2008. *The Myth of the Rational Voter: Why Democracies Choose Bad Policies*. Princeton, NJ: Princeton University Press.

Carpenter, Daniel. 2002. *The Forging of Bureaucratic Autonomy: Reputations, Networks, and Policy Innovation in Executive Agencies, 1862-1928*. Princeton, NJ: Princeton University Press.

Carpenter, Daniel. 2010. *Reputation and Power: Organizational Image and Pharmaceutical Regulation at the FDA*. Princeton, NJ: Princeton University Press.

Carpenter, Daniel. 2014. *Reputation and Power: Organizational Image and Pharmaceutical Regulation at the FDA*. Princeton, NJ: Princeton University Press.

Carpenter, Daniel, & David A. Moss. 2013. *Preventing Regulatory Capture: Special Interest Influence and How to Limit It*. Cambridge, UK: Cambridge University Press.

Carpenter, Daniel, & George A. Krause. 2015. "Transactional Authority and Bureaucratic Politics." *Journal of Public Administration Research and Theory*, 25(1): 5-25.

Cash, David. W., William C. Clark, Frank Alcock, Nancy M. Dickson, Noelle Eckley, David H. Guston, Jill Jäger, & Ronald B. Mitchell. 2003. "Knowledge Systems for Sustainable Development." *Proceedings of the National Academy of Sciences*, 100(14): 8086-8091.

Chen, Jowei, & Tim Johnson. 2015. "Federal Employee Unionization and Presidential Control of the Bureaucracy: Estimating and Explaining Ideological Change in Executive Agencies." *Journal of Theoretical Politics*, 27(1): 151-174.

Christensen, Johan. 2024. "When Bureaucratic Expertise Comes under

Attack." *Public Administration*, 102(1): 79-94.

Christensen, Tom, & Per Lægreid. 2007. "The Whole-of-Government Approach to Public Sector Reform." *Public Administration Review*, 67(6): 1059-1066.

Citrin, Jack, & Laura Stoker. 2018. "Political Trust in a Cynical Age." *Annual Review of Political Science*, 21(1): 49-70.

Clinton, Joshua D., Anthony Bertelli, Christian R. Grose, David E. Lewis, & David C. Nixon. 2012. "Separated Powers in the United States: The Ideology of Agencies, Presidents, and Congress." *American Journal of Political Science*, 56(2): 341-354.

Collins, Harry, & Robert Evans. 2007. *Rethinking Expertise*. Chicago, IL: University of Chicago Press.

Collins, Harry, & Robert Evans. 2017. *Why Democracies Need Science*. Cambridge, UK: Polity Press.

Crawford, Vincent P., & Joel Sobel. 1982. "Strategic Information Transmission." *Econometrica: Journal of the Econometric Society*, 50(6): 1431-1451.

CRS(U.S. Congressional Research Service). 2025. *Fundamental Responsibilities of Recognized Statistical Agencies and Units, The Trust Regulation*. Washington D.C.: Library of Congress.

Dahl, Robert A. 1989. *Democracy and Its Critics*. New Haven, CT: Yale University Press.

Dal Bó, Ernesto. 2006. "Regulatory Capture: A Review." *Oxford Review of Economic Policy*, 22(2): 203-225.

Dal Bó, Pedro, Andrew Foster, & Louis Putterman. 2010. "Institutions and Behavior: Experimental Evidence on the Effects of Democracy." *American Economic Review*, 100(5): 2205-2229.

Diamond, Larry. 2022. "Democracy's Arc: From Resurgent to Imperiled." *Journal of Democracy*, 33(1): 163-179.

Doig, Alan. 1995. "Good Government and Sustainable Anti-Corruption Strategies: A Role for Independent Anti-Corruption Agencies?." *Public Administration and Development*, 15(2): 151-165.

Doig, Alan, & Daivd Norris. 2012. "Improving Anti-Corruption Agencies as Organisations." *Journal of Financial Crime*, 19(3): 255-273.

Douglas, Heather. 2021. *The Rightful Place of Science: Science, Values, and Democracy*. Phoenix, AZ: Consortium for Science, Policy & Outcomes.

Downs, Anthony. 1967. *Inside Bureaucracy*. Boston, MA: Little, Brown and Company.

Dryzek, John S. 2002. *Deliberative Democracy and Beyond*. Oxford, UK: Oxford University Press.

Edwards, Geoff, & Leonard Waverman. 2006. "The Effects of Public Ownership and Regulatory Independence on Regulatory Outcomes: A Study of Interconnect Rates in EU Telecommunications." *Journal of Regulatory Economics*, 29: 23-67.

Egeberg, Morten, & Jarle Trondal. 2009. "Political Leadership and Bureaucratic Autonomy: Effects of Agencification." *Governance*, 22(4): 673-688.

Epstein, David, & Sharyn O'Halloran. 1994. "Administrative Procedures, Information, and Agency Discretion." *American Journal of Political Science,* 38(3): 697-722.

Epstein, David, & Sharyn O'Halloran. 1999. *Delegating Powers: A Transaction Cost Politics Approach to Policy Making under Separate Powers*. New York, NY: Cambridge University Press.

European Commission. 2011. Code of Practice. Eurostat.

Evans, Peter B. 1995. *Embedded Autonomy: States and Industrial Transformation*. Princeton, NJ: Princeton University Press.

Evans, Peter, & James E. Rauch. 1999. "Bureaucracy and Growth: A Cross-National Analysis of the Effects of "Weberian" State Structures on Economic Growth." *American Sociological Review*, 64(5): 748-765.

Fernández-i-Marín, Xabier, Jacint Jordana, & Adrea C. Bianculli. 2015. "Varieties of Accountability Mechanisms in Regulatory Agencies." In Andrea C. Bianculli, Xabier Fernández-i-Marín, & Jacint Jordana (eds). *Accountability and Regulatory Governance*. London, UK: Palgrave Macmillan.

Fischer, Frank. 2009. *Democracy and Expertise: Reorienting Policy Inquiry*. Oxford, UK: Oxford University Press.

Fishkin, James S. 1991. *Democracy and Deliberation: New Directions for Democratic Reform*. New Haven, CT: Yale University Press.

Fishkin, James. S. 2009. *When the People Speak: Deliberative Democracy and Public Consultation*. Oxford, UK: Oxford University Press.

Fishkin, James S. 2011. *When the People Speak: Deliberative Democracy and Public Consultation*, Reprint Edition. Oxford, UK: Oxford University Press.

Fjørtoft, Trym Nohr. 2024. "Inductive Risk and the Legitimacy of Non-Majoritarian Institutions." *British Journal of Political Science*, 54(2): 389-404.

Follesdal, Andreas, & Simon Hix. 2006. "Why There Is a Democratic Deficit in the EU: A Response to Majone and Moravcsik." *JCMS: Journal of Common Market Studies*, 44(3): 533-562.

Fukuyama, Francis. 2013. "What Is Governance?." *Governance*, 26(3): 347-368.

Fung, Archon. 2006. "Varieties of Participation in Complex Governance." *Public Administration Review*, 66: 66-75.

Gailmard, Sean, & John W. Patty. 2007. "Slackers and Zealots: Civil Service, Policy Discretion, and Bureaucratic Expertise." *American Journal of Political Science*, 51(4): 873-889.

Gailmard, Sean, & John W. Patty. 2012a. "Formal Models of Bureaucracy." *Annual Review of Political Science*, 15(1): 353-377.

Gailmard, Sean, & John W. Patty. 2012b. *Learning While Governing: Information, Accountability, and Executive Branch Institutions*. Chicago, IL: University of Chicago Press.

Gailmard, Sean. 2002. "Expertise, Subversion, and Bureaucratic Discretion." *Journal of Law, Economics, and Organization*, 18(2): 536-555.

Gastil, John, Justin Reedy, & Chris Wells. 2018. "Knowledge Distortion in Direct Democracy: A Longitudinal Study of Biased Empirical Beliefs on Statewide Ballot Measures." *International Journal of Public Opinion Research*, 30(4): 540-560.

Gieryn, Thomas F. 1999. *Cultural Boundaries of Science: Credibility on the Line*. Chicago, IL: University of Chicago Press.

Gilardi, Fabrizio. 2002. "Policy Credibility and Delegation to Independent Regulatory Agencies: A Comparative Empirical Analysis." *Journal of European Public Policy*, 9(6): 873-893.

Gilardi, Fabrizio, & Martino Maggetti. 2011. "The Independence of Regulatory Authorities." In David Levi-Faur (eds). *Handbook on the Politics of Regulation* (pp. 201-214). Cheltenham, UK: Edward Elgar

Publishing.

Graham, Alexandra, & Carrie L. Mitchell. 2016. "The Role of Boundary Organizations in Climate Change Adaptation from the Perspective of Municipal Practitioners." *Climatic Change*, 139(3): 381-395.

Gregory, Robert. 2015. "Political Independence, Operational Impartiality, and the Effectiveness of Anti-Corruption Agencies." *Asian Education and Development Studies*, 4(1): 125-142.

Grimmelikhuijsen, Stephan, & Eva Knies. 2017. "Validating a Scale for Citizen Trust in Government Organizations." *International Review of Administrative Sciences*, 83(3): 583-601.

Gujarati, Damodar. 1984. *Government and Business*. New York, NY: McGraw-Hill Book.

Guston, David H. 1999. "Stabilizing the Boundary between US Politics and Science: The Role of the Office of Technology Transfer as a Boundary Organization." *Social Studies of Science*, 29(1): 87-111.

Guston, David H. 2001. "Boundary Organizations in Environmental Policy and Science: an Introduction." *Science, Technology, & Human Values*, 26(4): 399-408.

Gutmann, Amy, & Dennis F. Thompson. 2004. *Why Deliberative Democracy?*. Princeton, NJ: Princeton University Press.

Habermas, Jürgen. 1984. *The Theory of Communicative Action, Vol. 1: Reason and the Rationalization of Society*. Boston, MA: Beacon Press.

Habermas, Jürgen. 1996. *Between Facts and Norms: Contributions to a Discourse Theory of Law and Democracy*. Cambridge, MA: MIT Press.

Hakhverdian, Armen. 2015. "Does It Matter That Most Representatives Are Higher Educated?." *Swiss Political Science Review*, 21(2): 237-245.

Halffman, Willem. 2003. *Boundaries of Regulatory Science. Unpublished Doctoral Dissertation*. Amsterdam, Netherlands: University of Amsterdam Press.

Hanretty, Chris, & Christel Koop. 2012. "Measuring the Formal Independence of Regulatory Agencies." *Journal of European Public Policy*, 19(2): 198-216.

Hanretty, Chris, & Christel Koop. 2013. "Shall the Law Set Them Free? The Formal and Actual Independence of Regulatory Agencies." *Regulation & Governance*, 7(2): 195-214.

Hetherington, Marc J., & Thomas J. Rudolph. 2015. *Why Washington Won't Work: Polarization, Political Trust and the Governing Crisis*. Chicago, IL: University of Chicago Press.

Hilgartner, Stephen. 2000. *Science on Stage: Expert Advice as Public Drama*. Stanford, CA: Stanford University Press.

Holmström, Bengt. 1984. "On the Theory of Delegation." In Marcel Boyer, & Richard E. Kihlstrom (eds.). *Bayesian Models in Economic Theory* (pp. 37-52), New York, NY: North Holland.

Hoppe, Hans-Hermann. 2018. *Democracy-the God that Failed: The Economics and Politics of Monarchy, Democracy and Natural Order*. Abingdon, UK: Routledge.

Hoppe, Rob, Anna Wesselink, & Rose Cairns. 2013. "Lost in the Problem: The Role of Boundary Organisations in the Governance of Climate Change. *Wiley Interdisciplinary Reviews: Climate Change*, 4(4): 283-300.

Howard, Cosmo Wyndham. 2021. *Government Statistical Agencies and the Politics of Credibility*. Cambridge, UK: Cambridge University Press.

Huber, John D., & Charles R. Shipan. 2002. *Deliberate Discretion?: The*

Institutional Foundations of Bureaucratic Autonomy. Cambridge, UK: Cambridge University Press.

Huitema, Dave, & Esther Turnhout. 2009. "Working at the Science-Policy Interface: A Discursive Analysis of Boundary Work at the Netherlands Environmental Assessment Agency." *Environmental Politics*, 18(4): 576-594.

Hupe, Peters, & Arthur Edwards. 2012. "The Accountability of Power: Democracy and Governance in Modern Times." *European Political Science Review*, 4(2): 177-194.

Irwin, Alan. 2001. "Constructing the Scientific Citizen: Science and Democracy in the Biosciences." *Public Understanding of Science*, 10(1): 1-18.

Iyengar, Shanto, Gaurav Sood, & Yphtach Lelkes. 2012. "Affect, Not Ideology: A Social Identity Perspective on Polarization." *Public Opinion Quarterly*, 76(3): 405-431.

James, Colin. 2018. "The Wisdom of Crowds Versus the Madness of Crowds." *Policy Quarterly*, 14(4): 36-42.

Janis, Irving L. 1982. *Groupthink: Psychological Studies of Policy Decisions and Fiascoes*. Boston, MA: Houghton Mifflin Company.

Jasanoff, Sheila. 1994. *The Fifth Branch: Science Advisers as Policymakers*. Cambridge, MA: Harvard University Press.

Jasanoff, Sheila. 1996. "Beyond Epistemology: Relativism and Engagement in the Politics of Science." *Social Studies of Science,* 26(2): 393-418.

Jasanoff, Sheila. 2003. "Technologies of Humility: Citizen Participation in Governing Science." *Minerva*, 41: 223-244.

Jasanoff, Sheila. 2004. "The Idiom of Co-Production." *In States of Knowledge* (pp. 1-12). Abingdon, UK: Routledge.

Jasanoff, Sheila. 2005. *Technologies of Humility: Citizen Participation in Governing Science* (pp. 370-389). VS Verlag für Sozialwissenschaften.

Jasanoff, Sheila. 2015. "Science and Technology Studies." *Research Handbook on Climate Governance*, 36-48.

Jasanoff, Sheila, & Sang-Hyun Kim. 2009. "Containing the Atom: Sociotechnical Imaginaries and Nuclear Power in the United States and South Korea." *Minerva*, 47(2): 119-146.

Jordana, Jacint, & David Levi-Faur. 2004. *The Politics of Regulation: Institutions and Regulatory Reforms for the Age of Governance.* Cheltenham, UK: Edward Elgar.

Jordana, Jacint, Xavier Fernández-i-Marín, & Andrea C. Bianculli. 2018. "Agency Proliferation and the Globalization of the Regulatory State: Introducing a Data Set on the Institutional Features of Regulatory Agencies." *Regulation & Governance*, 12(4): 524-540.

Katzen, Sally, Edward J. Markey, James C. Miller, Joseph A. Grundfest, R. Gaull Silberman, & Peter L. Strauss. 1989. "Independent Agencies: Independent from Whom?." *Administrative Law Review*, 41(4): 491-532.

Kang, Minsung Michael, Danbee Lee, & Nara Park. 2024. "Does Whistleblowing Always Compromise Bureaucratic Reputation? Exploring the Role of Accountability Institutions through Bureaucratic Reputation Theory." *Public Management Review*, 1-27.

Karl, Terry. L. 1995. "The Hybrid Regimes of Central America." *Journal of Democracy*, 6(3): 72-86.

Kaufman, Herbert. 1956. "Emerging Conflicts in the Doctrines of Public Administration." *American Political Science Review*, 50(4): 1057-1073.

Keane, John. 2009. *The Life and Death of Democracy*. London, UK: Simon & Schuster.

Knobloch, Katherine R., John Gastil, Justin Reedy, & Katherine Cramer Walsh. 2013. "Did They Deliberate? Applying an Evaluative Model of Democratic Deliberation to the Oregon Citizens' Initiative Review." *Journal of Applied Communication Research*, 41(2): 105-125.

Koop, Christel. 2011. "Explaining the Accountability of Independent Agencies: The Importance of Political Salience." *Journal of Public Policy*, 31(2): 209-234.

Koop, Christel. 2015. "Assessing the Mandatory Accountability of Regulatory Agencies." In Andrea C. Bianculli, Xabier Fernández-i-Marín, & Jacint Jordana (eds). *Accountability and Regulatory Governance*. London, UK: Palgrave Macmillan.

Koop, Christel, & Chris Hanretty. 2018. "Political Independence, Accountability, and the Quality of Regulatory Decision-Making." *Comparative Political Studies*, 51(1): 38-75.

Koppell, Jonathan GS. 2010. *World Rule: Accountability, Legitimacy, and the Design of Global Governance*. Chicago, IL: University of Chicago Press.

Kunda, Ziva. 1990. "The Case for Motivated Reasoning." *Psychological Bulletin*, 108(3): 480-498.

Laffont, Jean-Jacques, & Jean Tirole. 1991. "The Politics of Government Decision-Making: A Theory of Regulatory Capture." *Quarterly Journal of Economics*, 106(4): 1089-1127.

Levi-Faur, David. 2005. "The Global Diffusion of Regulatory Capitalism." *The Annals of the American Academy of Political and Social Science*, 598(1): 12-32.

Levi, Margaret, & Laura Stoker. 2000. "Political Trust and Trustworthiness." *Annual Review of Political Science*, 3(1): 475-507.

Levitt, Barbara, & James G. March. 1988. "Organizational Learning." *Annual Review of Sociology*, 14: 319-340.

Lewis, David E. 2003. *Presidents and the Politics of Agency Design: Political Insulation in the United States Bureaucracy, 1946-1997*. Palo Alto, CA: Stanford University Press.

Lewis, David E. 2008. *The Politics of Presidential Appointments: Political Control and Bureaucratic Performance*. Princeton, NJ: Princeton University Press.

Lijphart, Arend. 1999. *Patterns of Democracy: Government Forms and Performance in Thirty-Six Countries*. New Haven, CT: Yale University Press.

Lindell, Marina. 2011. "Same but Different-Similarities and Differences in the Implementation of Deliberative Mini-Publics." *European Consortium for Political Research General Conference*, Reykjavik, Iceland: University of Reykjavik.

Lipsky, Michael. 1980. *Street Level Bureaucracy: Dilemmas of the Individual in Public Services*. New York, NY: Russell Sage Foundation.

Lodge, Milton, & Charles S. Taber. 2013. *The Rationalizing Voter*. Cambridge, UK: Cambridge University Press.

Maggetti, Martino. 2010. "Are Regulatory Agencies Delivering What They Promise?." In Per Lægreid, & Koen Verhoest (eds). *Governance of Public Sector Organizations: Proliferation, Autonomy, and Performance* (pp. 195-210). New York, NY: Palgrave Macmillan.

Majone, Giandomenico. 1994a. "Independence vs. Accountability?: Non-Majoritarian Institutions and Democratic Government in Europe."

EUI Working Paper SPS, 94(3).

Majone, Giandomenico. 1994b. "The Rise of the Regulatory State in Europe." *West European Politics*, 17(3): 77-101.

Majone, Giandomenico. 1996. "Temporal Consistency and Policy Credibility: Why Democracies Need Non-Majoritarian Institutions." *EUI Working Papers RSC*, 96(57).

Majone, Giandomenico. 1997a. "From the Positive to the Regulatory State: Causes and Consequences of Changes in the Mode of Governance." *Journal of Public Policy*, 17(2): 139-167.

Majone, Giandomenico. 1997b. "Independent Agencies and the Delegation Problem: Theoretical and Normative Dimensions." In Bernard Steuenberg, & Frans van Vught (eds). *Political Institutions and Public Policy* (pp. 139-156). Dordrecht, Netherlands: Kluwer Academic Publishers.

Majone, Giandomenico. 1999. "The Regulatory State and Its Legitimacy Problems." *West European Politics*, 22(1): 1-24.

Majone, Giandomenico. 2001. "Nonmajoritarian Institutions and the Limits of Democratic Governance: A Political Transaction-Cost Approach." *Journal of Institutional and Theoretical Cconomics(JITE)/Zeitschrift für die gesamte Staatswissenschaft*, 57-78.

Maletz, Donald J. 2002. "Tocqueville's Tyranny of the Majority Reconsidered." *The Journal of Politics*, 64(3): 741-763.

Maman, Libby. 2022. "The Democratic Qualities of Regulatory Agencies." *Policy & Politics*, 50(4): 461-482.

Maor, Moshe. 2016. "Missing Areas in the Bureaucratic Reputation Framework." *Politics and Governance*, 4(2): 80-90.

March, James G., & Johan P. Olsen. 2006. "The Logic of Appropriateness."

In Martin Rein, Michael Moran, & Robert E. Goodin (eds). *The Oxford Handbook of Public Policy* (pp. 689-708). Oxford, UK: Oxford University Press.

Maynard-Moody, Steven, & Michael Musheno. 2000. "State Agent or Citizen Agent: Two Narratives of Discretion." *Journal of Public Administration Research and Theory*, 10(2): 329-358.

McCubbins, Mathew D., Roger G. Noll, & Barry R. Weingast. 1987. "Administrative Procedures as Instruments of Political Control." *Journal of Law, Economics, and Organization*, 3(2): 243-277.

McGinnis, Michael D., & Elinor Ostrom. 2012. "Reflections on Vincent Ostrom, Public Administration, and Polycentricity." *Public Administration Review*, 72 (1): 15-25.

McIntyre, Lee. 2018. *Post-Truth*. Cambridge, MA: MIT Press.

Meagher, Patrick. 2004. *Anti-Corruption Agencies: A Review of Experience*. College Park, MD: IRIS Center.

Meagher, Patrick. 2005. "Anti-Corruption Agencies: Rhetoric Versus Reality." *The Journal of Policy Reform*, 8(1): 69-103.

Meier, Kenneth J. 1980. "The Impact of Regulatory Organization Structure: IRCs or DRAs?." *Southern Review of Public Administration*, 3(4): 427-443.

Meier, Kenneth J. 2007. "Bureaucracy and Public Policy." In Kenneth J. Meier, & John Bohte (eds). *Politics and the Bureaucracy: Policymaking in the Fourth Branch of Government* (pp. 75-113). Belmont, CA: Thomson/Wadsworth.

Miller, Gary. 2000. "Above Politics: Credible Commitment and Efficiency in the Design of Public Agencies." *Journal of Public Administration Research and Theory*, 10(2): 289-328.

Miller, Gary J. & Andrew B. Whitford. 2016. *Above Politics: Bureaucratic Discretion and Credible Commitment*. New York, NY: Cambridge University Press.

Moran, Michael. 2002. "Understanding the Regulatory State." *British Journal of Political Science*, 32(2): 391-413.

Nielsen, Poul A., & Donald P. Moynihan. 2017. "How Do Politicians Attribute Bureaucratic Responsibility for Performance? Negativity Bias and Interest Group Advocacy." *Journal of Public Administration Research and Theory*, 27(2): 269-283.

Nielsen, Vibeke Lehmann, & Christine Parker. 2009. "Testing Responsive Regulation in Regulatory Enforcement." *Regulation & Governance*, 3(4): 376-399.

Niskanen, William A. 1971. *Bureaucracy and Representative Government*. Chicago, IL: Transaction Publishers.

Norris, Pippa. 2012. *Making Democratic Governance Work: How Regimes Shape Prosperity, Welfare, and Peace*. New York, NY: Cambridge University Press.

Nutley, Sandra M., Isabel Walter, & Huw T.O. Davies. 2007. *Using Evidence. How Research Can Inform Public Services*. Bristol, UK: Policy Press.

Nyhan, Brendan, & Jason Reifler. 2019. "The Roles of Information Deficits and Identity Threat in the Prevalence of Misperceptions." *Journal of Elections, Public Opinion and Parties*, 29(2): 222-244.

OECD Science, Technology and Industry Policy Papers. 2015. *Scientific Advice for Policy Making: The Role and Responsibility of Expert Bodies and Individual Scientists*. Paris, France: OECD Publishing.

Ostrom, Elinor. 1990. *Governing the Commons: The Evolution of Institutions for Collective Action*. New York, NY: Cambridge University Press.

Park, Chong-Min. 2023. "Support for Democracy in Polarized South Korea." A paper presented at the ABS Planning Meeting in Taipei, Taiwan, June 13-15, 2023.

Peters, Guy B. 2018. *The Politics of Bureaucracy: An Introduction to Comparative Public Administration*. New York, NY: Routledge.

Pielke Jr, Roger A. 2007. *The Honest Broker: Making Sense of Science in Policy and Politics*. Cambridge, UK: Cambridge University Press.

Pildes, Richard H., & Cass R. Sunstein. 1995. "Reinventing the Regulatory State." *The University of Chicago Law Review*, 62(1): 1-129.

Pollitt, Christopher, & Colin Talbot. 2004. *Unbundled Government: A Critical Analysis of the Global Trend to Agencies, Quangos and Contractualisation*. London, UK: Routledge.

Potter, Rachel Augustine. 2019. *Bending the Rules: Procedural Politicking in the Bureaucracy*. Chicago, IL: University of Chicago Press.

Prendergast, Canice. 2007. "The Motivation and Bias of Bureaucrats." *American Economic Review*, 97(1): 180-196.

Quah, Jon S. 2007. "Anti-Corruption Agencies in Four Asian Countries: A Comparative Analysis." *International Public Management Review*, 8(2): 73-96.

Quah, Jon S. 2009. "Benchmarking for Excellence: A Comparative Analysis of Seven Asian Anti-Corruption Agencies." *Asia Pacific Journal of Public Administration*, 31(2): 171-195.

Quah, Jon S. 2010. "Defying Institutional Failure: Learning From the Experiences of Anti-Corruption Agencies in Four Asian Countries." *Crime, Law and Social Change*, 53(1): 23-54.

Quah, Jon S. 2017. *Anti-Corruption Agencies in Asia Pacific Countries:*

An Evaluation of Their Performance and Challenges. Berlin, Germany: Transparency International.

Rockman, Bert A. 2019. "Bureaucracy Between Populism and Technocracy." *Administration & Society*, 51(10): 1546-1575.

Rosanvallon, Pierre. 2011. *Democratic Legitimacy, Impartiality, Reflexivity, Proximity*. Princeton, NJ: Princeton University Press.

Rosanvallon, Pierre. 2018. *Good Government: Democracy beyond Elections*. Translated by Malcolm DeBevoise. Cambridge, MA: Harvard University Press.

Rose-Ackerman, Susan, & Bonnie Palifka, J. 2016. *Corruption and Government: Causes, Consequences, and Reform*. Cambridge, UK: Cambridge University Press.

Rosenfeld, Michel. 2018. "US Constitutional Review: Antimajoritarian But Democratic?." *Journal of Constitutional Justice (Forthcoming), Cardozo Legal Studies Research Paper*, 561.

Rothstein, Bo. 2011. "Anti-Corruption: The Indirect 'Big Bang' Approach." *Review of International Political Economy*, 18(2): 228-250.

Rourke, Francis E. 1984. *Bureaucracy, Politics, and Public Policy. 3rd edition*. Boston, MA: Little, Brown and Company.

Saward, Michael. 2006. "The Representative Claim." *Contemporary Political Theory*, 5(3): 297-318.

Scharpf, Fritz W. 1999. *Governing in Europe: Effective and Democratic?*. Oxford, UK: Oxford University Press.

Schedler, Andreas, Larry Diamond, & Marc F. Plattner. 1999. *The Self-Restraining State: Power and Accountability in New Democracies*. Boulder, CO: Lynne Rienner.

Schillemans, Thomas. 2016. "Fighting or Fumbling with the Beast? The Mediatisation of Public Sector Agencies in Australia and the Netherlands." *Policy Press*, 44(1): 79-96.

Schillemans, Thomas, & Madalina, Busuioc. 2015. "Predicting Public Sector Accountability: From Agency Drift to Forum Drift." *Journal of Public Administration Research and Theory*, 25(1): 191-215.

Schmidt, Vivien A. 2013. "Democracy and Legitimacy in the European Union Revisited: Input, Output and 'Throughput'." *Political studies*, 61(1): 2-22.

Schön, Donald. A. 1979. *The Reflective Practitioner*. New York, NY: Basic Books.

Schudson, Michael. 2006. "The Trouble with Experts-and Why Democracies Need Them." *Theory and Society*, 35: 491-506.

Scott, Colin. 2000. "Accountability in the Regulatory State." *Journal of Law and Society*, 27(1): 38-60.

Seidman, Harold. 1998. *Politics, Position, and Power: The Dynamics of Federal Organization. 5th edition*. New York, NY: Oxford University Press.

Shapiro, Martin. 2004. "Deliberative, Independent Technocracy v. Democratic Politics: Will the Globe Echo the EU." *Law & Contemp. Probs.*, 68: 341.

Simon, Herbert A. 1947. *Administrative Behavior: A Study of Decision-Making Processes in Administrative Organization*. New York, NY: Macmillan.

Stigler, George J. 1971. "The Theory of Economic Regulation." *The Bell Journal of Economics and Management*, 2(1): 3-21.

Stiglitz, Joseph E. 2002. "Information and the Change in the Paradigm in Economics." *American economic review*, 92(3): 460-501.

Strauss, Peter L. 1984. "The Place of Agencies in Government: Separation of Powers and the Fourth Branch." *Columbia Law Review*, 84(3): 573-669.

Suleiman, Ezra. 2003. *Dismantling Democratic States*. Princeton, NJ: Princeton University Press.

Surowiecki, James. 2005. *The Wisdom of Crowds*. New York, NY: Anchor Books.

Thatcher, Mark. 2002. "Delegation to Independent Regulatory Agencies: Pressures, Functions and Contextual Mediation." *West European Politics*, 25(1): 125-147.

Thatcher, Mark, & Alec Stone Sweet. 2002. "Theory and Practice of Delegation to Non-Majoritarian Institutions." *West European Politics*, 25(1): 1-22.

Thompson, Dennis F. 2008. "Deliberative Democratic Theory and Empirical Political Science." *Annu. Rev. Polit. Sci.*, 11(1): 497-520.

Tirole, Jean. 1994. "The Internal Organization of Government." *Oxford Economic Papers*, 46(1): 1-29.

Turnhout, Esther, Marian Stuiver, Judith Klostermann, Bette Harms, & Cees Leeuwis. 2013. "New Roles of Science in Society: Different Repertoires of Knowledge Brokering." *Science and Public Policy*, 40(3): 354-365.

Turnhout, Esther, Willemijn Tuinstra, & Willem Halffman. 2019. *Environmental Expertise: Connecting Science, Policy and Society*. Cambridge, UK: Cambridge University Press.

United Nations Office on Drugs and Crime. 2004. *United Nations Convention Against Corruption*.

United Nations Statistics Division. 1994. *Fundamental Principles of Official Statistics.*

van Veen, Adriejan. 2014. *Regulation without Representation: Independent Regulatory Authorities and Claim-Making in the Netherlands.* Dissertation. Utrecht University.

Verhoest, Koen, Astrid Molenveld, & Tom Willems. 2015. "Explaining Self-Perceived Accountability of Regulatory Agencies in Comparative Perspective: How Do Formal Independence and De Facto Managerial Autonomy Interact?." In Andrea C. Bianculli, Xabier Fernández-i-Marín, & Jacint Jordana (eds). *Accountability and Regulatory Governance: Audiences, Controls and Responsibilities in the Politics of Regulation.* London, UK: Palgrave Macmillan.

Verhoest, Koen, Guy B. Peters, Geert Bouckaert, & Bram Verschuere. 2004. "The Study of Organisational Autonomy: A Conceptual Review." *Public Administration and Development,* 24(2): 101-118.

Verhoest, Koen, Sandra Van Thiel, Geert Bouckaert, & Per Lægreid. 2012. *Government Agencies Practices and Lessons from 30 Countries.* New York, NY: Palgrave Macmillan.

Verkuil, Paul R. 1988. "The Purposes and Limits of Independent Agencies." *Duke Law Journal,* 257-279.

Vibert, Frank. 2007. *The Rise of the Unelected: Democracy and the New Separation of Powers.* Cambridge, UK: Cambridge University Press.

Voigt, Stefan. 2023. *Non-Majoritarian Institutions-A Menace to Constitutional Democracy?.* No. 68. ILE Working Paper Series.

Warren, Mark E., Jane Mansbridge, & André Bächtiger. 2013. "Deliberative Negotiation." *Negotiating Agreement in Politics,* 86.

Weber, Max. 1978. *Economy and Society: An Outline of Interpretive Sociology*. Berkeley, CA: University of California Press.

Weiss, Janet A. 1979. "Access to Influence: Some Effects of Policy Sector on the Use of Social Science." *American Behavioral Scientist*, 22(3): 437-458.

Williams, Mark E. 2006. "Escaping the Zero-Sum Scenario: Democracy Versus Technocracy in Latin America." *Political Science Quarterly*, 121(1): 119-139.

Wilson, James Q. 1989. *Bureaucracy: What Government Agencies Do and Why They Do It*. New York, NY: Basic Books.

Winner, Langdon. 1978. *Autonomous Technology: Technics-out-of-Control as a Theme in Political Thought*. Cambridge, MA: MIT Press.

Wood, Abby K., & David E. Lewis. 2017. "Agency Performance Challenges and Agency Politicization." *Journal of Public Administration Research and Theory*, 27(4): 581-595.

Wood, B. Dan, & Richard W. Waterman. 1991. "The Dynamics of Political Control of the Bureaucracy." *American Political Science Review*, 85(3): 801-828.

Wood, B. Dan, & John Bohte. 2004. "Political Transaction Costs and the Politics of Administrative Design." *The Journal of Politics*, 66(1): 176-202.

Wynne, Brian. 1996. "May the Sheep Safely Graze? A Reflexive View of the Expert-Lay Knowledge Divide." *Risk, Environment and Modernity: Towards a New Ecology*, 40: 44.

Zmerli, Sonja, & Tom WG van der Meer. 2017. *Handbook on Political Trust*. Cheltenham, UK: Edward Elgar Publishing.

찾아보기

집필진 약력

강명훈

Washington University in St. Louis 정치학 박사

포스텍 인문사회과학부 부교수

강민성

State University of New York at Albany 행정학 박사

경희대학교 행정학과 조교수

강상원

University of Bristol 정책학 박사

고려대학교 비교거버넌스연구소 연구교수

김다은

고려대학교 행정학 박사

동아대학교 석당인재학부 조교수

김영재

Arizona State University 행정 및 정책학 박사

명지대학교 행정학과 부교수

박정구

KDI 국제정책대학원 박사과정

국민권익위원회 혁신행정데이터담당관

박종민

University of California, Berkeley 정치학 박사

고려대학교 행정학과 명예교수

윤견수

고려대학교 행정학 박사

고려대학교 행정학과 교수, 비교거버넌스연구소 소장

윤성현

서울대학교 법학 박사

한양대학교 정책학과 교수

조인영

University of Oxford 정치학 박사

연세대학교 글로벌행정학과 부교수

민주적 거버넌스와 비다수주의 기관: 쟁점과 과제

초판발행	2025년 5월 20일
지은이	박종민·윤견수
펴낸이	안종만·안상준
편 집	박세연
기획/마케팅	김한유
표지디자인	BEN STORY
제 작	고철민·김원표
펴낸곳	(주) **박영사**
	서울특별시 금천구 가산디지털2로 53, 210호(가산동, 한라시그마밸리)
	등록 1959.3.11. 제300−1959−1호(倫)
전 화	02)733−6771
f a x	02)736−4818
e−mail	pys@pybook.co.kr
homepage	www.pybook.co.kr
ISBN	979−11−303−2282−7 93350

정 가   22,000원

이 저서는 2022년 대한민국 교육부와 한국연구재단의 지원을 받아 수행된 연구임
(NRF−2022S1A5C2A03091302)